社会福祉法人の会計と税務の入門

社会福祉の動向・法改正を踏まえた
会計・税務のスタンダード解説書

齋藤 力夫　佐藤 弘章 著

税務経理協会

はしがき

　平成28年3月31日，社会福祉法等の一部を改正する法律が成立しました。施行期日は，一部を除き平成29年4月1日です。今回の改正の大きな目的は，社会福祉法人制度を大幅に見直すことにあり，法人の組織体制は大変革しました。評議員会は，従来の諮問機関から法人の最高意思決定機関へ位置付けられ，理事・監事・会計監査人の選任及び解任の権限を有しています。理事会は，決議事項を明文化するとともに役員の責任規定を設け，業務執行の意思決定機関として法人経営を担います。監事は，理事の職務執行を監査して監査報告書を作成します。また，会計監査人による監査制度が始まり，一定規模以上の法人は外部監査が求められます。

　法人制度改革の趣旨に則った適正な経営を進めるためには，ガバナンスを強化して理事・監事・評議員に対して会計を中心とする経営管理情報を適時に提供し，適切な意思決定が可能な組織体制の構築に取り組むことが重要になります。

　我が国の社会福祉環境は戦後の経済成長とともに大きく進展しましたが，少子高齢化の問題は日本社会全体に複合的な影響を与えているため，今後の社会保障分野は多難な時代に遭遇することが予想されます。財政問題や社会福祉に携わる人材確保の問題には早急な対策が求められており，国をあげて困難な課題に取り組んでいますが，当面は福祉分野において厳しい選択を迫られることもあるでしょう。

　本書は，様々な問題を抱える社会福祉環境のなかであっても法人運営に努力され，財務の充実化を図り，新時代に即した経営体制へ改革を進めている法人の持続的発展を期待して刊行致しました。

　本書が社会福祉施設の経営者や職員をはじめ，社会福祉法人制度や会計・税務に関心を持つ方々にいささかでも参考になれば幸甚です。

　最後に，本書の出版に快くご協力賜りました税務経理協会の大坪克行社長及び編集第1グループの小林規明氏に厚くお礼申し上げます。

平成30年4月

齋藤　力夫

目次
CONTENTS

はしがき

第1章 社会福祉の動向と法改正

1 社会福祉法制定及び変遷 … 1
- **1** 社会福祉法制定の背景 …………………………………………… 1
- **2** 措置制度と社会福祉環境 ………………………………………… 2
- **3** 構造改革の必要性 ………………………………………………… 3
- **4** 近年の動向 ………………………………………………………… 3
- **5** 将来の方向性 ……………………………………………………… 5
  - （1）人口減少 ───────────────────────── 5
  - （2）地域包括ケアシステム ──────────────────── 6
  - （3）地域における公益的な取組について ─────────────── 7

2 社会福祉の行政組織と体制 … 8

3 社会福祉法人の意義 … 10
- **1** 法人創設と事業目的 ……………………………………………… 10
- **2** 社会福祉事業 ……………………………………………………… 11
- **3** 公益事業及び収益事業 …………………………………………… 11
- **4** 社会福祉施設の概要 ……………………………………………… 11
- **5** 民間の組織 ………………………………………………………… 15
  - （1）社会福祉協議会 ─────────────────────── 15
  - （2）共同募金会 ───────────────────────── 16

4 社会福祉法人とボランティア … 17

5 ガバナンス強化 … 18
- **1** 経営組織のガバナンスの強化 …………………………………… 18

（1）評議員・評議会 ———————————————— 19
　　（2）理事・理事会 —————————————————— 19
　　（3）監事 ————————————————————————— 20
　　（4）会計監査人 ——————————————————— 20
　　（5）会計監査人の設置義務 ———————————— 21
　　（6）各機関の比較 —————————————————— 22
　　（7）役員等の兼務 —————————————————— 24
　2 事業運営の透明性の向上 ……………………………… 25
　3 財政規律の強化 ………………………………………… 26

第2章 社会福祉法人会計基準の体系

1 社会福祉法人会計基準の制定　29
　1 平成12年会計基準の制定 ……………………………… 29
　2 平成23年会計基準への移行 …………………………… 30
　3 平成28年会計基準の制定 ……………………………… 30

2 会計基準の基本的な考え方　31
　1 会計基準の適用対象 …………………………………… 31
　2 会計基準の充実化 ……………………………………… 33
　3 会計原則 ………………………………………………… 33
　　（1）明瞭性の原則 ——————————————————— 33
　　（2）正規の簿記の原則 ———————————————— 34
　　（3）継続性の原則 ——————————————————— 34
　　（4）重要性の原則 ——————————————————— 34
　　（5）総額表示の原則 ————————————————— 36
　　（6）金額の単位 ———————————————————— 36
　　（7）収益及び費用の認識と期間対応 ———————— 36
　4 会計年度 ………………………………………………… 37
　5 提出書類 ………………………………………………… 37
　6 米国における非営利法人会計の経緯 ………………… 37

3 計算書類の体系　38
　1 作成する計算書類 ……………………………………… 38
　2 名称の変更 ……………………………………………… 39
　3 帳簿組織とシステム …………………………………… 39
　　（1）複式簿記 ————————————————————— 39

目 次

　（2）帳簿の意義 ……………………………………………………… 40
　（3）帳簿組織の仕組み ……………………………………………… 41
　（4）会計システム …………………………………………………… 41
　（5）帳簿の保存期間 ………………………………………………… 42
　4 勘定科目の構成 …………………………………………………… 42

4　事業区分の考え方　43

　1 3区分 ………………………………………………………………… 46
　2 社会福祉事業 ……………………………………………………… 46
　3 公益事業 …………………………………………………………… 47
　4 収益事業 …………………………………………………………… 49

5　拠点区分の考え方　49

　1 拠点区分の意味 …………………………………………………… 49
　2 拠点区分の取扱い ………………………………………………… 50
　（1）施設の取扱い …………………………………………………… 50
　（2）事業所又は事務所の取扱い …………………………………… 50
　（3）障害福祉サービスの取扱い …………………………………… 51
　（4）新設の取扱い …………………………………………………… 51
　3 拠点区分の会計帳簿 ……………………………………………… 51

6　サービス区分の考え方　51

　1 サービス区分の意味 ……………………………………………… 51
　2 サービス区分の方法 ……………………………………………… 52
　（1）原則的な方法 …………………………………………………… 52
　（2）簡便的な方法 …………………………………………………… 52

7　本部会計の考え方　54

8　予算制度と財務分析　54

　1 予算の概要 ………………………………………………………… 54
　2 予算編成 …………………………………………………………… 55
　3 予算管理 …………………………………………………………… 56
　4 補正予算 …………………………………………………………… 57
　5 科目間流用 ………………………………………………………… 58
　6 予備費 ……………………………………………………………… 59
　7 予算実績分析 ……………………………………………………… 60
　8 財務分析 …………………………………………………………… 60

iii

第3章 計算書類と財産目録

1 資金収支計算書 63

❶ 資金収支計算書の意義 63
（1）事業活動による収支 ―――――――――――――― 63
（2）施設整備等による収支 ――――――――――――― 64
（3）その他の活動による収支 ―――――――――――― 64
❷ 資金収支計算書の勘定科目 64
❸ 支払資金 73
❹ 活動区分の名称変更 74
❺ 予備費の記載方法 74
❻ 資金収支計算書の様式 75
（1）資金収支計算書の体系 ――――――――――――― 75
（2）資金収支計算書の構成 ――――――――――――― 75

2 事業活動計算書 76

❶ 事業活動計算書の意義 76
（1）サービス活動増減の部 ――――――――――――― 76
（2）サービス活動外増減の部 ―――――――――――― 76
（3）特別増減の部 ――――――――――――――――― 76
（4）繰越活動増減差額の部 ――――――――――――― 77
❷ 事業活動計算書の勘定科目 77
❸ 名称の変更 86
❹ 活動区分の名称変更 86
❺ 事業活動計算書の様式 87
（1）事業活動計算書の体系 ――――――――――――― 87
（2）事業活動計算書の構成 ――――――――――――― 87

3 貸借対照表 88

❶ 貸借対照表の意義 88
❷ 貸借対照表の勘定科目 88
❸ 貸借対照表の様式 91
（1）貸借対照表の体系 ――――――――――――――― 91
（2）貸借対照表の構成 ――――――――――――――― 91
（3）貸借対照表末尾の注記 ――――――――――――― 92

4 資金収支計算書と事業活動計算書の比較 　　　　　　　　　92

1 資金収支計算書と事業活動計算書の共通事項 ················· 92
2 資金収支計算書のみ計上する取引例 ······················· 93
3 事業活動計算書のみ計上する取引例 ······················· 93

5 財産目録 　　　　　　　　　　　　　　　　　　　　　　　　97

1 財産目録の内容 ································· 97
2 財産目録の様式 ································· 97
3 社会福祉充実計画との関係 ··························· 99

6 計算書類作成例 　　　　　　　　　　　　　　　　　　　　　99

第4章 日次取引と決算整理

1 収益（収入）取引 　　　　　　　　　　　　　　　　　　　104

1 収益・収入科目の例示 ····························· 104
2 収益・収入科目の仕訳例 ···························· 105

2 費用（支出）取引 　　　　　　　　　　　　　　　　　　　107

1 費用・支出科目の例示 ····························· 107
2 支出・費用科目の仕訳例 ···························· 109
3 共通支出及び共通費用の配分 ························· 111
　（1）配分基準 ─────────────────────── 111
　（2）継続適用 ─────────────────────── 116
　（3）事務費と事業費の科目の取扱い ─────────────── 116

3 資金収支計算書に係る特有の取引 　　　　　　　　　　　　116

1 固定資産取引 ·································· 117
2 固定資産取引の仕訳例 ····························· 117
3 固定負債取引 ·································· 118
4 固定負債取引の仕訳例 ····························· 119

4 事業活動計算書に係る特有の取引 　　　　　　　　　　　　119

1 事業活動計算書の取引 ····························· 120
2 事業活動計算書特有の仕訳例 ························· 120

5 支払資金間の取引 　　　　　　　　　　　　　　　　　　　123

1 支払資金間の取引 ································ 123

2 支払資金間の取引の仕訳例 ･････････････････････････････････････ 123

6 決算整理　124

1 決算整理の内容 ･･･ 124
2 内部取引 ･･･ 124
（1）内部取引の記載例 ――――――――――――――――――― 125
（2）内部取引一覧 ―――――――――――――――――――― 125
（3）役務提供等の計上における内部取引 ―――――――――― 127
（4）内部取引の留意事項 ―――――――――――――――――― 127

第5章　個別の会計処理

1 固定資産　129

1 固定資産の概要 ･･･ 129
2 固定資産の分類 ･･･ 130
3 固定資産の取得価額 ･･･ 132
4 資本的支出と修繕費 ･･･ 133
5 固定資産の評価 ･･･ 135
6 固定資産管理のポイント ･････････････････････････････････････ 135
7 固定資産の移管 ･･･ 136

2 減価償却　137

1 減価償却の意義 ･･･ 137
2 減価償却の対象 ･･･ 137
3 有形固定資産の残存価額 ･････････････････････････････････････ 137
4 無形固定資産の残存価額 ･････････････････････････････････････ 138
5 耐用年数 ･･･ 138
6 減価償却方法 ･･･ 139
7 償却率 ･･･ 139
8 仕訳及び表示方法 ･･･ 141
9 減価償却計算期間 ･･･ 142
10 減価償却費の配分基準 ･･････････････････････････････････････ 143

3 リース取引　144

1 リース取引の会計基準 ･･･････････････････････････････････････ 144
2 リース取引の意義 ･･･ 144
（1）ファイナンス・リース取引 ―――――――――――――― 144

|　（2）オペレーティング・リース取引 ——————————————— 145
|　**3** ファイナンス・リース取引の区分 ················· 145
|　**4** ファイナンス・リース取引の会計処理（借り手） ········· 145
|　**5** 1契約300万円以下又はリース期間1年以内の場合 ········ 146
|　**6** 利息相当額の取扱い ························ 146
|　**7** 利息相当額の各期への配分 ···················· 147
|　**8** リース取引の仕訳例 ························ 147

| **4　国庫補助金等特別積立金**　　　　　　　　　　　　　　　　　　　150

|　**1** 国庫補助金等の意義と内容 ···················· 150
|　**2** 国庫補助金等特別積立金の積立て ················ 150
|　**3** 国庫補助金等特別積立金の取崩し ················ 151
|　**4** 国庫補助金等特別積立金の会計処理 ··············· 151
|　**5** 国庫補助金等特別積立金明細書の作成 ············· 153

| **5　基本金**　　　　　　　　　　　　　　　　　　　　　　　　　　153

|　**1** 基本金の意義と内容 ························ 153
|　**2** 第1号基本金 ···························· 154
|　**3** 第2号基本金 ···························· 154
|　**4** 第3号基本金 ···························· 155
|　**5** 基本金の組入れ ·························· 155
|　**6** 基本金の取崩し ·························· 155
|　**7** 第4号基本金の廃止 ······················· 156
|　**8** 基本金の会計処理 ························ 156
|　**9** 基本金明細書の作成 ······················· 157

| **6　積立金と積立資産**　　　　　　　　　　　　　　　　　　　　　157

|　**1** 積立金の意義 ···························· 157
|　**2** 積立金の計上 ···························· 157
|　**3** 積立資産の積立ての時期 ···················· 158
|　**4** 就労支援事業に関する積立金 ·················· 158
|　　（1）工賃変動積立金 ——————————————————————— 158
|　　（2）設備等整備積立金 ——————————————————————— 159
|　　（3）積立金の流用及び繰替使用 ——————————————————— 159
|　**5** 授産事業に関する積立金 ···················· 160

| **7　有価証券**　　　　　　　　　　　　　　　　　　　　　　　　　160

|　**1** 有価証券の意義 ·························· 160
|　**2** 有価証券の評価 ·························· 161

- **3 満期保有目的の債券** ·· 161
  - （1）取得価額と償却原価法 ──────────── 161
  - （2）利息法と定額法 ─────────────── 161
  - （3）重要性の原則の適用 ──────────── 162
  - （4）注記 ────────────────── 162
- **4 その他の有価証券** ·· 162
  - （1）評価方法 ──────────────── 162
  - （2）有価証券の売却損益・評価損益（流動資産） ─── 163
  - （3）投資有価証券の売却損益・評価損益（固定資産） ─ 163
- **5 資産価値の下落** ·· 164
- **6 有価証券の会計処理** ·· 164

8　棚卸資産　165

- **1 社会福祉法人における棚卸資産** ·· 165
- **2 棚卸資産の会計処理** ·· 165
  - （1）原則的な方法 ──────────────── 165
  - （2）重要性の原則 ──────────────── 166
- **3 棚卸資産の評価** ·· 166
- **4 棚卸資産の仕訳例** ·· 166

9　引当金　168

- **1 引当金の意義** ·· 168
- **2 徴収不能引当金** ·· 169
  - （1）徴収不能引当金の概要 ─────────── 169
  - （2）見積計算の方法 ────────────── 169
  - （3）計算書類の表示 ────────────── 169
  - （4）徴収不能引当金の会計処理 ──────── 170
- **3 賞与引当金** ·· 171
  - （1）賞与引当金の概要 ──────────── 171
  - （2）賞与引当金の会計処理 ────────── 172
- **4 退職給付引当金** ·· 173
  - （1）退職給付引当金の概要 ────────── 173
  - （2）簡便法の要件 ─────────────── 173
  - （3）独立行政法人福祉医療機構の退職手当共済制度 ─ 174
  - （4）都道府県等の実施する退職共済制度 ───── 175
- **5 役員退職慰労引当金** ·· 177
  - （1）役員退職慰労引当金の概要 ──────── 177
  - （2）役員退職慰労引当金の会計処理 ────── 177

10　寄附金　　　　　　　　　　　　　　　　　　　　　　　178

1 寄附金の意義……………………………………………………… 178
2 金銭による寄附………………………………………………… 178
3 物品による寄附………………………………………………… 179
4 受配者指定寄附金……………………………………………… 179
　（1）共同募金会から受けた受配者指定寄附金 ──────── 179
　（2）受配者指定寄附金のうち，経常的経費に係る配分金 ─── 180
　（3）受配者指定寄附金以外の配分金のうち，経常的経費に係る配分金 ─── 180
　（4）受配者指定寄附金以外の配分金のうち，
　　　施設整備及び設備整備に係る配分金 ──────────── 180

11　補助金　　　　　　　　　　　　　　　　　　　　　　　180

1 補助金の意義…………………………………………………… 180
2 補助金の会計処理……………………………………………… 181

12　税効果会計　　　　　　　　　　　　　　　　　　　　　182

1 税効果会計の意義……………………………………………… 182
2 重要性の原則…………………………………………………… 182

第6章　計算書類の注記

1　注記事項の概要　　　　　　　　　　　　　　　　　　　183

1 法人全体の注記………………………………………………… 184
2 拠点区分の注記………………………………………………… 184

2　注記の記載内容　　　　　　　　　　　　　　　　　　　185

1 継続事業の前提に関する注記………………………………… 185
2 重要な会計方針………………………………………………… 186
3 重要な会計方針の変更………………………………………… 187
4 法人で採用する退職給付制度………………………………… 187
5 法人が作成する計算書類と拠点区分，サービス区分……… 188
6 基本財産の増減の内容及び金額……………………………… 189
7 基本金又は固定資産の売却若しくは処分に係る
　　国庫補助金等特別積立金の取崩し………………………… 190
8 担保に供している資産………………………………………… 190
9 固定資産の取得価額，減価償却累計額及び当期末残高…… 191
10 債権額，徴収不能引当金の当期末残高，債権の当期末残高…… 191

- **11** 満期保有目的の債券の内訳並びに帳簿価額，時価及び評価損益 ……………… 192
- **12** 関連当事者との取引の内容 ………………………………………………………… 193
  - （1） 関連当事者の意義 ──────────────────── 193
  - （2） 開示対象の範囲 ───────────────────── 193
  - （3） 開示の対象内容 ───────────────────── 194
  - （4） 注記不要の取引 ───────────────────── 195
- **13** 重要な偶発債務 …………………………………………………………………… 195
- **14** 重要な後発事象 …………………………………………………………………… 196
- **15** その他社会福祉法人の資金収支及び純資産の増減の状況並びに資産，
   負債及び純資産の状態を明らかにするために必要な事項 ……………… 197

第7章 附属明細書

1 附属明細書の内容　199

2 法人全体で作成する附属明細書　200

- **1** 借入金明細書　＜別紙3①＞ ……………………………………………… 201
- **2** 寄附金収益明細書　＜別紙3②＞ ………………………………………… 203
- **3** 補助金事業等収益明細書　＜別紙3③＞ ………………………………… 204
- **4** 事業区分間及び拠点区分間繰入金明細書　＜別紙3④＞ ……………… 204
- **5** 事業区分間及び拠点区分間貸付金（借入金）残高明細書　＜別紙3⑤＞ … 204
- **6** 基本金明細書　＜別紙3⑥＞ ……………………………………………… 208
- **7** 国庫補助金等特別積立金明細書　＜別紙3⑦＞ ………………………… 209

3 拠点区分で作成する附属明細書　210

- **1** 基本財産及びその他の固定資産（有形・無形固定資産）の明細書
   ＜別紙3⑧＞ ……………………………………………………………… 210
- **2** 引当金明細書　＜別紙3⑨＞ ……………………………………………… 212
- **3** 拠点区分資金収支明細書　＜別紙3⑩＞，拠点区分事業活動明細書
   ＜別紙3⑪＞ ……………………………………………………………… 212
- **4** 積立金・積立資産明細書　＜別紙3⑫＞ ………………………………… 221
- **5** サービス区分間繰入金明細書　＜別紙3⑬＞，
   サービス区分間貸付金（借入金）残高明細書　＜別紙3⑭＞ ………… 222
- **6** 就労支援事業の各明細書　＜別紙3⑮＞～＜別紙3⑱＞ ……………… 223
  - （1） 就労支援事業の対象範囲 ──────────────── 223
  - （2） 就労支援事業別事業活動明細書　＜別紙3⑮＞又は＜別紙3⑮-2＞ ── 223
  - （3） 就労支援事業製造原価明細書　＜別紙3⑯＞又は＜別紙3⑯-2＞ ── 224

（４）就労支援事業販管費明細書　＜別紙3⑰＞又は＜別紙3⑰-2＞ ─── 227
（５）作業種別ごとの区分省略 ────────────────────── 228
（６）就労支援事業明細書　＜別紙3⑱＞又は＜別紙3⑱-2＞ ──── 228
7 授産事業費用明細書　＜別紙3⑲＞ ───────────────── 231
（１）授産事業の対象範囲 ───────────────────────── 231
（２）授産事業費用明細書 ───────────────────────── 232

第8章 社会福祉充実計画

1 社会福祉充実計画の必要性　233

2 社会福祉充実計画の策定の流れ　234
1 手続の流れ ──────────────────────────────── 234
2 社会福祉充実残額の内容 ─────────────────────── 235

3 社会福祉充実残額の算定式　235
1 活用可能な財産 ───────────────────────────── 236
2 社会福祉法に基づく事業に活用している不動産等 ───────── 236
（１）基本的な考え方 ──────────────────────────── 236
（２）対応基本金及び国庫補助金等特別積立金の調整 ─────── 242
（３）対応負債の調整 ──────────────────────────── 243
（４）財産目録の記載方法 ───────────────────────── 243
3 再取得に必要な財産 ───────────────────────── 246
（１）基本的な考え方 ──────────────────────────── 246
（２）減価償却累計額 ──────────────────────────── 247
（３）建設単価等上昇率 ────────────────────────── 247
（４）一般的な自己資金比率 ──────────────────────── 247
（５）大規模修繕に必要な費用 ────────────────────── 248
（６）設備・車両等の更新に必要な費用 ────────────────── 248
4 必要な運転資金 ───────────────────────────── 249
（１）必要な運転資金の基本的な考え方 ────────────────── 249
（２）年間事業活動支出の3月分 ───────────────────── 249

4 特例，書類保存，事務処理の簡素化　249
1 主として施設・事業所の経営を目的としていない法人等の特例 ─── 249
2 書類の保存 ──────────────────────────────── 250
3 事務処理の簡素化 ──────────────────────────── 250

| **4** | 経理規程 | 250 |
| **5** | 社会福祉充実計画の記載例 | 251 |

第9章 社会福祉法人の税務

1 納税義務　257
- **1** 法人税の納税義務 —— 257
- **2** その他の納税義務 —— 258

2 法人税法上の収益事業　258
- **1** 34業種 —— 258
- **2** 課税所得に対する法人税 —— 260
  - （1）法人税率 —— 260
  - （2）欠損金の繰越控除 —— 261
  - （3）欠損金の繰戻し還付 —— 261
- **3** 収益事業の判定 —— 261
  - （1）判定方法 —— 261
  - （2）継続して行われるもの —— 262
  - （3）事業場を設けて行われるもの —— 262
  - （4）収益事業に含まないもの —— 263
  - （5）介護保険事業における収益事業 —— 263
  - （6）物品販売業 —— 264
  - （7）出版業 —— 264
  - （8）不動産貸付業 —— 264
  - （9）席貸業 —— 265
  - （10）興行業 —— 265
  - （11）実費弁償による事務処理の受託等 —— 265
- **4** 収益事業からの寄附（みなし寄附） —— 266
- **5** 収益事業に区分した固定資産の処分 —— 266
- **6** 収益事業を行う場合の区分経理 —— 267
- **7** 申告・提出 —— 267

3 消費税　268
- **1** 消費税の概要 —— 268
  - （1）消費税の性質 —— 268
  - （2）納税義務者 —— 268

（3）課税の対象 ——————————————————— 269
（4）税額 ————————————————————— 269
（5）軽減税率 ————————————————————— 270
2 取引の区分 ··· 271
（1）不課税取引 ————————————————————— 271
（2）非課税取引 ————————————————————— 272
（3）免税取引 ————————————————————— 272
3 課税・非課税の区分 ··· 273
4 社会福祉事業の非課税取引 ································· 273
（1）第1種社会福祉事業 ————————————————— 273
（2）第2種社会福祉事業 ————————————————— 274
（3）社会福祉事業及び更生保護事業法に類するもので一定の事業 —— 274
5 介護保険サービスの課税・非課税区分 ····················· 275
6 その他の事業における課税・非課税取引 ·················· 277
（1）生産活動 ————————————————————— 277
（2）委託事業 ————————————————————— 277
（3）福祉用具 ————————————————————— 278
7 仕入控除税額 ·· 278
（1）課税仕入れの原則 ————————————————— 278
（2）課税売上割合 ——————————————————— 279
（3）仕入控除税額の計算方法 ——————————————— 279
8 特定収入 ·· 280
（1）特定収入の意義 —————————————————— 280
（2）特定収入の範囲 —————————————————— 281
（3）特定収入割合の計算式 ——————————————— 282
（4）5％を超える特定収入割合の調整 ——————————— 282
（5）全体図 ————————————————————— 284
9 簡易課税制度 ·· 286
（1）簡易課税制度の概要 ————————————————— 286
（2）計算方法 ————————————————————— 286
（3）届出書の効力 ——————————————————— 287
10 免税事業者・簡易課税制度判定表 ························ 288

4 源泉所得税   288

1 源泉所得税の概要 ·· 288
2 源泉徴収義務 ·· 289
（1）給与所得 ————————————————————— 289
（2）退職所得 ————————————————————— 290

（3）報酬，料金等の源泉徴収 ——————————— 291
　（4）納付 ——————————————————— 291
3 復興特別所得税 ————————————————— 291
4 年末調整 ————————————————————— 292
　（1）年末調整の意義 ————————————— 292
　（2）年末調整の対象者 ———————————— 292
　（3）手続 ————————————————— 293
　（4）年の途中で行う年末調整対象者 ——————— 294
5 法定調書 ————————————————————— 294
　（1）法定調書の意義 ————————————— 294
　（2）給与所得の源泉徴収票 —————————— 295
　（3）退職所得の源泉徴収票 —————————— 296
　（4）提出期限 ——————————————— 296

┃5　地方税　297

1 法人住民税 ———————————————————— 297
　（1）均等割 ———————————————— 297
　（2）法人税割 ——————————————— 298
2 法人事業税 ———————————————————— 298
　（1）法人事業税の納税義務 —————————— 298
　（2）法人事業税の税率 ———————————— 298
　（3）所得割の計算 —————————————— 299
3 不動産取得税 ——————————————————— 299
4 固定資産税 ———————————————————— 300
5 事業所税 ————————————————————— 301

┃6　印紙税　301

1 課税文書 ————————————————————— 301
2 20種類の課税物件 ————————————————— 301
3 印紙税額 ————————————————————— 303
4 非課税文書 ———————————————————— 304
　（1）請負に関する契約書 ——————————— 304
　（2）定款 ————————————————— 305
　（3）売上代金に係る金銭又は有価証券の受取書 —— 305

┃7　登録免許税　305

┃8　寄附税制　305

1 法人が行う寄附 ——————————————————— 305

（1）指定寄附金 ―――――――――――――――――――― 306
  （2）特定公益増進法人 ――――――――――――――――― 307
  （3）一般寄附金 ―――――――――――――――――――― 307
  （4）法人の確定申告 ――――――――――――――――― 308
 2 個人が行う寄附 ―――――――――――――――――――― 308
  （1）特定寄附金の範囲 ―――――――――――――――― 308
  （2）所得控除の計算 ――――――――――――――――― 309
  （3）税額控除 ――――――――――――――――――――― 310
  （4）個人の確定申告 ――――――――――――――――― 310
 3 共同募金会 ―――――――――――――――――――――― 311
 4 譲渡所得の特例 ――――――――――――――――――― 311
  （1）譲渡所得の原則 ――――――――――――――――― 311
  （2）譲渡所得の非課税 ―――――――――――――――― 311
  （3）特例の要件 ―――――――――――――――――――― 311
  （4）承認手続 ――――――――――――――――――――― 313
 5 相続財産の贈与の特例 ――――――――――――――― 313
  （1）特例の概要 ―――――――――――――――――――― 313
  （2）特例の適用要件 ――――――――――――――――― 314
  （3）特例の適用除外 ――――――――――――――――― 314

9　土地収用法　　315

 1 制度概要 ――――――――――――――――――――――― 315
 2 収用等の課税の特例 ―――――――――――――――― 316
  （1）代替資産を取得した場合等の課税の特例等 ――― 316
  （2）譲渡所得等の特別控除 ――――――――――――― 316
 3 特掲事業の適用 ――――――――――――――――――― 316
 4 税務署との事前協議 ―――――――――――――――― 317

10　税制比較　　318

 1 米国における公益団体課税 ―――――――――――― 318
 2 公益法人等の課税の比較 ――――――――――――― 319

資料　社会福祉法人会計基準 ――――――――――――――― 321

○凡　例

会計基準	社会福祉法人会計基準
法	社会福祉法
社令	社会福祉法施行令
社規	社会福祉法施行規則
所法	所得税法
所令	所得税法施行令
所規	所得税法施行規則
法法	法人税法
法令	法人税法施行令
法規	法人税法施行規則
相法	相続税法
相令	相続税法施行令
相規	相続税法施行規則
消法	消費税法
消令	消費税法施行令
消規	消費税法施行規則
措法	租税特別措置法
措令	租税特別措置法施行令
措規	租税特別措置法施行規則
印法	印紙税法
印令	印紙税法施行令
地法	地方税法
地令	地方税法施行令
所基通	所得税基本通達
法基通	法人税基本通達
消基通	消費税法基本通達
措通	租税特別措置法通達
印基通	印紙税法基本通達
モデル経理規程	平成29年社会福祉法人モデル経理規程
モデル経理規程細則	社会福祉法人モデル経理規程細則
研究資料5号	社会福祉法人会計基準に関する実務上のＱ＆Ａ（日本公認会計士協会非営利法人委員会研究資料第5号）

本書は，平成29年12月31日現在の法令等に基づいて編集しています。

第1章
社会福祉の動向と法改正

　はじめに，社会福祉法人会計の内容に入る前に社会福祉法について考えてみたいと思います。現在の会計制度を理解するためには，社会福祉制度の成り立ちや時代背景，社会福祉行政の体系，社会福祉環境の現況や課題点，将来展望を把握するとよりわかりやすいものになると思います。

　また，社会福祉法人制度と平成28年社会福祉法改正におけるガバナンスの内容について解説します。

1　社会福祉法制定及び変遷

1　社会福祉法制定の背景

　昭和26年（1951）の社会福祉事業法（現在の社会福祉法の旧称）制定から半世紀以上経過しました。この間，日本社会は著しく変化し，社会福祉の内容は高度化かつ多様化しており，社会福祉への要望は年々増加する傾向にあります。

　歴史を遡ると，第二次世界大戦前の社会福祉に関わる法制度は，昭和4年（1929）の救護法，昭和12年（1937）の母子保護法，昭和13年（1938）社会事業法等に限られていました。

　第二次世界大戦直後の昭和20（1945）年代は，復興期にあって，貧困者，身体障害者，戦争孤児等への緊急対応が求められていたため，GHQは社会救済に関する覚書のなかで公的扶助の基本を示したのです。

　昭和21年（1946）の①「旧生活保護法」（昭和25年改正生活保護法）をはじめ，昭和22年（1947）には戦争孤児等の保護を視野に入れた②「児童福祉法」が制定され，昭和24年（1949）は傷痍軍人や身体障害者の保護を目

的とした③「身体障害者福祉法」が制定されました。この①から③は福祉三法と呼ばれています。

また，昭和23年（1948）には社会福祉の増進に努めることを目的とした民生委員の制度化が図られ，民生委員法が成立しました。そして，昭和26年の社会福祉事業法の制定に至ったのです。社会福祉事業法は，社会福祉事業のすべての分野の基本事項を定めた基本法として位置付けられています。

その後，昭和35年（1960）には，④「精神薄弱者福祉法」（現在の知的障害者福祉法），昭和38年（1963）は⑤「老人福祉法」，昭和39年（1964）は⑥「母子福祉法」（現在の母子及び父子並びに寡婦福祉法）がそれぞれ制定されました。①から③の福祉三法と④から⑥をあわせ，いわゆる福祉六法の始まりです。社会福祉制度体系は，この時期にほぼ確立したといえます。

2 措置制度と社会福祉環境

福祉六法施行後は，経済成長や社会構造の変化に伴い，社会福祉の関わる法律は改正を重ねましたが，昭和48年（1973）のオイルショックは日本経済低迷の契機となり，社会福祉方針が変化する要因になりました。主に補助金の削減が行われ，一方では地方分権の推進が始まり，国から地方へ権限委譲等の取組みが開始されたのがこの時期です（たとえば，昭和61年法律109号，地方公共団体の執行機関が国の機関として行う事務の整理及び合理化に関する法律等）。

また，当時の措置制度（行政組織による決定）は，利用者の利便性やサービス提供の迅速性に応えるには不十分であり，また施設の最低基準や措置費の算定基準が画一的で社会が求めている水準を満たしていないといった課題がありました。

そこで，従来の基本的考え方であったいわゆる行政処分でサービス内容を決定する措置制度から，利用者が事業経営者と対等の立場でサービス選択を行う制度へと理論的枠組みの変革が提唱されるようになったのです。

すなわち，高度成長期を経て国民の自立意識が高まり，また生活水準や社会理念が劇的に変化を遂げ，社会福祉に対する自発的な支援や参加意欲が強

まった結果，社会福祉の環境の問題点を変えるべく従来の制度を大改革する機運が高まり，以下の改革につながったのです。

3 構造改革の必要性

平成に入り（1990年代），バブル崩壊による経済活動の停滞やデフレスパイラル，また，少子高齢社会時代の到来により，社会福祉に対する国民の意識はこれまでとは異なってきました。価値観の多様化が進行するなかにおいて，社会福祉のより高い次元での多面的要請が生じてきたのです。

ここで，基礎構造改革の気運が高まり，様々な検討を経たうえで，平成12年（2000）社会福祉基礎構造改革の公表に至りました。

その全体像は，主に次のとおりです。

	平成12年（2000）構造改革の内容
①	個人の尊厳を基調として利用者の立場に立った社会福祉制度の構築を目指し，福祉サービスの利用制度化（措置制度から利用制度へ），利用者保護制度の創設（成年後見制度の創設，苦情解決の仕組み）
②	サービスの向上（人材の養成・確保，第三者によるサービスの質の評価，事業運営の透明性の確保，情報開示）
③	社会福祉事業の多様化，活性化（社会福祉事業の範囲拡大，社会福祉法人の設立要件の緩和，多様な事業主体の参入促進，社会福祉法人の運営の弾力化）
④	地域福祉の充実（地域福祉計画の策定，社会福祉協議会，民生委員，児童委員，共同募金の活性化）

4 近年の動向

平成12年（2000）の社会福祉基礎構造改革後も様々な制度改正が行われました。見直しの方向は，社会福祉の市場化の進展に対する利用者や家族の不安を解消するため，国，地方自治体の役割を再度検討して，理念と現実のかい離を段階的に解消する方途を検討するものでした。具体的生活実態に根ざした議論を経て，望ましい福祉社会のあり方を目指すための改正が行われたのです。

平成18年（2006）には，公益法人制度改革が行われました。旧民法第34条に基づく公益法人は，公益性の認定を受ける公益社団・財団法人と準則主義により設立する一般社団・財団法人に区分されたのです。公益認定を受ける公益社団・財団法人は，法人目的・事業内容・組織・財務・財産等に関して公益認定が課されます。この制度は，公益法人に求められる公益性の要件が具体的に示されているため，公益法人の一類型である社会福祉法人に対しても当然に求められるべきであると考えられるようになったのです。

　また，近年は一部の社会福祉法人における不適切な運営や法人制度趣旨に反する事例が見受けられたため，法人組織の見直しや事業運営の透明化を図り，財務規律を強化して社会に対する説明責任を果たすことが重要になっています。

　これらの動向を受けて，平成28年（2016）に社会福祉法改正が行われたのです。以下は，社会福祉法人制度改革の概要です。

	平成28年社会福祉法人制度改革の内容	
①	経営組織のガバナンスの強化	○ 議決機関としての評議員会を必置 ○ 一定規模以上の法人への会計監査人の導入　等
②	事業運営の透明性の向上	○ 財務諸表・現況報告書・役員報酬基準等の公表に係る規定の整備　等
③	財務規律の強化	○ 役員報酬基準の作成と公表，役員等関係者への特別の利益供与の禁止　等 ○ 「社会福祉充実残額（再投下財産額）」（純資産の額から事業の継続に必要な財産額を控除等した額）の明確化 ○ 「社会福祉充実残額」の社会福祉事業等への計画的な再投資
④	地域における公益的な取組を実施する責務	○ 社会福祉事業及び公益事業を行うにあたって，無料又は低額な料金で福祉サービスを提供することを責務として規定
⑤	行政の関与のあり方	○ 所轄庁による指導監督の機能強化，国・都道府県・市の連携　等

第1章 社会福祉の動向と法改正

5 将来の方向性

(1) 人口減少

　社会福祉の制度は，経済成長につれて拡充していきましたが，人口減少時代を見据えて将来を考える必要があります。少子高齢化は，地域社会の様々な面で課題が出始めています。たとえば，若年層を中心とした社会福祉従事者の不足です。地域からの孤立や生活困難者は増加しており，人材不足は重要な問題です。また，労働人口の減少による経済停滞や鈍化が推測されており，社会福祉構造の見通しの要因になっています。

　以下は，高齢世代人口の推定値です。75歳以上の人口は，現在の1,691万人から2050年には，2,417万人まで増加する予測になっています。人口推移予測から，将来の見通しが見えてくると思います。

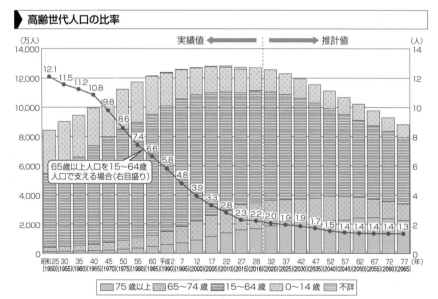

▶ 高齢世代人口の比率

資料：2015年までは総務省「国勢調査」、2016年は総務省「人口推計」（平成28年10月1日確定値）、2020年以降は国立社会保障・人口問題研究所「将来推計人口（平成29年推計）」の出生中位・死亡中位仮定による推計結果

（注）2016年以降の年齢階級別人口は、総務省統計局「平成27年国勢調査　年齢・国籍不詳をあん分した人口（参考表）」による年齢不詳をあん分した人口に基づいて算出されていることから、年齢不詳は存在しない。

（出典）平成29年版高齢社会白書（内閣府）

（2）地域包括ケアシステム

　少子高齢化による日本社会の将来を見据え，厚生労働省では 2025 年を目途に，地域包括ケアシステムの構築に取り組んでいます。地域包括ケアシステムは，「高齢者の尊厳の保持と自立生活の支援の目的のもとで，可能な限り住み慣れた地域で，自分らしい暮らしを人生の最期まで続けることができるよう，地域の包括的な支援・サービス提供体制」をいいます。

　要介護者となっても地域社会から離れて大規模施設でサービスを受けるのではなく，住み慣れた地域で在宅介護や規模の小さいグループホーム等を通じて自分らしく生活する地域密着型が望ましいという考え方が広がっています。現在は，住まい・医療・介護・予防・生活支援が一体的に提供できる仕組みを考案しています。また，認知症高齢者の増加が見込まれることから，地域社会のあり方について議論を重ねています。

　以下の厚生労働省ホームページの内容が今後の動向の概要図です。

地域包括ケアシステム

○ 団塊の世代が75歳以上となる2025年を目途に，重度な要介護状態となっても住み慣れた地域で自分らしい暮らしを人生の最後まで続けることができるよう，住まい・医療・介護・予防・生活支援が一体的に提供される地域包括ケアシステムの構築を実現していきます。
○ 今後，認知症高齢者の増加が見込まれることから，認知症高齢者の地域での生活を支えるためにも，地域包括ケアシステムの構築が重要です。
○ 人口が横ばいで75歳以上人口が急増する大都市部，75歳以上人口の増加は緩やかだが人口は減少する町村部等，高齢化の進展状況には大きな地域差が生じています。
　地域包括ケアシステムは，保険者である市町村や都道府県が，地域の自主性や主体性に基づき，地域の特性に応じて作り上げていくことが必要です。

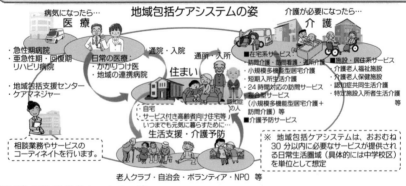

（出典）厚生労働省ホームページ

（3）地域における公益的な取組について

社会福祉法第24条（経営の原則）は法人の本旨に関する規定を設けていますが，平成28年社会福祉法改正では「地域における公益的な取組」の責務を明文化し，第24条第2項を設けました（下記の図示参照）。

社会福祉法人は，認知症高齢者や独居高齢者の増加など福祉ニーズの多様化・複雑化に伴い，他の事業者では対応困難な福祉サービスの提供が求められていますが，今回の改正は，「無料・低額な料金」で福祉サービスに努めるとする法人の果たすべき役割を明文化したのです。社会福祉法人は，既存制度の枠組みになく安定的で継続的な供給が望めず一般企業等では事業化が難しいサービスを実施することが期待されています。

取組みの詳細は，「社会福祉法人の「地域における公益的な取組」について」（社援基発0601第1号，平成28年6月1日）に記載しています。

（出典）厚生労働省ホームページ

2 社会福祉の行政組織と体制

我が国の社会福祉にかかわる行政機関は，厚生労働省が中心となり，都道府県や市町村で社会福祉行政を行っています。また，社会福祉サービスは，福祉事務所が窓口となって事務手続を担当しており，他に児童相談所や婦人相談所，身体障害者更生相談所，知的障害者更生相談所が各地にあります。

以下の全体図で行政組織の体制が概観できます。

▶厚生労働省の機構（厚生労働省組織図（平成29年7月11日現在））

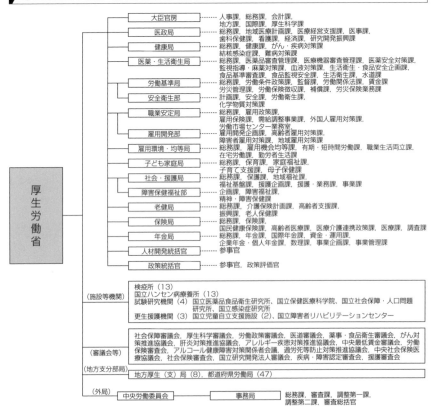

（出典）平成29年版厚生労働白書

第1章 社会福祉の動向と法改正

▶ 社会福祉の実施体制

```
                              ┌─────┐
                              │  国  │
                              └──┬──┘
民生委員・児童委員(231,689人)    │           社会保障審議会
   (28年3月現在)                │
                        都道府県(指定都市,中核市)
身体障害者相談員(7,866人)    ・社会福祉法人の認可,監督
                            ・社会福祉施設の設置認可,
知的障害者相談員(3,443人)      監督,設置
   (28年4月現在)            ・児童福祉施設(保育所除く)
                              への入所事務
                            ・関係行政機関及び市町村
                              への指導等           地方社会福祉審議会
                                                   都道府県児童福祉審議会
                                                   (指定都市児童福祉審議会)
```

身体障害者更生相談所
・全国で77か所（29年4月現在）
・身体障害者への相談,判定,指導等

知的障害者更生相談所
・全国で86か所（29年4月現在）
・知的障害者への相談,判定,指導等

児童相談所
・全国で210か所（29年3月現在）
・児童福祉施設入所措置
・児童相談,調査,判定,指導等
・一時保護
・里親委託

婦人相談所
・全国で49か所（28年4月現在）
・要保護女子及び暴力被害女性の相談,判定,調査,指導等
・一時保護

都道府県福祉事務所
・全国で208か所（28年4月現在）
・生活保護の実施等
・助産施設,母子生活支援施設への入所事務等
・母子家庭等の相談,調査,指導等
・老人福祉サービスに関する広域的調整等

市
・社会福祉法人の認可,監督
・在宅福祉サービスの提供等
・障害福祉サービスの利用等に関する事務

市福祉事務所
・全国で996か所（28年4月現在）
・生活保護の実施等
・特別養護老人ホームへの入所事務等
・助産施設,母子生活支援施設及び保育所への入所事務等
・母子家庭等の相談,調査,指導等

町村
・在宅福祉サービスの提供等
・障害福祉サービスの利用等に関する事務

町村福祉事務所
・全国で43か所（27年4月現在）
・業務内容は市福祉事務所と同様

福祉事務所数（平成28年4月現在）
郡部	208
市部	996
町村	43
合計	1,247

（出典）平成29年版厚生労働白書

3 社会福祉法人の意義

1 法人創設と事業目的

　社会福祉法人は，社会福祉法第2条に定められている社会福祉事業（第1種社会福祉事業及び第2種社会福祉事業）を行うことを目的として，社会福祉法の規定により設立される組織をいいます（法22条）。

　社会福祉法人の制度は，社会福祉事業の社会的な信用や健全性を保持するうえで，公益法人に代わる新たな法人組織の必要性から始まりました。

　また，公の支配（憲法第89条）に属しない民間の社会福祉事業に対する公金支出禁止規定を回避して，公的な規制のもとで助成金を受けられる法人を創設する必要性があったのです。

　以上の目的を踏まえて，法人設立及び法人設立後の健全な運営が継続できるような仕組みになっています。

　法人設立は，「社会福祉法人の認可について」（平成12年12月1日付厚生省大臣官房障害保健福祉部長，社会・援護局長，老人保健福祉局長，児童家庭局長連名通知，最終改定平成28年11月11日）で設立要件や審査基準を設けています。

　設立にあたり，法人の根本規則の定款を定めて，組織や管理体制を決定します。また設立後は，所轄庁等の指導・監査を受けることになります。社会福祉法人は，社会福祉事業の担い手として相応しい経営の安定化と透明化が求められているのです。

　社会福祉法人の法人数の推移は，昭和55年（1980）の9,471法人から平成12年（2000）には16,734法人と20年間で約1.7倍増加しており，平成28年（2016）は20,483法人です（平成29年版厚生労働白書）。法人が増加したのは，①措置制度の時代に市町村からの民間委託先として社会福祉法人が選定されていたこと，②法人設立による税制上の優遇，③法人の社会的な信用力による資金の充実化や職員の確保などが要因として考えられます。

2 社会福祉事業

　社会福祉法人制度は，社会福祉事業の公共性の観点から設立運営に厳格な規制が加えられており，法人設立等の許可は厚生労働大臣（事業が2以上の都道府県かつ2以上の地方厚生局管轄区域にまたがる場合），若しくは地方厚生局長，都道府県知事又は指定都市市長若しくは中核市の市長が行います。

　第1種社会福祉事業は，強い規制と監督の必要性があり，経営主体は原則，国や地方公共団体，又は社会福祉法人です（法60条）。対象者が社会的弱者として人権侵害されるおそれがあるため，経営の担い手を明文化して利用者保護を図っています。

　これに対して，第2種社会福祉事業は社会福祉の増進に貢献するものとして，第1種社会福祉事業の強い規制や経営主体についての制限はなく，国と都道府県以外の者が事業を開始した時は，事業開始の日から1カ月以内に都道府県知事に届け出ることになっています。

　第1種社会福祉事業と第2種社会福祉事業の詳細については，次頁の表の内容を参照してください（平成29年版厚生労働白書）。

3 公益事業及び収益事業

　社会福祉法人は，その経営する社会福祉事業に支障がない限り公益事業を行うことができます。ただし，社会福祉と全く関係のない事業については，公益性があっても認められません。具体的例示は，第2章の公益事業の項に記載していますので参照してください。

　また，社会福祉法人は，事業から得た収益を社会福祉事業若しくは公益事業の経営に充てる場合，収益事業を行うことができます。

　会計上，公益事業及び収益事業は，社会福祉事業と別の事業区分とする必要があります。事業区分の考え方は，第2章を参照してください。

4 社会福祉施設の概要

　平成28年社会福祉施設等調査の概況（平成29年9月27日，政策統括官付参事官付社会統計室）によると，社会福祉法人の施設数は27,006となってい

▶ 社会福祉事業の内容

第1種社会福祉事業

- 生活保護法に規定する救護施設、更生施設
- 生計困難者を無料または低額な料金で入所させて生活の扶助を行う施設
- 生計困難者に対して助葬を行う事業
- 児童福祉法に規定する乳児院、母子生活支援施設、児童養護施設、障害児入所施設、児童心理治療施設、児童自立支援施設
- 老人福祉法に規定する養護老人ホーム、特別養護老人ホーム、軽費老人ホーム
- 障害者総合支援法に規定する障害者支援施設
- 売春防止法に規定する婦人保護施設
- 授産施設
- 生計困難者に無利子または低利で資金を融通する事業
- 共同募金を行う事業

第2種社会福祉事業

- 生計困難者に対して日常生活必需品・金銭を与える事業
- 生計困難者生活相談事業
- 生活困窮者自立支援法に規定する認定生活困窮者就労訓練事業
- 児童福祉法に規定する障害児通所支援事業、障害児相談支援事業、児童自立生活援助事業、放課後児童健全育成事業、子育て短期支援事業、乳児家庭全戸訪問事業、養育支援訪問事業、地域子育て支援拠点事業、一時預かり事業、小規模住居型児童養育事業、小規模保育事業、病児保育事業、子育て援助活動支援事業
- 児童福祉法に規定する助産施設、保育所、児童厚生施設、児童家庭支援センター
- 児童福祉増進相談事業（利用者支援事業など）
- 就学前の子どもに関する教育、保育等の総合的な提供の推進に関する法律に規定する幼保連携型認定こども園
- 母子及び父子並びに寡婦福祉法に規定する母子家庭日常生活支援事業、父子家庭日常生活支援事業、寡婦日常生活支援事業
- 母子及び父子並びに寡婦福祉法に規定する母子・父子福祉施設
- 老人福祉法に規定する老人居宅介護等事業、老人デイサービス事業、老人短期入所事業、小規模多機能型居宅介護事業、認知症対応型老人共同生活援助事業、複合型サービス福祉事業
- 老人福祉法に規定する老人デイサービスセンター（日帰り介護施設）、老人短期入所施設、老人福祉センター、老人介護支援センター
- 障害者総合支援法に規定する障害福祉サービス事業、一般相談支援事業、特定相談支援事業、移動支援事業、地域活動支援センター、福祉ホーム
- 身体障害者福祉法に規定する身体障害者生活訓練等事業、手話通訳事業又は介助犬訓練事業若しくは聴導犬訓練事業
- 身体障害者福祉法に規定する身体障害者福祉センター、補装具製作施設、盲導犬訓練施設、視聴覚障害者情報提供施設
- 身体障害者更生相談事業
- 知的障害者更生相談事業
- 生計困難者に無料または低額な料金で簡易住宅を貸し付け、または宿泊所等を利用させる事業
- 生計困難者に無料または低額な料金で診療を行う事業
- 生計困難者に無料または低額な費用で介護老人保健施設を利用させる事業
- 隣保事業
- 福祉サービス利用援助事業
- 各社会福祉事業に関する連絡
- 各社会福祉事業に関する助成

（出典）平成29年版厚生労働白書

ます（調査の時期は平成28年10月1日）。施設の種類別による経営主体別施設数の構成割合では、社会福祉法人の割合が最も多くなっています。

以下,「施設数・定員」及び「経営主体別施設数」を掲載します。社会福祉施設の概観が確認できます。

施設の種類別にみた施設数・定員(基本票)

各年10月1日現在

	平成25年(2013)	平成26年(2014)	平成27年(2015)	平成28年(2016)	対前年 増減数	対前年 増減率(%)
			施　設　数			
総　数	58 613	61 307	66 213	70 101	3 888	5.9
保護施設	292	291	292	293	1	0.3
老人福祉施設	5 308	5 334	5 327	5 291	△ 36	△ 0.7
障害者支援施設等	6 099	5 951	5 874	5 778	△ 96	△ 1.6
身体障害者社会参加支援施設	322	322	322	309	△ 13	△ 4.0
婦人保護施設	48	47	47	47	0	0.0
児童福祉施設等	33 938	34 462	37 139	38 808	1 669	4.5
（再掲）保育所等[2]	24 076	24 509	25 580	26 265	685	2.7
母子・父子福祉施設	60	59	58	56	△ 2	△ 3.4
その他の社会福祉施設等	12 546	14 841	17 154	19 519	2 365	13.8
（再掲）有料老人ホーム（サービス付き高齢者向け住宅以外）	8 502	9 632	10 651	12 570	1 919	18.0
			定　員（人）[1]			
総　数	3 191 622	3 317 478	3 551 311	3 719 236	167 925	4.7
保護施設	19 365	19 250	19 558	19 616	58	0.3
老人福祉施設	157 034	157 922	158 025	157 895	△ 130	△ 0.1
障害者支援施設等[3]	202 964	197 867	195 298	192 762	△ 2 536	△ 1.3
身体障害者社会参加支援施設	360	360	360	360	0	0.0
婦人保護施設	1 340	1 270	1 270	1 270	0	0.0
児童福祉施設等[4]	2 381 444	2 434 381	2 599 480	2 692 975	93 495	3.6
（再掲）保育所等[2]	2 290 932	2 339 029	2 481 970	2 557 133	75 163	3.0
母子・父子福祉施設	…	…	…	…	…	…
その他の社会福祉施設等	429 115	506 428	577 320	654 358	77 038	13.3
（再掲）有料老人ホーム（サービス付き高齢者向け住宅以外）	350 990	391 144	424 828	482 792	57 964	13.6

1）定員は，定員について調査を実施した施設のみ，集計している。
2）保育所等は，幼保連携型認定こども園，保育所型認定こども園及び保育所である。
3）障害者支援施設等のうち障害者支援施設の定員は入所者分のみである。
4）児童福祉施設等の定員には母子生活支援施設を含まない。

（出典）平成28年社会福祉施設等調査の概況（厚生労働省）

▶ 施設の種類別にみた経営主体別施設数及び構成割合（基本票）

平成 28 年 10 月 1 日現在

	総数	公営				私営					
		国・独立行政法人	都道府県	市区町村	一部事務組合・広域連合	社会福祉法人	医療法人	公益法人・日赤	営利法人（会社）	その他の法人	その他
施設数												
総　数	70 101	79	231	16 651	142	27 006	2 045	793	16 641	5 501	1 012
保護施設	293	—	1	18	6	268	—	—	—	—	—
老人福祉施設	5 291	—	—	821	78	4 035	49	61	111	71	65
障害者支援施設等	5 778	11	24	120	17	3 718	201	46	54	1 550	37
身体障害者社会参加支援施設	309	—	8	33	—	201	—	37	2	25	3
婦人保護施設	47	—	22	—	—	25	—	—	—	—	—
児童福祉施設等	38 808	68	172	14 558	41	17 379	83	492	2 554	2 661	800
（再掲）保育所等[1]	26 265	2	1	8 851	3	14 049	15	59	1 337	1 818	130
母子・父子福祉施設	56	—	4	5	—	27	—	6	—	14	—
その他の社会福祉施設等	19 519	—	—	1 096	—	1 353	1 712	151	13 920	1 180	107
（再掲）有料老人ホーム（サービス付き高齢者向け住宅以外）	12 570	—	—	1	—	672	940	15	10 398	506	38
構成割合（%）												
総　数	100.0	0.1	0.3	23.8	0.2	38.5	2.9	1.1	23.7	7.8	1.4
保護施設	100.0	—	0.3	6.1	2.0	91.5	—	—	—	—	—
老人福祉施設	100.0	—	—	15.5	1.5	76.3	0.9	1.2	2.1	1.3	1.2
障害者支援施設等	100.0	0.2	0.4	2.1	0.3	64.3	3.5	0.8	0.9	26.8	0.6
身体障害者社会参加支援施設	100.0	—	2.6	10.7	—	65.0	—	12.0	0.6	8.1	1.0
婦人保護施設	100.0	—	46.8	—	—	53.2	—	—	—	—	—
児童福祉施設等	100.0	0.2	0.4	37.5	0.1	44.8	0.2	1.3	6.6	6.9	2.1
（再掲）保育所等[1]	100.0	0.0	0.0	33.7	0.0	53.5	0.1	0.2	5.1	6.9	0.5
母子・父子福祉施設	100.0	—	7.1	8.9	—	48.2	—	10.7	—	25.0	—
その他の社会福祉施設等	100.0	—	—	5.6	—	6.9	8.8	0.8	71.3	6.0	0.5
（再掲）有料老人ホーム（サービス付き高齢者向け住宅以外）	100.0	—	—	0.0	—	5.3	7.5	0.1	82.7	4.0	0.3

注：1）保育所等は、幼保連携型認定こども園、保育所型認定こども園及び保育所である。

（出典）平成 28 年社会福祉施設等調査の概況（厚生労働省）

社会福祉法人の施設数27,006のうち，児童福祉施設等は17,379であり，全体の64.3％を占めています。次に多いのは，老人福祉施設4,035（14.9％），障害者支援施設等3,718（13.7％）となっています。この3つの施設で全体の93.0％を占めています。

また，経営主体別施設の総数70,101との比較では，社会福祉法人の施設数は38.5％を占めています。

構成割合をみると，保護施設は91.5％，老人福祉施設は76.3％，障害者支援施設等64.3％，身体障害者社会参加支援施設65.0％，婦人保護施設53.2％，児童福祉施設等44.8％，母子・父子福祉施設48.2％となっており，多くの重要な施設で社会福祉法人の占有率が高くなっています。

社会福祉法人の事業目的や規模，社会から求められている役割が理解できると思います。

5 民間の組織

社会福祉法は，地域福祉の推進（第10章）「地域福祉計画，社会福祉協議会，共同募金」の節を設けており，社会福祉の推進活動を明文化しています。本書では，民間の組織として活動する社会福祉協議会及び共同募金について取り上げます。特に，社会福祉協議会は，社会福祉法人の様々な活動の場で関わることの多い組織です。

（1）社会福祉協議会

社会福祉協議会は，昭和26年（1951）の社会福祉事業法（現在の社会福祉法の旧称）制定に基づいた民間の非営利活動を目的とした組織です。すべての都道府県，市区町村に設置されており，各地域社会の人々や社会福祉関係者が参加して我が国の社会福祉の推進活動を行っています。

以下は，社会福祉法の規定に基づいた社会福祉協議会の概要になりますので，参考にしてください。

① 都道府県社会福祉協議会

　都道府県社会福祉協議会は，都道府県の区域内における社会福祉について，広域的な見地から育成や研修，経営指導や助言を行っており，地域福祉の推進を図ることを目的とする団体です。区域内における市町村社会福祉協議会の過半数及び社会福祉事業又は更生保護事業を経営する者の過半数が参加しています（法110条）。

　なお，指定都市では，指定都市社会福祉協議会が市内の区社会福祉協議会と連携を図り，都道府県社会福祉協議会に準じた活動を行っています。

② 市町村社会福祉協議会

　市町村社会福祉協議会は，社会福祉法第109条に規定する事業を行う組織です。様々な福祉サービスや地域のボランティア活動を行っており，全国に1,800以上ある団体です。

③ 全国社会福祉協議会

　全国社会福祉協議会（全社協）は，都道府県社会福祉協議会の連合会として設置された全国段階の社会福祉協議会です。

　全国の福祉関係者や福祉施設等事業者の連絡・調整，社会福祉に関する要望や政策提言，図書・雑誌の刊行，情報提供，研修，政策提言・国際交流といった事業を行っています。

（2）共同募金会

　共同募金は，「都道府県の区域を単位として，毎年1回，厚生労働大臣の定める期間内に限ってあまねく行う寄附金の募集であって，その区域内における地域福祉の推進を図るため，その寄附金をその区域内において社会福祉事業更生保護事業その他の社会福祉を目的とする事業を経営する者（国及び地方公共団体を除く。以下この節において同じ。）に配分することを目的とするものをいう」（法112条）と規定しています。

　共同募金を行う事業体は，都道府県ごとに設立された社会福祉法人（共同

募金会という）が行い，募金の実施や目標や配分の内容などを決定します。

共同募金を行う事業は，「第1種社会福祉事業」に区分されています。これは，共同募金事業は強い公共性があるため，適正な事業運営を行う必要があるからと考えられます。

また，共同募金会は寄附金の配分を行うときは，配分委員会の承認を得ることになります。配分先については，「社会福祉を目的とする事業を経営する者」に限定しています（法117条）。

4 社会福祉法人とボランティア

昭和26年の社会福祉事業法（現在の社会福祉法）制定は，社会福祉基本方針の確立した時期であり，その後，我が国は経済成長を経て成熟した社会となりました。その過程において，社会福祉では多くのボランティアに支えられ，今日に至っています。

法律上では，たとえば，民生委員は民生委員法（昭和23年7月29日法律第198号），児童委員は児童福祉法（昭和22年12月12日法律第164号）が施行され，我が国の社会福祉を支えています。ボランティア活動の内容は，児童福祉施設における児童との工作活動や遊戯の補助，子育て支援の補助，高齢者向け施設のレクリエーション活動の補助等，多岐にわたっています。

社会福祉法人は，地域社会では社会福祉事業における福祉サービスを提供するとともに，自らボランティアの窓口役になって情報発信を行い，またボランティアを募って積極的に活動しています。各地の社会福祉法人は，ニーズに合致した支援によるボランティア活動を行う団体としての側面を有しているのです。近年は，災害におけるボランティア活動が増えており，社会福祉法人が主体となって災害時又は災害に関する研修や訓練活動を行っています。ボランティア保険の窓口業務の機能を有している社会福祉法人もあります。

ボランティア活動に関連して，近年はインターネットやSNS（Social Networking Service）による寄附募集の活動が増加しています。たとえば，

クラウドファンディングのように特定の事業に対して寄附を募るといった新しい寄附募集の方法が徐々に浸透しています。

なお，社会福祉法人では，税制上の優遇制度があります。詳細は，第9章の税務を参照してください。

5　ガバナンス強化

平成28年社会福祉法改正は，4頁の表「平成28年社会福祉法人制度改革の内容」の5点を中心に改革が行われましたが，本書では実務に重大な影響を与えた「①経営組織のガバナンスの強化」について解説します。

1 経営組織のガバナンスの強化

平成28年社会福祉法改正では，社会福祉法人組織の大幅な見直しが行われました。評議員会は，議決機関として必置となり，理事・監事・会計監査人の選任及び解任の権限や役員報酬決定など重要事項を決議します。

理事，理事会，監事については，権限や責任に関する規定を整備しました。また，一定規模以上の法人は，会計監査人による外部監査が求められます。

以下，厚生労働省公表「社会福祉法人制度改革について」等を参考に図表を交えて改正のポイントを取り上げます。

評議員会・理事会・監事の比較			
	評議員会	理事会	監事
位置付け	法人運営に係る重要事項の議決機関	業務執行の決定，理事の職務執行の監督	理事の職務執行の監査，監査報告の作成
設置義務	必置	必置	必置
主な決議事項	①定款の変更 ②理事・監事・会計監査人の選任及び解任 ③理事及び監事の報酬の決定等	①評議員会の日時・議題等の決定 ②業務執行の決定 ③理事の職務執行の監督等	①理事の職務執行の監査 ②監査報告書の作成 ③理事会の出席等
兼職	不可	不可	不可

（1）評議員・評議員会

　評議員及び評議員会は，平成28年社会福祉法改正により大幅に変更されました。従来の評議員会は，諮問機関の位置付けでしたが，必置の議決機関となり，法人運営の基本ルール・体制の決定を行うとともに事後的な監督を行う機関になりました（法45条の8以下）。

　主な決議事項は，①定款の変更，②理事・監事・会計監査人の選任及び解任，③理事及び監事の報酬の決定，④計算書類及び社会福祉充実計画の承認等です。これまで評議員会に対して諮問されていた業務執行の意思決定は，理事会で行うことになりました。

　評議員は，理事に対する評議員会の招集請求や議題・議案提案権が付与されており，善管注意義務，損害賠償責任，特別背任罪の罰則があります。

　評議員数は，理事定数（6名以上）を超える数が原則ですが，平成27年度の法人全体の事業活動計算書におけるサービス活動収益の額が4億円以下の小規模な法人では，評議員定数の経過措置が設けられており，平成29年4月から3年間は4名以上となっています。

（2）理事・理事会

　従来，理事会に関する規定は，定款準則によるものがありましたが，平成28年社会福祉法改正で明文化されました（法45条の13以下）。

　理事会は，理事全員で構成し業務執行の意思決定を行い，理事の職務執行を監督する機関となり，理事・理事長に対する牽制機能が働く仕組みとなっています。

　また，理事長は，理事会決議により，法人の代表権を有し，対外的な業務執行を行います。さらに，理事長は，3カ月に1回以上，自己の職務の執行の状況を理事会に報告しなければなりません。すなわち，理事長は法人の常務を担い，理事会で報告することが求められているのです。

　このような制度改正により，理事の権限が明確化することになりましたが，一方で理事に責任を課し，実効性を担保しています。

　理事は，善管注意義務，忠実義務，利益相反取引の制限，監事に対する報

告義務を負っています。また，法人に対する損害賠償責任，第三者に対する損害賠償責任，特別背任罪等の罰則が規定されています。

なお，理事会開催については，定款において毎年度4カ月を超える間隔で2回以上とすることが可能です。

(3) 監事

監事は，理事の職務執行の監査を行い，計算書類等を監査して，監査報告書を作成します（法45条の18）。監事には，①理事及び職員への報告要求，②業務・財産の調査権，③理事会の招集請求，④理事の行為に対する差し止め請求権，⑤会計監査人の解任権等，様々な権限が付与されています。各監事は，それぞれが独立して権限を行使できる独任制の機関です。

その一方，監事は善管注意義務，理事会への出席義務及び報告義務，評議員会における説明義務があります。

また，監事は，理事と同様の責任を負っています。

(4) 会計監査人

会計監査人は，平成28年改正の社会福祉法で明文化され，計算書類等の監査を行います（法45条の19）。会計監査人の権限は，①会計帳簿等の閲覧・謄写，理事等に対する会計に関する報告要求権，②計算書類の適合性について監事と意見が異なるときは，定時評議員会における意見陳述権があります。また，会計監査人は，善管注意義務を負い，損害賠償責任を負っています。

会計監査人設置の法人における計算書類等は，理事会の承認を受ける前に監事と会計監査人による二重の監査を受けることになりますが，会計監査人の計算書類等の監査が適正に行われているときは監事による計算書類等の監査は省略できます。

なお，会計監査人による監査証明の対象は次のとおりです（「社会福祉法人制度改革の施行に向けた留意事項について（経営組織の見直しについて）」，社会・援護局 福祉基盤課，平成28年6月20日，平成28年11月11日改訂）。

【監査証明範囲の設定】

> ① 法人単位の計算書類（法人単位貸借対照表，法人単位資金収支計算書及び法人単位事業活動計算書）（社規2条の30第1項2号）
> ② ①に対応する附属明細書（借入金明細書，寄附金収益明細書，補助金事業等収益明細書，基本金明細書及び国庫補助金等特別積立金明細書に限る。）の項目（社規2条の30第1項2号）
> ③ 法人単位貸借対照表に対応する財産目録の項目（社規2条の22）

（5）会計監査人の設置義務

　会計監査人の監査は，法人が作成した計算書類に対して，外部の独立した第三者による監査を行い，計算書類の信頼性を担保することが目的です。重要な点は，独立した外部の専門家による監査が行われるということです。会計監査人の資格は，公認会計士又は監査法人に限定されているため，専門家による計算書類の適正性の意見表明が行われます。この会計監査人による意見表明により，社会福祉法人の計算書類の信頼性が確保され，また外部の専門家が社会福祉法人の内部管理体制をチェックするため，ガバナンス強化が期待できます。

　従来は会計監査人の設置についての規定はありませんでしたが，下表のとおり，一定規模以上の法人は設置が義務化されました（社令13条の3）。

会計監査人設置の事業規模の基準	
年度	基準
平成29年度・平成30年度	収益30億円超又は負債60億円超
平成31年度・平成32年度	収益20億円超又は負債40億円超
平成33年度以降	収益10億円超又は負債20億円超

　収益は「法人単位事業活動計算書におけるサービス活動収益」，負債は「法人単位貸借照表における負債」で判定します。

　平成31年度以降は，段階的に対象範囲を拡大していくことを予定していますが，段階施行の具体的な時期及び基準については，平成29年度以降の

会計監査の実施状況等を踏まえ，必要に応じて見直しを検討することになっています（「社会福祉法等の一部を改正する法律の施行に伴う関係政令の整備等及び経過措置に関する政令等の公布について（通知）」社援発 1111 第 2 号，平成 28 年 11 月 11 日）。

　なお，一定規模以上の社会福祉法人は，会計監査人による監査が義務付けられていますが，一定規模未満の社会福祉法人（会計監査人非設置法人という）でも専門家の活用が望まれます。たとえば，計算書類が会計基準に照らして適切に作成されているかの点検や経理業務の効率化，内部管理体制の強化などの支援業務が考えられます。また，一定の条件を満たした場合は，一般監査の実施の周期の延長及び指導監査事項の省略できるという利点があります。詳細は，「会計監査及び専門家による支援等について」（社援基発 0427 第 1 号，平成 29 年 4 月 27 日）を参照してください。

（6）各機関の比較

　以下に，各機関の主要な内容に関する比較をまとめましたので，参考にしてください。

評議員・理事・監事・会計監査人の比較

	評議員	理事	監事	会計監査人
資格	社会福祉法人の適正な運営に必要な識見を有する者	以下の者を含まなければならない。 ①経営に関する識見を有する者 ②区域における福祉に関する実情に通じている者 ③施設の管理者	以下の者を含まなければならない。 ①社会福祉事業の経営に関する識見を有する者 ②財務管理について識見を有する者	公認会計士又は監査法人
選任	定款で定める方法（外部委員が参加する機関の決定に従って行う方法等）	評議員会の決議	評議員会の決議	評議員会の決議

第1章 社会福祉の動向と法改正

解任	定款で定める方法（外部委員が参加する機関の決定に従って行う方法等）	評議員会の決議	評議員会の決議	評議員会の決議
員数	7名以上（理事の員数（6名以上）を超える数）※平成27年度収益が4億円以下の法人は，経過措置あり（3年間4名以上）	6名以上	2名以上	法人規模に応じる
兼務	不可	不可（職員との兼務は可能）	不可	不可
任期	4年（定款で6年まで伸長可能）	2年（定款で短縮可能）	2年（定款で短縮可能）	1年
親族等特殊関係者の制限	選任不可	3親等内の親族が，①3人を超えてはならない。②理事総数の3分の1を超えてはならない。	選任不可	選任不可

　表内「親族等特殊関係者の制限」に関連して，厚生労働省公表「社会福祉法人における親族等の特殊の関係のある者」の説明を以下に掲載しますので，参考にしてください。

23

社会福祉法人における親族等の特殊の関係のある者

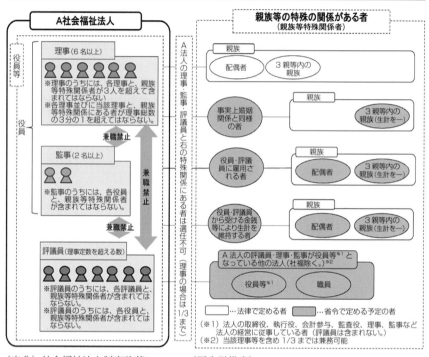

（出典）社会福祉法人制度改革について（厚生労働省）

（7）役員等の兼務

　厚生労働省公表「社会福祉法人の役員等の兼務について」を以下に掲載します。理事と職員の兼務を除き，兼務することはできませんので留意してください。

社会福祉法人の役員等の兼務について

1. 法人の役員・評議員・会計監査人・職員との兼務関係

	会計監査人	監事	理事	評議員	職員
会計監査人		× (公認会計士法)	× (公認会計士法)	× (公認会計士法)	× (公認会計士法)
監事	× (公認会計士法)		× (社福法第44条第2項)	× (社福法第40条第2項)	× (社福法第44条第2項)
理事	× (公認会計士法)	× (社福法第44条第2項)		× (社福法第40条第2項)	○
評議員	× (公認会計士法)	× (社福法第40条第2項)	× (社福法第40条第2項)		× (社福法第40条第2項)
職員	× (公認会計士法)	× (社福法第44条第2項)	○	× (社福法第40条第2項)	

2. 評議員・監事・会計監査人と顧問会計士等との兼務関係

		評議員	監事
顧問会計士 顧問税理士 顧問弁護士	法律面・経営面のアドバイスのみ	○	○
	記帳代行業務・税理士業務	×	×
財務会計に係る態勢整備状況の点検等の支援	助言にとどまる場合	○	○
	業務執行に当たる場合	×	×

	会計監査人
記帳代行業務	×
税理士業務	×

○…兼務可　×…兼務不可
(出典) 社会福祉法人制度改革について (厚生労働省)

2 事業運営の透明性の向上

　社会福祉法人は，高い公益性を有しており，公益財団法人以上の運営の透明性を確保する必要性から，次の事項の内容について情報公開することが求められています。

	情報公開の内容
①	定款，事業計画書，役員報酬基準を新たに閲覧対象とする
②	閲覧請求者を利害関係人から国民一般にする
③	定款，貸借対照表，収支計算書，役員報酬基準を公表対象とする

また，既に通知により公表を義務付けている現況報告書（役員名簿，補助金，社会貢献活動に係る支出額，役員の親族等との取引内容を含む）については，規制改革実施計画を踏まえ，役員区分ごとの報酬総額を追加します。

社会福祉法人に関する情報は，インターネットの利用により公表する仕組みとなっており（法59条の2，社規10条），法人間の比較検討や財務分析が可能です。

なお，会計年度終了後3カ月以内に，①財産目録，②役員等名簿，③報酬等の支給の基準を記載した書類，④現況報告書の書類を作成し，5年間その主たる事務所に，その写しを3年間その従たる事務所に備え置かなければなりません（法45条の34第1項）。

3 財政規律の強化

平成28年社会福祉法改正では，法人の適正で公正な支出管理を行うために，役員報酬基準の作成と公表（法45条の34，法45条の35），役員等関係者への特別の利益供与を禁止する規定（法27条）を設けました。

また，内部留保を明確化するために，社会福祉充実計画を制度化して社会福祉充実残額の社会福祉事業等への計画的な再投資を義務付けることになりました（法55条の2）。

財政規律の概観は以下で確認できます。なお，社会福祉充実計画については，第8章を参照してください。

第 1 章　社会福祉の動向と法改正

社会福祉法人の財務規律について

○　社会福祉法人が保有する財産については、事業継続に必要な財産（控除対象財産）を控除した上で、再投下対象財産（社会福祉充実財産）を明確化する。
○　社会福祉充実財産が生じる場合には、法人が策定する社会福祉充実計画に基づき、既存事業の充実や新たな取組に有効活用する仕組みを構築する。

（出典）社会福祉法人制度改革について（厚生労働省）

第2章
社会福祉法人会計基準の体系

本章は，平成28年社会福祉法改正による会計基準省令化や基準の考え方，計算書類の体系，事業区分・拠点区分・サービス区分の内容について解説します。また，予算と財務分析について取り上げています。

1 社会福祉法人会計基準の制定

1 平成12年会計基準の制定

社会福祉法人の会計は，平成12年の社会福祉法人会計基準制定までは，「社会福祉施設を経営する社会福祉法人の経理規程準則の制定について」（昭和51年1月31日，社施第25号，厚生省社会局長，児童家庭局長通知）に基づいて会計処理を行っていました。

その後，第1章で述べたとおり，社会福祉のあり方の変化に伴い，措置制度から契約制度へ移行した結果，制度変更に合致した新しい会計基準制定の必要性から，平成12年2月17日，「社会福祉法人会計基準の制定について」（厚生省通知社援第310号）の公表に至りました。

この改正は，社会福祉基礎構造改革に対応する大規模な変更であり，原則としてすべての法人に適用することになりましたが，当面の間は従来の会計処理の適用が認められており，さらに一部の施設では別の基準が設けられていました。すなわち，当時はすべての社会福祉法人が統一ルールに基づいて会計処理を行っていたわけではなく，その運用実態は施設の事業目的に応じて様々な会計ルールが適用されていたのです。

2 平成23年会計基準への移行

社会福祉法人の新しい会計基準（平成23年基準）の特徴は，「社会福祉法人の新会計基準について」（平成23年7月27日　厚生労働省雇用均等・児童家庭局，社会・援護局，障害保健福祉部，老健局）で示されています。概要は次のとおりです。

なお，後述する現在の会計ルールである平成28年会計基準は，平成23年会計基準の考え方と大きな変更点はなく，ここで示す特徴は平成28年会計基準へ引き継がれています。

①会計ルール併存の解消による事務の簡素化

社会福祉法人の会計には，平成12年の厚生省通知の「社会福祉法人会計基準」のほか，介護保険対象の福祉事業に対する「指導指針」があり，さらに福祉サービス内容の多様化，拡大化による関連事業主体の参加などにより，それらに対応する会計準則や基準，たとえば老健準則，病院準則，訪看準則，就労支援，授産施設基準などがありました。この結果，様々な会計ルールが併存して事務処理が煩雑化していました。

また，計算処理結果が異なる等の問題が指摘されていました。そのため，社会福祉法人会計としてこれらを包含した新会計基準の必要性が求められていたのです。

平成23年の改正は，これら諸基準等を包括した統一的会計基準の制定により，事務の簡素化を図ったものです。

②社会経済状況の変化

公的資金や寄附金等を受け入れている社会福祉法人では，経営実態をより正確に反映した形で国民と寄付者に説明する責任があります。また，社会的な要請として民間非営利法人における健全な発展があり，福祉事業の多面的なニーズに応じて効率的な経営が求められ，公的資金等の受入れに伴い，正確な経営実体を反映した事業活動の透明化や事業の効率性に関する情報提供が必要とされています。

③わかりやすい会計基準の作成

上記①及び②の要請があるため，簡素で関係者にわかりやすい新基準を作成して，従来の多元的会計基準から統一的一元化の会計基準の制定を目指すべきとの声が高まっていました。これらを受けて，新しい会計基準を作成することになったのです。

3 平成28年会計基準の制定

平成28年社会福祉法改正において，「社会福祉法人は，厚生労働省令で定める基準に従い，会計処理を行わなければならない」（法45条の23第1項）と規定され，社会福祉法人会計基準（厚生労働省令第79号，平成28年3月31

日）が公表されました。

　従来の社会福祉法人会計基準（平成23年会計基準）は局長通知としての位置付けでしたが，平成28年の社会福祉法人会計基準（平成28年会計基準）は「省令」になっています。平成28年会計基準は，厚生労働大臣が社会福祉法に基づいて発する命令であり，局長通知からの格上げであると考えられます。

　なお，平成23年会計基準は，それ以前に適用していた会計基準や準則等を集約して制定された基準であり，その基本的な考え方は平成28年会計基準へ踏襲しています。すなわち，平成23年会計基準と平成28年会計基準は概ね同一の会計ルールであり，両者に相違点はないと考えられます。したがって，本書では平成23年会計基準における基本的な考え方を中心に解説しています。ただし，両基準はすべてが同一ではなく，条文や名称など改正のあったものは平成28年会計基準に基づいています。

2　会計基準の基本的な考え方

1　会計基準の適用対象

　新しい会計基準は，社会福祉法人が行うすべての事業が適用対象になります。すなわち，現行ルールの平成28年会計基準は，①社会福祉事業，②公益事業，③収益事業のいずれにも適用します（会計基準1条3項）。

○社会福祉法人が行う全事業（社会福祉事業、公益事業、収益事業）を適用範囲とする。

◆ 現行基準

	事業	原則	運用実態
社会福祉事業	障害福祉関係施設(授産施設、就労支援事業を除く) 保育所 その他児童福祉施設 保護施設	すべての社会福祉法人に会計基準を適用する	社会福祉法人会計基準による （措置施設(保育所)のみを運営している法人は、当分の間、「経理規程準則」によることができる）
	養護老人ホーム 軽費老人ホーム		社会福祉法人会計基準による （指定特定施設の場合は、指導指針が望ましい）
	特養等介護保険施設		指導指針が望ましい （会計基準によることができる）
	就労支援事業		就労支援会計処理基準による
	授産施設		授産施設会計基準による
	重症心身障害児施設		病院会計準則による
	訪問看護ステーション		訪問看護会計・経理準則による
	介護老人保健施設		介護老人保健施設会計・経理準則による
	病院・診療所		病院会計準則による
公益事業			社会福祉法人会計基準に準じて行うことが可
収益事業			一般に公正妥当と認められる企業会計の基準を適用

⬇

◆ 新基準

	事業	適用範囲
社会福祉事業	障害福祉関係施設 保育所 その他児童福祉施設 保護施設 養護老人ホーム 軽費老人ホーム 特養等介護保険施設 就労支援事業 授産施設 重症心身障害児施設 訪問看護ステーション 介護老人保健施設 病院・診療所	すべての社会福祉法人に新基準を適用する
公益事業		
収益事業		

（出典）社会福祉法人の新会計基準について（厚生労働省）

2 会計基準の充実化

　平成23年会計基準は，既存の社会福祉法人会計基準をはじめ，福祉事業に関連した諸会計基準や準則等を一本化して，さらに厚生労働省関係通知や公益法人会計基準，企業会計原則等を参考に制定しました。会計基準の内容は，従前より強化されたものとなっています。

　このうち，時価会計の導入は会計基準改正の象徴的な意味をもっていたと思います。企業会計では，金融ビックバンの進行に合わせて金融商品会計基準（平成11年）の導入がありましたが，当時の社会福祉法人における資産の価値は，購入時の価額を基準とする考え方（取得原価主義）を中心に会計処理が行われていました。しかし，平成23年会計基準の時価会計の導入以降は，金融商品（有価証券）や固定資産，棚卸資産の評価については時価評価の必要性や時価を検討すべきとする新しい考え方が明文化されており，実務でも徐々に浸透していると考えられます。

　時価評価の目的は，①決算日時点の資産価値をより適切に反映させること，②損失の先送りを回避することにあるため，時価会計の導入は社会福祉法人の財産の実態を表すうえで有用な情報提供になります。

　本書では，これらの会計処理については第5章で解説しています。

3 会計原則

（1）明瞭性の原則

　計算書類は，資金収支及び純資産の増減の状況並びに資産，負債及び純資産の状態に関する真実な内容を明瞭に表示しなければなりません（会計基準2条1号）。

　すなわち，①資金収支は資金収支計算書，②純資産の増減状況は事業活動計算書，③資産・負債・純資産は貸借対照表により，法人の真実性を明瞭に表示することを会計基準が要請しているのです。

　真実性を担保するため，収益費用の認識の基準と重要性を考慮して計算書類を作成します。また，計算書類の注記や附属明細書による補足説明を行い，情報の充実化を図ります。

（2）正規の簿記の原則

　計算書類は，正規の簿記の原則に従って正しく記帳された会計帳簿に基づいて作成します（会計基準2条2号）。

　すべての取引は，証憑に基づいて会計仕訳を行い，正確に会計帳簿を作成して，漏れがなく網羅性が担保されていることを要請しています。

　近年は，会計システムの利用による複式簿記が一般化しています。仕訳日記帳や総勘定元帳などの会計帳簿は，書面又は電磁的記録をもって作成します（会計基準3条2項）。

（3）継続性の原則

　採用する会計処理の原則及び手続並びに計算書類の表示方法は，毎年度継続して適用し，みだりにこれを変更することはできません（会計基準2条3号）。

　複数の会計処理方法が認められている場合であっても，毎年度継続して適用しなければなりません。これは，①期間比較性を確保して財務分析などの経年対比の信頼性を担保すること，②利益操作を排除することを目的としているのです。

　社会福祉法人では，減価償却方法や引当金の計上基準などについて継続性が求められています。

（4）重要性の原則

　重要性の乏しいものについては，会計処理の原則及び手続並びに計算書類の表示方法の適用に際して，本来の厳密な方法によらず，他の簡便な方法によることができます（会計基準2条4号）。重要性の原則はすべての会計処理に適用します。

　一般的に，重要性の判断は，金額的な影響と質的な影響に分けて考え，客観的に妥当と考えられる範囲で検討を行い，法人の事業目的や規模を考慮したうえで判断します。ただし，所轄庁から指導のあるものはそれに従う必要があります。

以下,重要性の原則の適用における主な内容を記載します(運用上の取り扱い1)。

重要性の原則の適用例	
①	消耗品,貯蔵品等のうち,重要性が乏しいものについては,その買入時又は払出時に費用として処理する方法を採用することができる。
②	保険料,賃借料,受取利息配当金,借入金利息,法人税等にかかる前払金,未払金,未収金,前受金等のうち重要性の乏しいもの,又は毎会計年度経常的に発生し,その発生額が少額なものについては,前払金,未払金,未収金,前受金等を計上しないことができる。
③	引当金のうち,重要性の乏しいものについては,これを計上しないことができる。
④	取得価額と債券金額との差額について重要性が乏しい満期保有目的の債券については,償却原価法を適用しないことができる。
⑤	ファイナンス・リース取引について,取得したリース物件の価額に重要性が乏しい場合,通常の賃貸借取引に係る方法に準じて会計処理を行うことができる。
⑥	法人税法上の収益事業に係る課税所得の額に重要性が乏しい場合,税効果会計を適用しないで,繰延税金資産又は繰延税金負債を計上しないことができる。

※他に,財産目録の表示に関して,重要性の原則の適用があります。

なお,重要性の判断にあたっては,恣意性を回避するために法人で一定の基準を設ける方法が考えられます。「モデル経理規程 細則15」では,重要性の判断基準にあたって,以下の内容を考慮すると規定していますので,参考にしてください。

重要性の判断例	
①	サービス活動収益に与える影響
②	当期活動増減差額に与える影響
③	資産の合計に与える影響

※判断基準の例として,○○万円などの具体的数値や資産の1%等の比率を基礎とする方法が考えられます。

	質的な重要性の判断例
④	当該年度の財政状態又は経営成績の異常性の有無
⑤	過年度の財政状態又は経営成績に与える影響
⑥	臨時的又は異常な事象の発生を示す事項
⑦	傾向値に影響を与える事項，増減差額をプラス（又はマイナス）からマイナス（又はプラス）に転換する事項
⑧	開示項目あるいは開示内容の重要性

（5）総額表示の原則

　計算関係書類と財産目録に記載する金額は，原則として総額をもって表示します（会計基準2条の2）。たとえば，受取利息（収益）と支払利息（費用）の相殺，事業未収金（資産）と事業未払金（負債）の相殺表示は認められません。

　ただし，例外として状況に応じて相殺することが容認される場合はあり得ると考えます。この場合は，勘定科目の性質と重要性の判断を考慮して，所轄庁や専門家等と相談のうえ，相殺表示することの合理性を慎重に検討することが求められます。

（6）金額の単位

　計算関係書類と財産目録に記載する金額は，1円単位で表示します（会計基準2条の3）。

　実務上，会計システムへの入力は，1円単位で行うため，計算書類の作成がシステム化（自動化）されている法人では，金額単位について特に意識する必要はないと思いますが，エクセル等のワークシートを利用して計算書類を作成している法人では，金額単位の確認作業は欠かせません。

（7）収益及び費用の認識と期間対応

　企業会計では，取引の発生に基づいて会計処理を行っています（発生主義の原則）。この方法は，経済的な価値の増加・減少の事実に基づいて収益・

費用を認識する考え方です。また，一事業年度に発生・実現した収益に対応して，その期間における収益の獲得のために払った犠牲である費用をその期間に計上する考え方（費用収益対応の原則）に基づいて会計処理を行うことが一般的です。

　これらの考え方は，現金預金の入金及び出金の事実と切り離して，年度の期間損益計算を行い，利益を導き出すことに着目しています。

　社会福祉法人の会計では，発生主義の原則及び費用収益対応の原則の基本的考え方が適用されていると考えられます。

4 会計年度

　社会福祉法人の会計年度は，4月1日から翌年3月31日です（法45条の23第2項）。新設法人の場合は，設立日から決算日（3月31日）までが会計年度です。

5 提出書類

　会計年度終了後3カ月以内に，①計算書類，②附属明細書，③財産目録を作成して，理事会の承認を受けた後（計算書類と財産目録は評議員会承認を受ける），所轄庁に提出します（運用上の留意事項3）。

6 米国における非営利法人会計の経緯

　米国の非営利法人会計基準の本格的な研究は，1972年に新たな会計基準の設定機関として設置され，翌1973年1月から活動を開始したFASB（財務会計基準審議会 – Financial Accounting Standards Board）まで遡ります。

　FASBは，1977年8月，これまで統一的テーマとしてあまり取り上げることのなかった非営利事業に対する会計基準の問題の研究を正式な作業課題のひとつとすることに決定しました。非営利事業に対し，統一的な会計基準設定のための研究作業が初めて本格的に開始したのです。

　FASBは，1973年から活動を開始しましたが，その当初はパブリック・セクター及びプライベート・セクターの両方の会計を対象としていました。

したがって，1977年8月から正式に取り上げることになっていた非営利法人に対する会計基準の問題についても，当初はプライベート・セクターのもののほかに，パブリック・セクターのものも対象に抱合していました。

また，AICPA（米国公認会計士協会 – The American Institute of Certified Public Accountants）は，1973年から活動開始したFASBに会計基準の設定に関する機能を全面的に委譲するまでの間は，非営利法人に対するGAAP（一般に認められた会計原則 – Generally Accepted Accounting Principles）の研究及び設定作業を業種別に行っていました。

FASBは1978年5月に「非営利法人の財務会計に関する調査報告書」を利用した非営利法人の会計結果を公表しました。FASBの非営利法人会計の概念書は以下のとおりです。

> 財務報告の中心となる基本的財務諸表を①貸借対照表（a statement of financial position），②活動計算書（a statement of activities）及び③キャッシュ・フロー計算書（a statement of cash flows）とした。

このFASBの非営利法人の財務体系が今日の会計基準の考えを示唆しています。社会福祉法人の計算書類の具体的内容は，次項以降で解説します。

3　計算書類の体系

◼1　作成する計算書類

作成しなければならない計算書類は，①資金収支計算書，②事業活動計算書，③貸借対照表の3つです。①資金収支計算書と②事業活動計算書を合わせて「収支計算書」といいます。

また，④計算書類の附属明細書，⑤財産目録の作成します。財団目録を除いた①から④をあわせて「計算関係書類」といいます（会計基準2条）。

2 名称の変更

平成23年会計基準では,「財務諸表」と表現していましたが,平成28年会計基準は「計算書類」へ変更になりました。

また,平成28年11月11日改正の会計基準（厚生労働省令第168号）では,計算書類（資金収支計算書,事業活動計算書,貸借対照表）と附属明細書をあわせて「計算関係書類」といいます（会計基準2条）。

なお,平成28年3月31日改正の会計基準（厚生労働省令第79号）では,①計算書類,②附属明細書,③財産目録の3つをあわせて「計算書類等」と規定していました。「計算書類等」と「計算関係書類」は似ていますが,包含するものが異なります。短期間で名称変更がありましたので,両方の相違点に留意してください。

	計算書類の体系及び名称			
①	資金収支計算書	収支計算書	計算書類	計算関係書類
②	事業活動計算書			
③	貸　借　対　照　表			
④	附　属　明　細　書		—	
⑤	財　産　目　録		—	財　産　目　録

※平成28年11月11日改正の会計基準（厚生労働省令第168号）

3 帳簿組織とシステム

（1）複式簿記

社会福祉法人会計の計算書類は,資金収支計算書,事業活動計算書,貸借対照表の3つの柱から成り立っています。施設資金の借入返済取引を例にとると,資金収支計算書では「設備資金借入金元金償還支出」という支出の勘定科目で表示され,その一方で貸借対照表では「設備資金借入金」という負債の減少の記録を行わなければならないという2つの計算目的がついてまわります。この点が企業会計と異なるところです。企業会計は,資金の流れ（キャッシュ・フロー）を表示する場合もありますが,決算書の中心は経営の成績（損益計算書）と決算日の財政状態（貸借対照表）を明らかにすること

です。

　社会福祉法人の会計は，①資金の流れを記録すること，②企業会計の損益計算書及び貸借対照表を作成するために収益・費用・資産・負債・純資産を記録するという異なった2つの系統を辿るため，複雑にみえます。しかし，これから述べるステップを踏んでいけばそれほど難しいことはありません。まずは体系を理解することが大切です。

（2）帳簿の意義

　帳簿は，計算書類作成の基礎資料となるものです。社会福祉法人における主要な帳簿は，以下が考えられます。

主な帳簿	帳簿の内容
総勘定元帳	法人の実態にあわせて勘定を設け，勘定別に活動内容を記録
仕訳日記帳	複式簿記による取引を記録
現金出納帳	現金の入金及び出金を記録
貸付金・借入金台帳	金銭の貸付け，借入れを管理
棚卸資産台帳	材料，貯蔵品などの在庫資産を管理
固定資産台帳	建物，備品などの固定資産を管理
試算表	勘定科目別に合計額を集計

　一般に，仕訳日記帳と総勘定元帳を主要簿といい，固定資産台帳や借入金台帳などを補助簿と呼ぶことがあります。このうち，日々の取引を記録する「仕訳日記帳」とすべての勘定科目に口座を設ける「総勘定元帳」が社会福祉法人会計の基礎帳簿になります。

　上記以外の帳簿は，法人の実情にあわせて用意します。たとえば，①現金を種類別に管理することが望ましい法人では「金種表」を作成する，②有価証券を多数保有している法人では，「有価証券台帳」を作成して個別管理する，③未収金等の経過勘定が多い場合，補助科目別に管理するための帳簿を用意するなどがあります。

　また，帳簿は原則として各拠点区分で作成・備え置きます（運用上の留意

事項 2 (3))。帳簿の内容は，経理規程に定めることが大切です（モデル経理規程 12 条参照）。

(3) 帳簿組織の仕組み

現金や預金の入出金を伴うことにより，会計帳簿に記録する対象を取引と呼びます。取引の事実に基づいて仕訳を行い，その結果は総勘定元帳や補助簿へ転記され，試算表で集計します。この集計までの一連の流れを帳簿組織といいます。集計された試算表をもとに計算書類を作成するのです。

取引の分類は，大別して①資金の収入及び支出を伴うもの，②資金の収入及び支出を伴わないものに区分します。

社会福祉法人会計は，資金の流れと経営成績及び財産計算の 2 系列の体系が基本になっているので，帳簿組織を合理的に運用できるような法人内の仕組み作りが重要です。

(4) 会計システム

近年は，多くの法人で会計システム導入が進んでいます。帳簿はシステムで管理されており，計算書類や附属明細書の作成に至るまでシステム構築されているものもあります。システム利用により，効率的な決算業務を行うことが可能です。会計システムを利用する場合，1 枚の仕訳伝票に拠点区分，施設名，勘定科目，摘要等の各項目を網羅的に記録することで計算書類の基礎情報を作成することができるのです。

なお，会計帳簿は，過年度からの積み上げられた情報が含まれるため，新設法人の場合や特殊事情がない限り，日々の業務で帳簿機能を見直すことは少ないと思われます。

ただし，帳簿機能を利用して，財務情報の分析を行うことや業務効率化のきっかけになることがあるため，会計システムの機能や仕組みを理解し，必要に応じて見直しを図ることが大切です。

▶ 会計システムの流れ

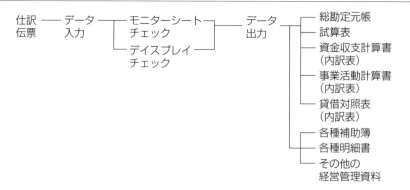

(5) 帳簿の保存期間

会計帳簿，計算書類及び附属明細書は，10年間保存します（法45条の24第2項，45条の27第4項）。

4 勘定科目の構成

勘定科目は，会計基準別表第一から別表第三に基づきます（別表は第3章参照）。社会福祉法人は，介護保険，老人福祉，児童福祉，保育，就労支援，障害福祉，生活保護，高齢者医療等，様々な社会福祉事業と多様な福祉サービス内容を反映するため，勘定科目はそれらに適応するために細かく規定しています。これらのなかから，各法人の事業内容に適合する勘定科目を選択して会計処理を行います。

勘定科目は，①大区分，②中区分，③小区分に分類します。どの範囲までの科目を記載するかについては，計算書類の様式で示された内容に従って計算書類を作成します。必要のないものは省略できます。

大区分は，追加や修正はできません。中区分は，やむを得ない場合は追加することができ，小区分は，事業内容に応じて適切な科目を追加することができます。なお，小区分を更に区分する必要がある場合は，小科目の下に適当な科目を設けることができます（運用上の留意事項25（1）別添3参照）。

4 事業区分の考え方

　平成23年会計基準では，従来の計算単位区分の「会計単位」，「経理区分」から，①「事業区分」，②「拠点区分」，③「サービス区分」の3分類へ変更になりました。

　平成28年会計基準は，「社会福祉法人は，計算書類の作成に関して，事業区分及び拠点区分を設けなければならない。」（会計基準10条1項），「拠点区分には，サービス区分を設けなければならない。」（会計基準10条2項）と規定しています。すなわち，平成23年会計基準からの変更はありません。

　以下は，平成23年会計基準制定時の区分方法に関する体系図になります（厚生労働省ホームページ参照）。平成28年会計基準でも同様の体系になっています。

◆ 現行基準

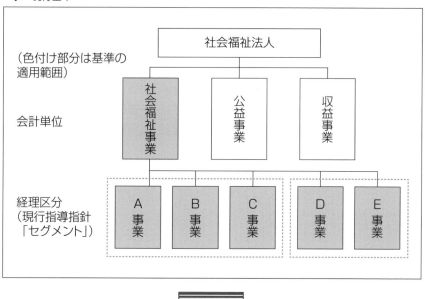

◆ 新基準

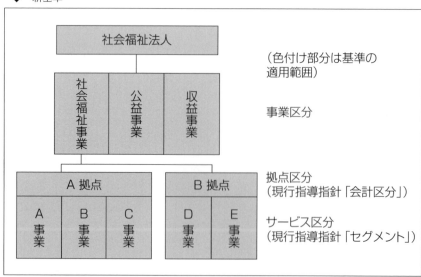

(出典) 社会福祉法人の新会計基準について (厚生労働省)

第2章 社会福祉法人会計基準の体系

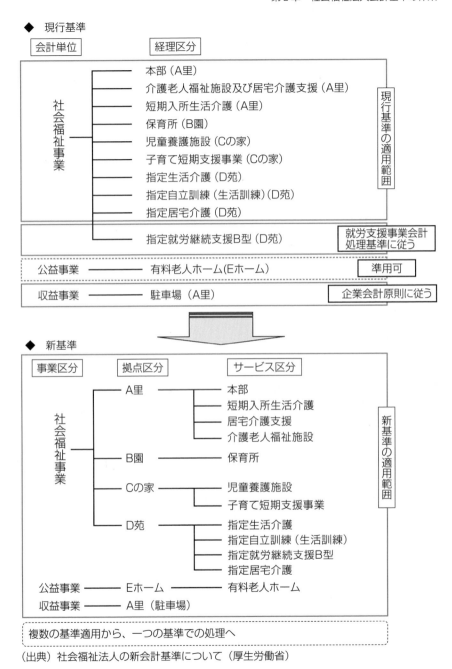

(出典) 社会福祉法人の新会計基準について (厚生労働省)

1 3区分

事業区分は，①社会福祉事業，②公益事業，③収益事業の3つに分かれます。区分は，各拠点区分で実施する事業が①～③のどれに属するかで決定します（運用上の留意事項4（3））。

また，資金収支計算の収入・支出，事業活動計算の収益・費用の計算は，それぞれ事業ごとに行います。

事業区分の内訳表になる「事業区分資金収支内訳表」，「事業区分事業活動内訳表」，「事業区分貸借対照表内訳表」は，各々の事業区分に属する各拠点区分の「拠点区分資金収支計算書」，「拠点区分事業活動計算書」，「拠点区分貸借対照表」の合計額と内部取引を相殺消去して，純額の「事業区分合計」を記載します。

勘定科目は，平成28年会計基準別表第一から別表第三に記載された科目を使用します。

2 社会福祉事業

社会福祉事業は，社会福祉を目的とする事業のうち，規制と助成を通じて公明かつ適正な実施の確保が図られなければならないものとして，法律上列挙されており，第1種社会福祉事業と第2種社会福祉事業に分類されます（法2条）。

第1種社会福祉事業は，利用者への影響が大きく，利用者保護の必要性が高い事業（主として入所施設サービス）であり，経営の安定化が求められています。運営主体は法律で限定しており，原則として，国，地方公共団体又は社会福祉法人に限られています。

第2種社会福祉事業は，比較的利用者への影響が小さい主として在宅サービスものであり，公的規制の必要性が低い事業です。その経営主体に制限はなく，届出をすることにより事業経営が可能です。

なお，第1種社会福祉事業と第2種社会福祉事業の詳細な分類については，第1章を参照してください。

3 公益事業

社会福祉法人は，その経営する社会福祉事業に支障がない場合については，公益を目的とする事業（公益事業）を行うことができます（法26条1項）。この場合，社会福祉事業から区分して経理する必要があります。

公益事業の内容は，「社会福祉法人審査基準」（「社会福祉法人の認可について」通知，障第890号，社援第2618号，老発第794号，児発第908号，平成12年12月1日，最終改定平成28年11月11日）の別紙1で次表のように規定しています。

		公 益 事 業 の 内 容
①		公益を目的とする事業であって，社会福祉事業以外の事業であること。
②		公益事業には，たとえば次のような事業が含まれること（社会福祉事業であるものを除く）。
	ア	必要な者に対し，相談，情報提供・助言，行政や福祉・保健・医療サービス事業者等との連絡調整を行う等の事業
	イ	必要な者に対し，入浴，排せつ，食事，外出時の移動，コミュニケーション，スポーツ・文化的活動，就労，住環境の調整等を支援する事業
	ウ	入浴等の支援が必要な者，独力では住居の確保が困難な者等に対し，住居を提供又は確保する事業
	エ	日常生活を営むのに支障がある状態の軽減又は悪化の防止に関する事業
	オ	入所施設からの退院・退所を支援する事業
	カ	子育て支援に関する事業
	キ	福祉用具その他の用具又は機器及び住環境に関する情報の収集・整理・提供に関する事業
	ク	ボランティアの育成に関する事業
	ケ	社会福祉の増進に資する人材の育成・確保に関する事業（社会福祉士・介護福祉士・精神保健福祉士・保育士・コミュニケーション支援者等の養成事業等）
	コ	社会福祉に関する調査研究等
③		当該事業を行うことにより，当該法人の行う社会福祉事業の円滑な遂行を妨げるおそれのないものであること。
④		当該事業は，当該法人の行う社会福祉事業に対し従たる地位にあることが必要であること。

⑤	社会通念上は公益性が認められるものであっても社会福祉と全く関係のないものを行うことは認められないこと。
⑥	公益事業において収益を生じたときは，当該法人が行う社会福祉事業又は公益事業に充てること。

　また，「社会福祉法人審査要領」(「社会福祉法人の認可について」通知，障企第59号，社援企第35号，老計第52号，児企第33号，平成12年12月1日，最終改正平成28年11月11日）の別紙では，公益事業の具体例を次のとおり示していますので参考にしてください。

	公 益 事 業 の 具 体 例
①	社会福祉法（昭和26年法律第45号）第2条第4項第4号に掲げる事業（いわゆる事業規模要件を満たさないために社会福祉事業に含まれない事業）
②	介護保険法（平成9年法律第123号）に規定する居宅サービス事業，地域密着型サービス事業，介護予防サービス事業，地域密着型介護予防サービス事業，居宅介護支援事業，介護予防支援事業，介護老人保健施設を経営する事業又は地域支援事業を市町村から受託して実施する事業 　なお，居宅介護支援事業等を，特別養護老人ホーム等社会福祉事業の用に供する施設の経営に付随して行う場合には，定款上，公益事業として記載しなくても差し支えないこと。
③	有料老人ホームを経営する事業
④	社会福祉協議会等において，社会福祉協議会活動等に参加する者の福利厚生を図ることを目的として，宿泊所，保養所，食堂等の経営する事業
⑤	公益的事業を行う団体に事務所，集会所等として無償又は実費に近い対価で使用させるために会館等を経営する事業 　なお，営利を行う者に対して，無償又は実費に近い対価で使用させるような計画は適当でないこと。また，このような者に対し収益を得る目的で貸与する場合は，収益事業となるものであること。

　なお，社会福祉事業と一体的に実施している公益事業については，社会福祉事業と同一の拠点とした場合は社会福祉事業に区分することができます（運用上の留意事項4(1)）。

4 収益事業

　社会福祉法人は収益事業を行うことができます。ただし，社会福祉事業又は公益事業の財源に充てるため，一定の計画の下に収益を得ることを目的として反復継続して行われる行為であって，社会通念上事業と認められる程度のものに限られます。

　事業の種類については，特別の制限はありませんが，社会福祉法人の社会的信用を傷つけるおそれがあるもの又は投機的なものは認められません。具体例は，不動産賃貸等がありますが，詳細は「社会福祉法人審査基準」及び「社会福祉法人審査要領」を参照してください。

　なお，収益事業は，社会福祉事業及び公益事業とは別の拠点区分になります（運用上の留意事項4(1)）。

5　拠点区分の考え方

1 拠点区分の意味

　拠点区分は，原則として予算管理の単位であり，一体として運営される施設，事業所又は事務所をもって1つの拠点区分と考えます。具体的な区分は，法令上の事業種別，事業内容及び実施する事業の会計管理の実態を勘案して区分を設定します（運用上の取り扱い2）。

　公益事業については，社会福祉事業と一体的に実施されているものを除き，1つの拠点区分になります。

　収益事業を実施している法人は，これを1つの拠点区分とします（運用上の留意事項4(1)）。

　複数の事業所を運営している法人では，拠点区分を設定することにより，拠点単位で予算管理を行うことができ，また，予算に対する決算の状況を把握することができるため，有用な財務情報が入手できるという利点があります。他方，事務手続の簡素化を図る観点から，拠点区分が1つの法人では内訳表作成は省略できます（運用上の留意事項7）。

2 拠点区分の取扱い

(1) 施設の取扱い

次の施設の会計は，それぞれの施設ごと（同一種類の施設を複数経営する場合は，それぞれの施設ごと）に独立した拠点区分となります。

施　設	根　拠　法　令
(ア) 保護施設	生活保護法第38条第1項
(イ) 社会参加支援施設	身体障害者福祉法第5条第1項
(ウ) 養護老人ホーム	老人福祉法第20条の4
(エ) 特別養護老人ホーム	老人福祉法第20条の5
(オ) 軽費老人ホーム	老人福祉法第20条の6
(カ) 有料老人ホーム	老人福祉法第29条第1項
(キ) 婦人保護施設	売春防止法第36条
(ク) 児童福祉施設	児童福祉法第7条第1項
(ケ) 母子福祉施設	母子及び寡婦福祉法第39条第1項
(コ) 障害者支援施設	障害者の日常生活及び社会生活を総合的に支援するための法律第5条第11項
(サ) 介護老人保健施設	介護保険法第8条第28項
(シ) 病院及び診療所（入所施設に附属する医務室を除く）	医療法第1条の5

なお，当該施設で一体的に実施されている（ア）～（シ）以外の社会福祉事業又は公益事業については，下記（2）の規定にかかわらず，当該施設の拠点区分に含めて会計処理することができます（運用上の留意事項4(2)）。

(2) 事業所又は事務所の取扱い

上記（ア）～（シ）以外の社会福祉事業及び公益事業については，原則として，事業所又は事務所を単位に拠点とします。

なお，同一の事業所又は事務所において複数の事業を行う場合は，同一拠点区分として会計を処理することができます。

（3）障害福祉サービスの取扱い

　障害者自立支援法に基づく指定障害福祉サービスの事業等について，「指定基準」（平成18年厚生労働省令第171号）に規定する一の指定障害福祉サービス事業所，多機能型事業所として取り扱われる複数の事業所又は「指定施設基準」（平成18年厚生労働省令第172号）に規定する指定障害者支援施設等として取り扱われる複数の施設は，同一拠点区分として会計を処理することができます。

　また，これらの事業所又は施設でない場合があっても，会計が一元的に管理されている複数の事業所又は施設においては，同一拠点区分とすることができます。

（4）新設の取扱い

　新たに施設を建設するときは拠点区分を設けることができます。

3 拠点区分の会計帳簿

　会計帳簿は，原則として各拠点で仕訳日記帳及び総勘定元帳を作成して保管します（運用上の留意事項2(3)）。経理業務は，拠点の規模によりますが，拠点に経理担当者が常駐して会計帳簿を作成する組織体制が考えられます。

6　サービス区分の考え方

1 サービス区分の意味

　サービス区分とは，法人が行う事業の内容に応じて設けるものをいい，拠点区分には，サービス区分を設けます（会計基準10条2項）。

　サービス区分は，拠点区分において実施する複数の事業について，法令等の要請によりそれぞれの事業ごとの事業活動状況又は資金収支状況の把握が必要な場合に設定します（運用上の留意事項5(1)）。

2 サービス区分の方法

(1) 原則的な方法

　介護保険サービス，障害福祉サービス，特定教育・保育施設及び特定地域型保育事業については，次表のとおり，指定サービス基準等において当該事業の会計とその他の事業の会計を区分することが定められている事業をサービス区分とします（運用上の取り扱い3）。

　他の事業については，法人の定款に定める事業ごとに区分します。また，特定の補助金等の使途を明確にするため，さらに細分化することもできます（運用上の留意事項5(2)ア）。

	サービス区分の例
A	指定居宅サービスの事業の人員，設備及び運営に関する基準その他介護保険事業の運営に関する基準における会計の区分
B	障害者の日常生活及び社会生活を総合的に支援するための法律に基づく指定障害福祉サービスの事業等の人員，設備及び運営に関する基準における会計の区分
C	子ども・子育て支援法に基づく特定教育・保育施設及び特定地域型保育事業の運営に関する基準における会計の区分

(2) 簡便的な方法

　次のような場合は，同一のサービス区分とすることができます（運用上の留意事項5(2)イ）。

① 介護保険関係

　次表の介護サービスと一体的に行われている介護予防サービスなど，両者のコストをその発生の態様から区分することが困難である場合には，勘定科目として介護予防サービスなどの収入額のみを把握できれば同一のサービス区分とすることができます。

第2章 社会福祉法人会計基準の体系

	介 護 保 険 関 係 の 区 分
A	指定訪問介護，指定介護予防訪問介護と第1号訪問事業
B	指定通所介護，指定介護予防通所介護と第1号通所事業
C	指定地域密着型通所介護，指定介護予防通所介護と第1号通所事業
D	指定介護予防支援と第1号介護予防ケアマネジメント事業
E	指定認知症対応型通所介護と指定介護予防認知症対応型通所介護
F	指定短期入所生活介護と指定介護予防短期入所生活介護
G	指定小規模多機能型居宅介護と指定介護予防小規模多機能型居宅介護
H	指定認知症対応型共同生活介護と指定介護予防認知症対応型共同生活介護
I	指定訪問入浴介護と指定介護予防訪問入浴介護
J	指定特定施設入居者生活介護と指定介護予防特定施設入居者生活介護
K	福祉用具貸与と介護予防福祉用具貸与
L	福祉用具販売と介護予防福祉用具販売
M	指定介護老人福祉施設といわゆる空きベッド活用方式により当該施設で実施する指定短期入所生活介護事業

② 保育関係

　保育所等（子ども・子育て支援法の特定教育・保育施設及び特定地域型保育事業）の経営事業と保育所等で行う地域子ども・子育て支援事業は，同一のサービス区分とすることができます。

　保育所等で行う地域子ども・子育て支援事業，その他特定の補助金等により行われる事業については，当該補助金等の適正な執行を確保する観点から，同一のサービス区分とした場合においても合理的な基準に基づいて各事業費の算出を行うことになります。そして，一度選択した基準は，原則継続的に使用します。

　各事業費の算出にあたっての基準や内訳は，所轄庁や補助を行う自治体の求めに応じて提出できるよう書類を整理しておく必要があります。

7　本部会計の考え方

　社会福祉法人全体に関わる経費は，本部の区分に計上します。たとえば，理事会・評議員会費用や本部役員報酬等の法人本部に帰属するものです。

　本部会計は，法人の自主的な決定により，拠点区分又はサービス区分とすることができます。

　なお，介護保険サービス，障害福祉サービス，子どものための教育・保育給付費並びに措置費による事業の資金使途制限に関する通知において，これらの事業から本部会計への貸付金を年度内に返済する旨の規定があるにもかかわらず，年度内返済が行われていない場合は，サービス区分間貸付金（借入金）残高明細書（運用上の取り扱い別紙3⑭）を作成します（運用上の留意事項6）。附属明細書は，第7章を参照してください。

8　予算制度と財務分析

１　予算の概要

　予算は，法人事業の具体的計画を計算書類の体系に基づいて勘定科目と金額で表すものです。社会福祉法人では，非営利事業体としての性質上，株式会社の株主制度や利益配当規制は必要なく，公的資金の利用状況や法人管理体制のチェック機能が働くように制度設計されています。予算は，この制度を担保すべく重要な役割を担っており，形骸化は許されません。

　一般的に，予算の承認は，理事会決議事項であり（又は理事会決議を経て評議員会の承認），理事長の個人的判断で予算をコントロールすることはできません（下記，社会福祉法人定款例参照）。すなわち，法人運営は理事会の意思に基づいた予算を基準に事業活動を行うことになるため，一定の制約を受けるという統制が働くのです。

【社会福祉法人定款例（一部抜粋）】

(事業計画及び収支予算)
第31条　この法人の事業計画書及び収支予算書については，毎会計年度開始の日の前日までに，理事長が作成し，＜例1：理事会の承認，例2：理事会の決議を経て，評議員会の承認＞を受けなければならない。これを変更する場合も，同様とする。
2　前項の書類については，主たる事務所（及び従たる事務所）に，当該会計年度が終了するまでの間備え置き，一般の閲覧に供するものとする。

2 予算編成

　社会福祉法人では，事業目的や規模に応じて，様々な組織体制が考えられるため，予算編成も法人に応じて様々な方法が考えられます。

　一般的に，予算は拠点単位で収支予算案（ドラフト）を作成します。各拠点は，それぞれの置かれた経営環境や過年度の決算状況を踏まえて編成作業を行い，法人本部へ伝達します。法人本部では，各拠点からの報告を受けて，担当者間で摺り合わせをした後に法人全体の予算案を立案します。この方法は，ボトムアップ型の予算編成です。

　他方，法人全体の予算案を作成して，法人本部で各拠点の予算を割り振る方法があります。これは，トップダウン型の予算編成です。

　予算案は，各法人の定款規定に基づいた承認を経て（理事会承認若しくは評議員会の決議），正式な予算書になります。

　なお，予算は事業計画をもとに資金収支予算書を作成して，勘定科目は会計基準別表第一記載のものを使用します（運用上の留意事項2(1)）。

　予算承認に関する規程については，「モデル経理規程」の事例が参考になります。以下，該当箇所を抜粋します。

【平成 29 年版社会福祉法人モデル経理規程（一部抜粋）】

> （予算の事前作成）
> 第 16 条　前条の予算は，事業計画及び承認社会福祉充実計画に基づき毎会計年度開始前に理事長が編成し，理事会の承認を得て確定する。（注 13）
>
> > （注 13）租税特別措置法第 40 条の特例を受けるための定款要件を満たしている法人は，第 16 条の規定は以下のとおりとする。
> >
> > 第 16 条　前条の予算は，事業計画及び承認社会福祉充実計画に基づき毎会計年度開始前に理事長が編成し，理事会において理事総数の 3 分の 2 以上の同意及び評議員会の承認を得て確定する。

※税特別措置法第 40 条の特例は，公益法人等に対する財産の寄附に関するものです（第 9 章参照）。

3　予算管理

　予算編成後，予算の執行及び資金等の管理は，法人運営責任者を定めて，法人の管理運営体制を確保する必要があります（運用上の留意事項 1(1)）。また，理事長は会計責任者を任命して，予算管理を実施することが求められます。不適切な支出を事前に防止するために，稟議決裁の充実化と決裁権限を確立することが大切です。

　予算管理に関する規程は，以下が参考になります。

【平成 29 年版社会福祉法人モデル経理規程（一部抜粋）】

> （予算管理責任者）
> 第 17 条　予算の編成並びに予算の執行及び管理について理事長を補佐するため，理事長は，予算管理の単位ごとに予算管理責任者を任命する。（注 14，15）

> (注14) 法人が予算管理の内容を具体的に規定する場合には，別途予算管理規程を設けて，第17条第2項，第3項及び第4項として以下の規定を設ける。
>
> 2　予算管理責任者は，毎月，予算管理資料により予算の執行状況を把握し，予算実績差異の原因分析を行う。
> 3　予算管理責任者は，予算の執行状況及び予算実績差異の原因分析の結果に意見を付して理事長に対し報告を行う。
> 4　予算の具体的な管理については，別に定めた予算管理規程による。

> (注15) 第17条に規定する「予算管理責任者」を「会計責任者」とすることができる。その場合においては，第17条第2項（注14による規定を追加する場合には第17条第5項）として以下の規定を設ける。
>
> 2　当法人の予算管理責任者は会計責任者とする。

4 補正予算

　当初の予算計画どおりに事業運営が行われているときは，特段の補正を考える必要はありませんが，期中において当初予定していない経営環境の変化や臨時費用が発生することがあります。このような場合，当初の予算計画を変更するために補正予算を組むことがあります（運用上の留意事項2(2)）。

　補正予算は，予算編成と同様の手続と承認を行います。補正予算に関する規程は，以下が参考になります。

【平成29年版社会福祉法人モデル経理規程（一部抜粋）】

> （補正予算）
> 第21条　予算執行中に，予算に変更事由が生じた場合には，理事長は補正

予算を作成して理事会に提出し、その承認を得なければならない。(注17)

> （注17）租税特別措置法第40条の特例を受けるための定款要件を満たしている法人は、第21条の規定は以下のとおりとする。
>
> 第21条　予算執行中に、予算に変更事由が生じた場合には、理事長は補正予算を作成し、理事会において理事総数の3分の2以上の同意及び評議員会の承認を得なければならない。

> （注18）租税特別措置法第40条の特例を受けるための定款要件を満たしている法人は、第〇〇条として以下の規定を設ける。
>
> （臨機の措置）
> 第〇〇条　予算をもって定めるもののほか、新たに義務の負担をし、又は権利の放棄をしようとするときは、理事会において理事総数の3分の2以上の同意及び評議員会の承認を得なければならない。

5 科目間流用

　科目間流用は、予算超過した勘定科目に対して、予算超過していない他の勘定科目の予算枠を充当することをいいます。

　本来、勘定科目ごとに付与された予算枠の範囲内で事業運営を進めることが前提であり、他の勘定科目へ予算額を移動することなど認めるべきではありません。

　しかし、予算執行上、やむを得ない場合に認められるものとして、科目間流用が考えられます。

　科目間流用は、無制限に認めるのではなく、金額や科目の重要度を踏まえ、また理事会承認を求めるような規定を設け、予算制度の実効性を担保する必要があります。

　科目間流用に関する規程は、以下が参考になります。

【平成 29 年版社会福祉法人モデル経理規程（一部抜粋）】

> 第 18 条　予算管理責任者は，予算の執行上必要があると認めた場合には，理事長の承認を得て，拠点区分内における中区分の勘定科目相互間において予算を流用することができる。

6 予備費

　予備費は，当初予測していない支出が発生した場合のために，あらかじめ予算枠として設けるものであり，必要な状況が生じたときに予備費から充当します。

　たとえば，①当初予定していなかった事業の拡充が必要になった場合，②外部環境の影響により変動費（水道光熱費等）が著しく増加した場合などが考えられます。

　当初予定していない事象の発生の都度，理事会開催を求めた場合，非効率になることが想定されるため，一定の範囲で予備費を設け，法人経営者の権限に委ねることができるのです。

　通常，予備費の使用時は，定時理事会で使用理由と金額を報告します。予備費に関する規程は，以下が参考になります。

【平成 29 年版社会福祉法人モデル経理規程（一部抜粋）】

（予備費の計上）
第 19 条　予測しがたい支出予算の不足を補うため，理事会の承認を得て支出予算に相当額の予備費を計上することができる。

（予備費の使用）
第 20 条　予備費を使用する場合は，予算管理責任者は事前に理事長にその理由と金額を記載した文書を提示し，承認を得なければならない。
2　予備費を使用した場合は，理事長はその理由と金額を理事会に報告しなければならない。

7 予算実績分析

　予算は，当年度の開始前までに予算編成を行い，当年度終了後は決算業務を経て予算に対する実績値が明らかになるため，予算と実績を比較検討して当年度の総括を行います。

　予算実績分析は，計算書類上の金額差額に限定せず，法人の特性に応じて，施設利用者や児童の推移，職員の人数や給与などの増減比較等，様々な角度から検討することが望ましいといえます。

　なお，予算額と決算額に著しい差異が生じている勘定科目については，差異が生じた理由を計算書類の備考欄に記載します（会計基準16条6項）。

8 財務分析

　上記「予算実績分析」に関連して，財務分析を取り上げます。

　財務分析は，所定の式に計算書類の金額を当てはめて出された計算結果について，過年度比較や他法人との比較検討を行うものであり，法人の将来計画の立案や問題解決ツールに利用します。

　継続的な分析を実施することにより，法人経営に役立つ情報が蓄積されていき，財務上の問題点や課題点の発見につながります。

　財務分析は，法人の規模や目的に応じて，各法人で必要な指標を適用することが大切です。分析手法は様々ありますので，本書では代表的な分析指標式を以下に掲載します。

　なお，日本公認会計士協会から公表されている「社会福祉法人の経営指標～経営状況の分析とガバナンス改善に向けて～」（非営利法人委員会研究報告第27号，平成26年7月24日）の内容が実務の参考になります。

指標	計算式（％）	分析の意味
経常増減差額	$\dfrac{経常増減差額}{サービス活動収益計}$	・法人の収益性を把握する指標 ・安定的な経営のため，プラスの値が継続することが重要
流動比率	$\dfrac{流動資産}{流動負債}$	・短期的な支払能力を示す指標 ・値が高いほど法人の支払能力は高いと判断

指標	算式	説明
純資産比率	$\dfrac{純資産}{総資産}$	・総資産に占める純資産の割合を示す指標 ・純資産比率の高いほど借入金など負債の割合が低く，財務安定が図られていると判断できる
人件費比率	$\dfrac{人件費}{サービス活動収益計}$	・サービス活動収益に対する人件費の割合を示す指標 ・職員等の労働の対価として支給するものであり，必要不可欠な費用のため，人件費比率は高い水準になることが多い ・一般的に人件費割合が大きくなるため，人件費は法人の収益性に大きく影響する
事業費比率	$\dfrac{事業費}{サービス活動収益計}$	・サービス活動収益に対する事業費の割合を示す指標 ・施設利用者のために直接要する費用であり，継続的に発生するため，法人管理上の中心は変動費となるが，福祉サービス提供にあたり固定的に発生する費用も含まれることがある
事務費比率	$\dfrac{事務費}{サービス活動収益計}$	・サービス活動収益に対する事務費の割合を示す指標 ・法人の施設運営のための管理費用であり，事業費ほど高い金額が発生しないが，法人によっては施設の修繕や賃料等のコスト負担が大きくなる場合がある
総資産経常増減差額率	$\dfrac{経常増減差額}{総資産}$	・総資産に対する経常増減差額の割合を示す指標であり，保有資産の効率性を分析するもの ・企業会計における総資産利益率（ROA）であり，以下のとおり分解して分析することができる 総資産経常増減差額率 ＝総資産回転率（サービス活動収益計／総資産）×経常増減差額率（経常増減差額／サービス活動収益計） ・「総資産回転率」は，事業の効率性を示す指標，「経常増減差額率」は，事業の収益性を示す指標 ・総資産経常増減差額率を分解することで，事業の効率性と収益性を同時に示すことができる

第3章
計算書類と財産目録

　平成28年会計基準は，①資金収支計算書，②事業活動計算書，③貸借対照表の3つの計算書類の内容及び様式を定めています。また，計算書類の附属明細書と財産目録の規定を設けています。本章では，各計算書類の内容と財産目録について解説します。附属明細書は，第7章を参照してください。

1　資金収支計算書

1　資金収支計算書の意義

　資金収支計算書（C/F）は，当年度におけるすべての支払資金の増加及び減少の状況を明らかに表示するものをいいます（会計基準12条）。

　様式は，予算と決算の比較形式になっています。社会福祉法人は，公的資金を受け入れて事業活動を行う公益性の高い団体のため，予算管理を重視する必要があることから，予算と決算を対比する形式になっているのです。

　また，資金収支計算書には，「予算」，「決算」，「差異」，「備考」の4項目を記載します。「差異」は，「予算」から「決算」を差し引いた額を計上します。「備考」欄は，「予算」と「決算」の額に著しい差異が生じている勘定科目の欄にその差異理由を記載することになります（会計基準16条5項・6項）。

　なお，資金収支計算書は，次の3つの活動区分から成り立っており，それぞれの活動において収支計算を行います（会計基準15条）。

（1）事業活動による収支

　毎年ほぼ継続して行われる事業活動の収支を表示するものです。法人の基礎的な資金構造の把握をするうえで重要な収支を表します。このため，事業

活動による収支は，常時バランスを保つ必要があります。

（2）施設整備等による収支
事業活動を実施する法人の本拠となる施設・設備資金の調達と運用の収支を表示するものです。

（3）その他の活動による収支
上記（1）及び（2）の区分に属さない収支を表示します。

<table>
<tr><th colspan="3">資金収支計算書の体系</th></tr>
<tr><td rowspan="4">資金収支計算書</td><td>活動区分</td><td>主な内容</td></tr>
<tr><td>①事業活動による収支</td><td>事業の収支</td></tr>
<tr><td>②施設整備等による収支</td><td>施設・設備の資金調達と運用</td></tr>
<tr><td>③その他の活動による収支</td><td>①，②以外</td></tr>
</table>

2 資金収支計算書の勘定科目

勘定科目は，平成28年会計基準別表第一のなかから事業に適合するものを選択します。以下を参照してください。

別表第一　資金収支計算書勘定科目（第十八条関係）

収入の部

事業活動による収入		
大区分	中区分	小区分
介護保険事業収入	施設介護料収入	介護報酬収入
		利用者負担金収入（公費）
		利用者負担金収入（一般）
	居宅介護料収入	
	（介護報酬収入）	介護報酬収入
		介護予防報酬収入
	（利用者負担金収入）	介護負担金収入（公費）

第3章 計算書類と財産目録

		介護負担金収入（一般）
		介護予防負担金収入（公費）
		介護予防負担金収入（一般）
地域密着型介護料収入 （介護報酬収入） （利用者負担金収入）		
		介護報酬収入
		介護予防報酬収入
		介護負担金収入（公費）
		介護負担金収入（一般）
		介護予防負担金収入（公費）
		介護予防負担金収入（一般）
居宅介護支援介護料収入	居宅介護支援介護料収入	
	介護予防支援介護料収入	
介護予防・日常生活支援総合事業収入	事業費収入	
	事業負担金収入（公費）	
	事業負担金収入（一般）	
利用者等利用料収入	施設サービス利用料収入	
	居宅介護サービス利用料収入	
	地域密着型介護サービス利用料収入	
	食費収入（公費）	
	食費収入（一般）	
	食費収入（特定）	
	居住費収入（公費）	
	居住費収入（一般）	
	居住費収入（特定）	
	介護予防・日常生活支援総合事業利用料収入	
	その他の利用料収入	
その他の事業収入	補助金事業収入（公費）	
	補助金事業収入（一般）	
	市町村特別事業収入（公費）	
	市町村特別事業収入（一般）	

65

		受託事業収入（公費）
		受託事業収入（一般）
		その他の事業収入
	（保険等査定減）	
老人福祉事業収入	措置事業収入	事務費収入
		事業費収入
		その他の利用料収入
		その他の事業収入
	運営事業収入	管理費収入
		その他の利用料収入
		補助金事業収入（公費）
		補助金事業収入（一般）
		その他の事業収入
	その他の事業収入	管理費収入
		その他の利用料収入
		その他の事業収入
児童福祉事業収入	措置費収入	事務費収入
		事業費収入
	私的契約利用料収入	
	その他の事業収入	補助金事業収入（公費）
		補助金事業収入（一般）
		受託事業収入（公費）
		受託事業収入（一般）
		その他の事業収入
保育事業収入	施設型給付費収入	施設型給付費収入
		利用者負担金収入
	特例施設型給付費収入	特例施設型給付費収入
		利用者負担金収入
	地域型保育給付費収入	地域型保育給付費収入
		利用者負担金収入
	特例地域型保育給付費収入	特例地域型保育給付費収入
		利用者負担金収入

第 3 章　計算書類と財産目録

	委託費収入	
	利用者等利用料収入	利用者等利用料収入（公費）
		利用者等利用料収入（一般）
		その他の利用料収入
	私的契約利用料収入	
	その他の事業収入	補助金事業収入（公費）
		補助金事業収入（一般）
		受託事業収入（公費）
		受託事業収入（一般）
		その他の事業収入
就労支援事業収入	（何）事業収入	
障害福祉サービス等事業収入	自立支援給付収入	介護給付費収入
		特例介護給付費収入
		訓練等給付費収入
		特例訓練等給付費収入
		地域相談支援給付費収入
		特例地域相談支援給付費収入
		計画相談支援給付費収入
		特例計画相談支援給付費収入
	障害児施設給付費収入	障害児通所給付費収入
		特例障害児通所給付費収入
		障害児入所給付費収入
		障害児相談支援給付費収入
		特例障害児相談支援給付費収入
	利用者負担金収入	
	補足給付費収入	特定障害者特別給付費収入
		特例特定障害者特別給付費収入
		特定入所障害児食費等給付費収入
	特定費用収入	
	その他の事業収入	補助金事業収入（公費）
		補助金事業収入（一般）

67

			受託事業収入（公費）
			受託事業収入（一般）
			その他の事業収入
	（保険等査定減）		
生活保護事業収入	措置費収入	事務費収入	
		事業費収入	
	授産事業収入	（何）事業収入	
	利用者負担金収入		
	その他の事業収入	補助金事業収入（公費）	
		補助金事業収入（一般）	
		受託事業収入（公費）	
		受託事業収入（一般）	
		その他の事業収入	
医療事業収入	入院診療収入（公費）		
	入院診療収入（一般）		
	室料差額収入		
	外来診療収入（公費）		
	外来診療収入（一般）		
	保健予防活動収入		
	受託検査・施設利用収入		
	訪問看護療養費収入（公費）		
	訪問看護療養費収入（一般）		
	訪問看護利用料収入	訪問看護基本利用料収入	
		訪問看護その他の利用料収入	
	その他の医療事業収入	補助金事業収入（公費）	
		補助金事業収入（一般）	
		受託事業収入（公費）	
		受託事業収入（一般）	
		その他の医療事業収入	
	（保険等査定減）		
（何）事業収入	（何）事業収入		
	その他の事業収入	補助金事業収入（公費）	

		補助金事業収入（一般）
		受託事業収入（公費）
		受託事業収入（一般）
		その他の事業収入
（何）収入	（何）収入	
借入金利息補助金収入		
経常経費寄附金収入		
受取利息配当金収入		
その他の収入	受入研修費収入	
	利用者等外給食費収入	
	雑収入	
流動資産評価益等による資金増加額	有価証券売却益	
	有価証券評価益	
	為替差益	

施設整備等による収入

大区分	中区分	小区分
施設整備等補助金収入	施設整備等補助金収入	
	設備資金借入金元金償還補助金収入	
施設整備等寄附金収入	施設整備等寄附金収入	
	設備資金借入金元金償還寄附金収入	
設備資金借入金収入		
固定資産売却収入	車輌運搬具売却収入	
	器具及び備品売却収入	
	（何）売却収入	
その他の施設整備等による収入	（何）収入	

その他の活動による収入

大区分	中区分	小区分
長期運営資金借入金元金償還寄附金収入		
長期運営資金借入金収入		

長期貸付金回収入		
投資有価証券売却収入		
積立資産取崩収入	退職給付引当資産取崩収入	
	長期預り金積立資産取崩収入	
	（何）積立資産取崩収入	
事業区分間長期借入金収入		
拠点区分間長期借入金収入		
事業区分間長期貸付金回収入		
拠点区分間長期貸付金回収入		
事業区分間繰入金収入		
拠点区分間繰入金収入		
サービス区分間繰入金収入		
その他の活動による収入	（何）収入	

支出の部

事業活動による支出		
大区分	中区分	小区分
人件費支出	役員報酬支出	
	職員給料支出	
	職員賞与支出	
	非常勤職員給与支出	
	派遣職員費支出	
	退職給付支出	
	法定福利費支出	
事業費支出	給食費支出	
	介護用品費支出	
	医薬品費支出	
	診療・療養等材料費支出	
	保健衛生費支出	
	医療費支出	
	被服費支出	
	教養娯楽費支出	

	日用品費支出	
	保育材料費支出	
	本人支給金支出	
	水道光熱費支出	
	燃料費支出	
	消耗器具備品費支出	
	保険料支出	
	賃借料支出	
	教育指導費支出	
	就職支度費支出	
	葬祭費支出	
	車輌費支出	
	管理費返還支出	
	（何）費支出	
	雑支出	
事務費支出	福利厚生費支出	
	職員被服費支出	
	旅費交通費支出	
	研修研究費支出	
	事務消耗品費支出	
	印刷製本費支出	
	水道光熱費支出	
	燃料費支出	
	修繕費支出	
	通信運搬費支出	
	会議費支出	
	広報費支出	
	業務委託費支出	
	手数料支出	
	保険料支出	
	賃借料支出	
	土地・建物賃借料支出	

	租税公課支出	
	保守料支出	
	渉外費支出	
	諸会費支出	
	（何）費支出	
	雑支出	
就労支援事業支出	就労支援事業販売原価支出	就労支援事業製造原価支出
		就労支援事業仕入支出
	就労支援事業販管費支出	
授産事業支出	（何）事業支出	
（何）支出		
利用者負担軽減額		
支払利息支出		
その他の支出	利用者等外給食費支出	
	雑支出	
流動資産評価損等による資金減少額	有価証券売却損	
	資産評価損	有価証券評価損
		（何）評価損
	為替差損	
	徴収不能額	

施設整備等による支出

大区分	中区分	小区分
設備資金借入金元金償還支出		
固定資産取得支出	土地取得支出	
	建物取得支出	
	車輌運搬具取得支出	
	器具及び備品取得支出	
	（何）取得支出	
固定資産除却・廃棄支出		
ファイナンス・リース債務の返済支出		
その他の施設整備等による支出	（何）支出	

その他の活動による支出		
大区分	中区分	小区分
長期運営資金借入金元金償還支出		
長期貸付金支出		
投資有価証券取得支出		
積立資産支出	退職給付引当資産支出	
	長期預り金積立資産支出	
	(何) 積立資産支出	
事業区分間長期貸付金支出		
拠点区分間長期貸付金支出		
事業区分間長期借入金返済支出		
拠点区分間長期借入金返済支出		
事業区分間繰入金支出		
拠点区分間繰入金支出		
サービス区分間繰入金支出		
その他の活動による支出	(何) 支出	

3 支払資金

　会計基準では，資金の範囲を定めています（会計基準13条）。

　支払資金の具体的科目は，流動資産に区分する現金・預金をはじめ，未収金，立替金，有価証券，前払金，仮払金などがあり，流動負債に区分する未払金，預り金，短期借入金，前受金などがあります。

　貸借対照表の流動資産と流動負債の差額が支払資金の残高になりますが，引当金，棚卸資産（貯蔵品除く），ワンイヤールール（1年基準）による資産・負債からの振替額を含めません。

　いずれも短期間に回収・支払が行われる性質のものであるため，支払資金の残高は，一般に法人の経常的な資金残高（支払能力）を示していると考えられます。

※引当金，棚卸資産（貯蔵品除く），ワンイヤールール（1年基準）による資産・負債からの振替を除く

4 活動区分の名称変更

旧会計基準から平成23年会計基準に移行するとき，活動の名称が次のとおり変更になりました。平成28年会計基準では，変更後の名称を継続して使用します。

変更前	変更後
①経常活動による収支 →	事業活動による収支
②施設整備等活動による収支 →	施設整備等活動による収支
③財務活動による収支 →	その他の活動による収支

※「施設整備等活動による収支」は変更ありません。

5 予備費の記載方法

予備費の予算（A）の欄は，次のとおり2行表示します。予備費支出のうち，特定の支出科目に充当した額と未使用額に分け，差異（A）－（B）欄は未使用額を記載します。

勘定科目	予算（A）	決算（B）	差異（A）－（B）	備考
‥‥				
予備費支出 (10)	××× △×××	—	×××	
‥‥				

6 資金収支計算書の様式

(1) 資金収支計算書の体系

　資金収支計算書の様式は，次のとおり3つの活動区分で構成されており，各活動区分で収支差額を表示します。3つの収支差額の合計額は「当期資金収支差額合計」の欄で計算を行い，その次に，「前期末支払資金残高」と「当期末支払資金残高」を記載します。このような体系になっているため，収支の増減額は一目瞭然です。

　なお，資金収支計算書の様式は，後記の作成例を参照してください。

(2) 資金収支計算書の構成

　会計基準第7条の2及び運用上の取り扱いでは，次の5つが示されており，これらの構成に対応する様式，名称，勘定科目を設定して資金収支計算書を作成します（会計基準17条）。

	区分	名称	様式	勘定科目の範囲	注記	内部取引の消去
①	法人全体	法人単位 資金収支計算書	第1号 第1様式	大区分のみ	○	×
②	法人全体 （事業区分別）	資金収支内訳表	第1号 第2様式	大区分のみ	×	○
③	事業区分	○○事業区分 資金収支内訳表	第1号 第3様式	大区分のみ	×	○
④	拠点区分	○○拠点区分 資金収支計算書	第1号 第4様式	小区分まで	○	×
⑤	拠点区分 （サービス区分）	○○拠点区分 資金収支明細書	別紙3⑩	小区分まで	×	○

※ 「注記」は第6章参照
※ 事業区分が社会福祉事業のみの法人の場合，「資金収支内訳表」（第1号第2様式）は省略可能
※ 拠点区分が1つの法人の場合，「資金収支内訳表」（第1号第2様式）及び「○○事業区分　資金収支内訳表」（第1号第3様式）は省略可能
※ 拠点区分が1つの事業区分の場合，「○○事業区分　資金収支内訳表」（第1号第3様式）は省略可能

2 事業活動計算書

1 事業活動計算書の意義

　事業活動計算書（P/L）は，当年度におけるすべての純資産の増減の内容を明らかに表示するものをいいます（会計基準19条）。

　計算方法は，当年度において発生（実現）した収益とそれに対応する費用を計上して，当年度の事業活動による収益と費用の増減差額を算出します。

　事業活動計算書では，3つの活動区分に分け，それぞれの増減差額を計算します。3つに区分する点は資金収支計算書と同様です。

　ただし，事業活動計算書では，各活動の増減差額の合計（当期活動増減差額）のあとに繰越活動増減差額の部で次期繰越活動増減差額を求める様式になっています（会計基準21条）。

（1）サービス活動増減の部

　資金収支計算書における「事業活動による収支」区分とほぼ同様の科目を記載しますが，次の（2）「サービス活動外増減の部」に区分するものを除いたものになります（会計基準22条1項）。

　なお，サービス活動増減差額は，法人の経常的な損益を示すものであり，継続的にプラスにすることが求められていると考えるべきです。

（2）サービス活動外増減の部

　受取利息配当金，有価証券売却益（評価益含む），支払利息，有価証券売却損（評価損含む）などのサービス活動に区分しないものであり，経常的に発生する項目を記載します（会計基準22条2項）。

　また，上記（1）「サービス活動増減の部」との合計額を「経常増減差額」として記載します（会計基準22条3項）。

（3）特別増減の部

　施設整備等補助金収益，施設整備等寄附金収益，固定資産売却益，基本金

組入額，資産評価損，固定資産売却損（処分損含む）国庫補助金等特別積立金積立額などの臨時的な項目を記載します。ただし，金額が僅少なものは除きます（会計基準22条4項かっこ書）。

（4）繰越活動増減差額の部

上記（3）特別増減の部の次に「当期活動増減差額」として，3つの活動の増減の合計額を記載します（会計基準22条5項）。

その次に，「繰越活動増減差額の部」として，前期繰越活動増減差額，当期末繰越活動増減差額，基本金取崩額，その他の積立金取崩額，その他の積立金積立額，次期繰越活動増減差額の項目を記載します（会計基準22条6項）。

2 事業活動計算書の勘定科目

勘定科目は，平成28年会計基準別表第二のなかから事業に適合するものを選択します。以下を参照してください。

別表第二　事業活動計算書勘定科目（第二十四条関係）

収益の部

サービス活動増減による収益		
大区分	中区分	小区分
介護保険事業収益	施設介護料収益	介護報酬収益
		利用者負担金収益（公費）
		利用者負担金収益（一般）
	居宅介護料収益	
	（介護報酬収益）	介護報酬収益
		介護予防報酬収益
	（利用者負担収益）	介護負担金収益（公費）
		介護負担金収益（一般）
		介護予防負担金収益（公費）
		介護予防負担金収益（一般）
	地域密着型介護料収益	

	(介護報酬収益)	介護報酬収益
		介護予防報酬収益
	(利用者負担金収益)	介護負担金収益（公費）
		介護負担金収益（一般）
		介護予防負担金収益（公費）
		介護予防負担金収益（一般）
	居宅介護支援介護料収益	居宅介護支援介護料収益
		介護予防支援介護料収益
	介護予防・日常生活支援総合事業収益	事業費収益
		事業負担金収益（公費）
		事業負担金収益（一般）
	利用者等利用料収益	施設サービス利用料収益
		居宅介護サービス利用料収益
		地域密着型介護サービス利用料収益
		食費収益（公費）
		食費収益（一般）
		食費収益（特定）
		居住費収益（公費）
		居住費収益（一般）
		居住費収益（特定）
		介護予防・日常生活支援総合事業利用料収益
		その他の利用料収益
	その他の事業収益	補助金事業収益（公費）
		補助金事業収益（一般）
		市町村特別事業収益（公費）
		市町村特別事業収益（一般）
		受託事業収益（公費）
		受託事業収益（一般）
		その他の事業収益
	(保険等査定減)	

第3章　計算書類と財産目録

老人福祉事業収益	措置事業収益	事務費収益
		事業費収益
		その他の利用料収益
		その他の事業収益
	運営事業収益	管理費収益
		その他の利用料収益
		補助金事業収益（公費）
		補助金事業収益（一般）
		その他の事業収益
	その他の事業収益	管理費収益
		その他の利用料収益
		その他の事業収益
児童福祉事業収益	措置費収益	事務費収益
		事業費収益
	私的契約利用料収益	
	その他の事業収益	補助金事業収益（公費）
		補助金事業収益（一般）
		受託事業収益（公費）
		受託事業収益（一般）
		その他の事業収益
保育事業収益	施設型給付費収益	施設型給付費収益
		利用者負担金収益
	特例施設型給付費収益	特例施設型給付費収益
		利用者負担金収益
	地域型保育給付費収益	地域型保育給付費収益
		利用者負担金収益
	特例地域型保育給付費収益	特例地域型保育給付費収益
		利用者負担金収益
	委託費収益	
	利用者等利用料収益	利用者等利用料収益（公費）
		利用者等利用料収益（一般）
		その他の利用料収益

	私的契約利用料収益	
	その他の事業収益	補助金事業収益（公費）
		補助金事業収益（一般）
		受託事業収益（公費）
		受託事業収益（一般）
		その他の事業収益
就労支援事業収益	（何）事業収益	
障害福祉サービス等事業収益	自立支援給付費収益	介護給付費収益
		特例介護給付費収益
		訓練等給付費収益
		特例訓練等給付費収益
		地域相談支援給付費収益
		特例地域相談支援給付費収益
		計画相談支援給付費収益
		特例計画相談支援給付費収益
	障害児施設給付費収益	障害児通所給付費収益
		特例障害児通所給付費収益
		障害児入所給付費収益
		障害児相談支援給付費収益
		特例障害児相談支援給付費収益
	利用者負担金収益	
	補足給付費収益	特定障害者特別給付費収益
		特例特定障害者特別給付費収益
		特定入所障害児食費等給付費収益
	特定費用収益	
	その他の事業収益	補助金事業収益（公費）
		補助金事業収益（一般）
		受託事業収益（公費）
		受託事業収益（一般）
		その他の事業収益
	（保険等査定減）	

第3章 計算書類と財産目録

生活保護事業収益	措置費収益	事務費収益
		事業費収益
	授産事業収益	（何）事業収益
	利用者負担金収益	
	その他の事業収益	補助金事業収益（公費）
		補助金事業収益（一般）
		受託事業収益（公費）
		受託事業収益（一般）
		その他の事業収益
医療事業収益	入院診療収益（公費）	
	入院診療収益（一般）	
	室料差額収益	
	外来診療収益（公費）	
	外来診療収益（一般）	
	保健予防活動収益	
	受託検査・施設利用収益	
	訪問看護療養費収益（公費）	
	訪問看護療養費収益（一般）	
	訪問看護利用料収益	訪問看護基本利用料収益
		訪問看護その他の利用料収益
	その他の医療事業収益	補助金事業収益（公費）
		補助金事業収益（一般）
		受託事業収益（公費）
		受託事業収益（一般）
		その他の医業収益
	（保険等査定減）	
（何）事業収益	（何）事業収益	
	その他の事業収益	補助金事業収益（公費）
		補助金事業収益（一般）
		受託事業収益（公費）
		受託事業収益（一般）
		その他の事業収益

(何)収益	(何)収益	
経常経費寄附金収益		
その他の収益		

サービス活動外増減による収益

大区分	中区分	小区分
借入金利息補助金収益		
受取利息配当金収益		
有価証券評価益		
有価証券売却益		
投資有価証券評価益		
投資有価証券売却益		
その他のサービス活動外収益	受入研修費収益	
	利用者等外給食収益	
	為替差益	
	雑収益	

特別増減による収益

大区分	中区分	小区分
施設整備等補助金収益	施設整備等補助金収益	
	設備資金借入金元金償還補助金収益	
施設整備等寄附金収益	施設整備等寄附金収益	
	設備資金借入金元金償還寄附金収益	
長期運営資金借入金元金償還寄附金収益		
固定資産受贈額	(何)受贈額	
固定資産売却益	車輌運搬具売却益	
	器具及び備品売却益	
	(何)売却益	
事業区分間繰入金収益		
拠点区分間繰入金収益		
事業区分間固定資産移管収益		
拠点区分間固定資産移管収益		

第 3 章　計算書類と財産目録

その他の特別収益	徴収不能引当金戻入益	

費用の部

大区分	中区分	小区分
サービス活動増減による費用		
大区分	中区分	小区分
人件費	役員報酬	
	職員給料	
	職員賞与	
	賞与引当金繰入	
	非常勤職員給与	
	派遣職員費	
	退職給付費用	
	法定福利費	
事業費	給食費	
	介護用品費	
	医薬品費	
	診療・療養等材料費	
	保健衛生費	
	医療費	
	被服費	
	教養娯楽費	
	日用品費	
	保育材料費	
	本人支給金	
	水道光熱費	
	燃料費	
	消耗器具備品費	
	保険料	
	賃借料	
	教育指導費	
	就職支度費	
	葬祭費	

	車輌費	
	（何）費	
	雑費	
事務費	福利厚生費	
	職員被服費	
	旅費交通費	
	研修研究費	
	事務消耗品費	
	印刷製本費	
	水道光熱費	
	燃料費	
	修繕費	
	通信運搬費	
	会議費	
	広報費	
	業務委託費	
	手数料	
	保険料	
	賃借料	
	土地・建物賃借料	
	租税公課	
	保守料	
	渉外費	
	諸会費	
	（何）費	
	雑費	
就労支援事業費用	就労支援事業販売原価	期首製品（商品）棚卸高
		当期就労支援事業製造原価
		当期就労支援事業仕入高
		期末製品（商品）棚卸高
	就労支援事業販管費	
授産事業費用	（何）事業費	

（何）費用		
利用者負担軽減額		
減価償却費		
国庫補助金等特別積立金取崩額		
徴収不能額		
徴収不能引当金繰入		
その他の費用		

サービス活動外増減による費用

大区分	中区分	小区分
支払利息		
有価証券評価損		
有価証券売却損		
投資有価証券評価損		
投資有価証券売却損		
その他のサービス活動外費用	利用者等外給食費	
	為替差損	
	雑損失	

特別増減による費用

大区分	中区分	小区分
基本金組入額		
資産評価損		
固定資産売却損・処分損	建物売却損・処分損	
	車輌運搬具売却損・処分損	
	器具及び備品売却損・処分損	
	その他の固定資産売却損・処分損	
国庫補助金等特別積立金取崩額（除却等）		
国庫補助金等特別積立金積立額		
災害損失		
事業区分間繰入金費用		
拠点区分間繰入金費用		
事業区分間固定資産移管費用		

大区分		
拠点区分間固定資産移管費用		
その他の特別損失		

繰越活動増減差額の部

大区分	中区分	小区分
前期繰越活動増減差額		
当期末繰越活動増減差額		
基本金取崩額		
その他の積立金取崩額	(何)積立金取崩額	
その他の積立金積立額	(何)積立金積立額	
次期繰越活動増減差額		

3 名称の変更

　旧会計基準から平成23年会計基準へ移行する際，事業活動計算書の名称が次のとおり変更になりました。また，用語も次のとおり変更しています。

　平成28年会計基準では，変更後の名称を継続して使用します。

【計算書類名の変更】

変更前		変更後
事業活動収支計算書	→	事業活動計算書

【用語の変更】

変更前		変更後
①収入	→	収益
②支出	→	費用
③収支	→	増減

4 活動区分の名称変更

　資金収支計算書と同様，旧会計基準から平成23年会計基準へ移行するとき，事業活動計算書の各活動の名称が変更になりました。平成28年会計基準では，変更後の名称を使用します。

変更前		変更後
①事業活動収支	→	サービス活動増減
②事業活動外収支	→	サービス活動外増減
③特別収支	→	特別増減

5 事業活動計算書の様式

(1) 事業活動計算書の体系

　事業活動計算書の様式は，3つの活動区分及び繰越活動増減差額の部で構成されており，資金収支計算書と同様，各活動区分において収支差額を表示します。また，「サービス活動増減差額」と「サービス活動外増減差額」の合計額を「経常増減差額」として表示します。この点は，資金収支計算書の様式と異なる箇所のため，注意が必要です。

　3つの活動区分の増減合計額は，「当期活動増減差額」において計算され，その後に前期繰越活動増減差額，当期末繰越活動増減差額，基本金取崩額，その他の積立金取崩額，その他の積立金積立額の各項目を加減し，最後に次期繰越活動増減差額を表示する体系になっています。

　事業活動計算書の様式は，後記の作成例を参照してください。

(2) 事業活動計算書の構成

　事業活動計算書は，資金収支計算書と同様，会計基準第7条の2及び運用上の取り扱いに基づいて次の5つの区分を設定します。これらに対応する様式，名称，勘定科目を設定して事業活動計算書を作成します（会計基準23条）。

	区分	名称	様式	勘定科目の範囲	注記	内部取引の消去
①	法人全体（前期比較）	法人単位事業活動計算書	第2号第1様式	大区分のみ	〇	×
②	法人全体（事業区分別）	事業活動内訳表	第2号第2様式	大区分のみ	×	〇
③	事業区分（拠点区分別）	〇〇事業区分事業活動内訳表	第2号第3様式	大区分のみ	×	〇
④	拠点区分（前期比較）	〇〇拠点区分事業活動計算書	第2号第4様式	小区分まで	〇	×
⑤	拠点区分（サービス区分）	〇〇拠点区分事業活動明細書	別紙3 (⑪)	小区分まで	×	〇

※ 「注記」は第6章参照
※ 事業区分が社会福祉事業のみの法人の場合,「事業活動内訳表」(第2号第2様式)は省略可能
※ 拠点区分が1つの法人の場合,「事業活動内訳表」(第2号第2様式)及び「〇〇事業区分　事業活動内訳表」(第2号第3様式)は省略可能
※ 拠点区分が1つの事業区分の場合,「〇〇事業区分　事業活動内訳表」(第2号第3様式)は省略可能

3　貸借対照表

1 貸借対照表の意義

貸借対照表(B/S)は,当年度末現在におけるすべての資産,負債及び純資産の状態を明らかにするものです(会計基準25条)。

一時点における財政状態を表しているため,これを資金的な観点から捉えた場合,貸方は資金の源泉(他人資本と自己資本の投入)を示し,借方はその運用形態(資産の態様)を示しているといえます。

2 貸借対照表の勘定科目

勘定科目は,平成28年会計基準別表第三のなかから事業に適合したものを選択します。以下を参照してください。

▶ 別表第三　貸借対照表勘定科目(第二十八条関係)

資産の部		
大区分	中区分	小区分
流動資産	現金預金　　　　　　　　　　　　　　　　　　　　　　　　有価証券　　　　　　　　　　　　　　　　　　　　　　　　事業未収金　　　　　　　　　　　　　　　　　　　　　　　未収金　　　　　　　　　　　　　　　　　　　　　　　　　未収補助金　　　　　　　　　　　　　　　　　　　　　　　未収収益　　　　　　　　　　　　　　　　　　　　　　　　受取手形　　　　　　　　　　　　　　　　　　　　　　　　貯蔵品　　　　　　　　　　　　　　　　　　　　　　　　　医薬品	

第 3 章　計算書類と財産目録

	診療・療養費等材料	
	給食用材料	
	商品・製品	
	仕掛品	
	原材料	
	立替金	
	前払金	
	前払費用	
	1年以内回収予定長期貸付金	
	1年以内回収予定事業区分間長期貸付金	
	1年以内回収予定拠点区分間長期貸付金	
	短期貸付金	
	事業区分間貸付金	
	拠点区分間貸付金	
	仮払金	
	その他の流動資産	
	徴収不能引当金	
固定資産		
（基本財産）		
	土地	
	建物	
	定期預金	
	投資有価証券	
（その他の固定資産）		
	土地	
	建物	
	構築物	
	機械及び装置	
	車輌運搬具	
	器具及び備品	
	建設仮勘定	
	有形リース資産	
	権利	
	ソフトウェア	
	無形リース資産	
	投資有価証券	
	長期貸付金	

	事業区分間長期貸付金	
	拠点区分間長期貸付金	
	退職給付引当資産	
	長期預り金積立資産	
	（何）積立資産	
	差入保証金	
	長期前払費用	
	その他の固定資産	

負債の部

大区分	中区分	小区分
流動負債	短期運営資金借入金	
	事業未払金	
	その他の未払金	
	支払手形	
	役員等短期借入金	
	１年以内返済予定設備資金借入金	
	１年以内返済予定長期運営資金借入金	
	１年以内返済予定リース債務	
	１年以内返済予定役員等長期借入金	
	１年以内返済予定事業区分間長期借入金	
	１年以内返済予定拠点区分間長期借入金	
	１年以内支払予定長期未払金	
	未払費用	
	預り金	
	職員預り金	
	前受金	
	前受収益	
	事業区分間借入金	
	拠点区分間借入金	
	仮受金	
	賞与引当金	
	その他の流動負債	
固定負債	設備資金借入金	
	長期運営資金借入金	
	リース債務	
	役員等長期借入金	

	事業区分間長期借入金	
	拠点区分間長期借入金	
	退職給付引当金	
	長期未払金	
	長期預り金	
	その他の固定負債	

純資産の部		
大区分	中区分	小区分
基本金		
国庫補助金等特別積立金		
その他の積立金	（何）積立金	
次期繰越活動増減差額		
（うち当期活動増減差額）		

3 貸借対照表の様式

（1）貸借対照表の体系

　貸借対照表は，資産，負債，純資産の3つに区分します（会計基準26条1項）。

　資産の部は流動資産と固定資産に区分され，負債の部は流動負債と固定負債に区分します。また，純資産の部は基本金，国庫補助金等特別積立金，その他の積立金及び次期繰越活動増減差額に区分します（会計基準26条2項）。

　なお，貸借対照表の様式は，後記の作成例を参照してください。

（2）貸借対照表の構成

　貸借対照表は，平成28年会計基準及び運用上の取り扱いに基づいて，次の4区分を設定します。これらに対応する様式，名称，勘定科目を使用して作成します（会計基準27条）。

　なお，貸借対照表は，拠点区分（サービス区分）の貸借対照表は作成しません。資金収支計算書及び事業活動計算書の設定対象である5区分とは異なり，4区分で構成することになります。

	区分	名称	様式	勘定科目の範囲	注記	内部取引の消去
①	法人全体 (前期比較)	法人単位貸借対照表	第3号 第1様式	大区分と中区分	○	×
②	法人全体 (事業区分別)	貸借対照表内訳表	第3号 第2様式	大区分と中区分	×	○
③	事業区分 (拠点区分別)	○○事業区分 貸借対照表内訳表	第3号 第3様式	大区分と中区分	×	○
④	拠点区分 (前期比較)	○○拠点区分 貸借対照表	第3号 第4様式	大区分と中区分	○	×

※ 「注記」は第6章参照
※ 貸借対照表は拠点区分(サービス区分)の貸借対照表明細書は作成しない。
※ 事業区分が社会福祉事業のみの法人の場合,「貸借対照表内訳表」(第3号第2様式)は省略可能
※ 拠点区分が1つの法人の場合,「貸借対照表内訳表」(第3号第2様式)及び「○○事業区分 貸借対照表内訳表」(第3号第3様式)は省略可能
※ 拠点区分が1つの事業区分の場合,「○○事業区分 貸借対照表内訳表」(第3号第3様式)は省略可能

(3) 貸借対照表末尾の注記

　法人全体の注記の記載箇所は,「○○事業区分　貸借対照表内訳表」(第3号第3様式)の末尾になります。また,拠点区分の注記の記載箇所は,「○○拠点区分　貸借対照表」(第3号第4様式)の末尾になります。

　注記の詳細は,第6章を参照してください。

4　資金収支計算書と事業活動計算書の比較

■1　資金収支計算書と事業活動計算書の共通事項

　日常取引で発生する経常的な収支は,資金収支計算書と事業活動計算書に関わるため,両方の計算書に共通して計上します。たとえば,介護保険事業収入や人件費,事業費など社会福祉事業の主要な取引は両方の計算書に計上します。

　他方,いずれか一方の計算書のみに計上する取引があります。資金収支計

算書と事業活動計算書の勘定科目及び様式は似ていますが，性質は異なるため，それぞれの計算書の目的に照らして片方のみ計上することになるのです。
　以下，具体例に基づいて解説します。

2 資金収支計算書のみ計上する取引例

　土地や建物など固定資産の購入又は売却した場合，支払資金が増減するため，資金収支計算書に計上します。

　これに対して，固定資産の購入又は売却取引は，固定資産の増減が生じると同時に，支払資金（現金預金）が増減するため，結果として純資産は変動しません。したがって，固定資産の購入又は売却取引（簿価による売却の場合）は，事業活動計算書には計上しません。

　具体例で考えてみたいと思います。固定資産100万円を購入した場合を考えます。この場合，貸借対照表の固定資産100万円が増加するとともに，貸借対照表の現金預金100万円が減少します。この取引は，貸借対照表の資産科目が入れ替わることになるのみの取引であり，事業活動計算書には影響を与えないことになるのです。

　ただし，固定資産売却時において，売却額と固定資産簿価に差額が生じている場合は，当該差額は「固定資産売却益」又は「固定資産売却損」として事業活動計算書に計上します。一般的に，固定資産の売却額と帳簿価額が同額になることは少ないでしょう。

　次に，固定資産除却時を考えます。この場合，除却時の固定資産簿価が1円以上残っていることが一般的であるため（備忘価額含む），固定資産簿価を「固定資産処分損」の勘定科目で事業活動計算書に計上します。

　なお，除却時は支払資金の増減が生じないため，資金収支計算書の計上はありません。

3 事業活動計算書のみ計上する取引例

　建物や備品など償却資産は，使用期間に渡って減価償却費を計上するため，この影響で純資産が減少していきます。しかし，減価償却費の計上は支払資

金の減少を伴わないため，事業活動計算書のみ減価償却費を計上することになります（減価償却費については第5章参照）。

以下，資金収支計算書のみ計上する取引例と事業活動計算書のみ計上する取引例を記載します。

資金収支計算書のみ計上する例	
計 上 例	
①	固定資産の取得支出・売却収入（簿価売却）
②	貸付金回収収入・支出
③	借入金収入・償還支出
④	リース債務の返済支出
⑤	積立資産の積立て支出又は取崩収入

事業活動計算書のみ計上する例	
計 上 例	
①	減価償却費の計上
②	各引当金の繰入れ及び戻入れ
③	基本金組入及び取崩し
④	国庫補助金等特別積立金の積立て及び取崩し
⑤	固定資産の売却損益・処分損・受贈額
⑥	投資有価証券の売却損益・評価損益
⑦	災害損失・特別収益及び費用
⑧	その他の積立金積立て及び取崩し

次頁に，資金収支計算書と事業活動計算書の比較表を掲載します。

この比較表からは，資金収支計算書の「事業活動による収支」と事業活動計算書「サービス活動増減の部」及び「サービス活動外増減の部」の一部はおおむね対応していることがわかります。

また，資金収支計算書の「その他の活動による収支」は，事業活動計算書の「特別増減の部」との対応関係が図れていないことがわかります。

資金収支計算書と事業活動計算書の比較表

資金収支計算書			事業活動計算書		
勘定科目			勘定科目		
事業活動による収支	収入	介護保険事業収入 老人福祉事業収入 児童福祉事業収入 保育事業収入 就労支援事業収入 障害福祉サービス等事業収入 生活保護事業収入 医療事業収入 ○○事業収入 ○○収入 借入金利息補助金収入 経常経費寄附金収入 受取利息配当金収入 その他の収入 流動資産評価益等による資金増加額	サービス活動増減の部	収益	介護保険事業収益 老人福祉事業収益 児童福祉事業収益 保育事業収益 就労支援事業収益 障害福祉サービス等事業収益 生活保護事業収益 医療事業収益 ○○事業収益 ○○収益 経常経費寄附金収益 その他の収益
					サービス活動収益計（1）
				費用	人件費 事業費 事務費 就労支援事業費用 授産事業費用 ○○費用 利用者負担軽減額 減価償却費 国庫補助金等特別積立金取崩額 徴収不能額 徴収不能引当金繰入 その他の費用
					サービス活動費用計（2）
		事業活動収入計（1）			サービス活動増減差額（3）＝（1）－（2）
	支出	人件費支出 事業費支出 事務費支出 就労支援事業支出 授産事業支出 ○○支出 利用者負担軽減額 支払利息支出 その他の支出 流動資産評価損等による資金減少額	サービス活動外増減の部	収益	借入金利息補助金収益 受取利息配当金収益 有価証券評価益 有価証券売却益 投資有価証券評価益 投資有価証券売却益 その他のサービス活動外収益
					サービス活動外収益計（4）
				費用	支払利息 有価証券評価損 有価証券売却損 投資有価証券評価損 投資有価証券売却損 その他のサービス活動外費用
					サービス活動外費用計（5）

		事業活動支出計（2）			サービス活動外増減差額（6）＝（4）－（5）
		事業活動資金収支差額（3）＝（1）－（2）			経常増減差額（7）＝（3）＋（6）
施設整備等による収支	収入	施設整備等補助金収入 施設整備等寄附金収入 設備資金借入金収入 固定資産売却収入 その他の施設整備等による収入	特別増減の部	収益	施設整備等補助金収益 施設整備等寄附金収益 長期運営資金借入金元金償還寄附金収益 固定資産受贈額 固定資産売却益 事業区分間繰入金収益 事業区分間固定資産移管収益 その他の特別収益
		施設整備等収入計（4）			
	支出	設備資金借入金元金償還支出 固定資産取得支出 固定資産除却・廃棄支出 ファイナンス・リース債務の返済支出 その他の施設整備等による支出			
		施設整備等支出計（5）			特別収益計（8）
		施設整備等資金収支差額（6）＝（4）－（5）		費用	基本金組入額 資産評価損 固定資産売却損・処分損 国庫補助金等特別積立金取崩額（除却等） 国庫補助金等特別積立金積立額 災害損失 事業区分間繰入金費用 事業区分間固定資産移管費用 その他の特別損失
その他の活動による収支	収入	長期運営資金借入金元金償還寄附金収入 長期運営資金借入金収入 長期貸付金回収収入 投資有価証券売却収入 積立資産取崩収入 その他の活動による収入			
		その他の活動収入計（7）			
	支出	長期運営資金借入金元金償還支出 長期貸付金支出 投資有価証券取得支出 積立資産支出 その他の活動による支出			
		その他の活動支出計（8）			特別費用計（9）
		その他の活動資金収支差額（9）＝（7）－（8）			特別増減差額（10）＝（8）－（9）
予備費支出（10）					当期活動増減差額（11）＝（7）＋（10）
当期資金収支差額合計（11）＝（3）＋（6）＋（9）－（10）			繰越活動増減差額の部		前期繰越活動増減差額（12）
前期末支払資金残高（12）					当期末繰越活動増減差額（13）＝（11）＋（12）
当期末支払資金残高（11）＋（12）					基本取崩額（14） その他の積立金取崩額（15） その他の積立金積立額（16）
					次期繰越活動増減差額 （17）＝（13）＋（14）＋（15）－（16）

5 財産目録

1 財産目録の内容

　財産目録は，期末日におけるすべての資産及び負債について，その名称，数量，金額等を詳細に表示するものです（会計基準31条）。貸借対照表の区分にあわせて，①資産，②負債，③純資産の額を記載します（会計基準32条）。

　記載する金額は，貸借対照表と同額であり（会計基準33条），法人全体で作成し，拠点区分の作成は不要です（会計基準34条，運用上の取り扱い26）。

　財産目録は，年度終了後3カ月以内に作成しなければなりません。

　なお，会計監査人を設置する法人では，財産目録は監査の対象になります（法45条の19第2項，社規2条の22）。

　財産目録に対する監査意見の対象項目は，法人単位貸借対照表に対応する項目に限られています。すなわち，財産目録の記載項目のうち，「貸借対照表科目」及び「貸借対照表価額」の科目合計金額が監査の対象になります。

2 財産目録の様式

　次頁に，財産目録の様式例を記載します（運用上の取り扱い（別紙4））。財産目録の表示については，重要性の原則が適用されるため（運用上の取り扱い1），各法人の実情にあわせて適宜作成することが認められます。

別紙4

財 産 目 録

平成　年　月　日現在

(単位:円)

貸借対照表科目	場所・物量等	取得年度	使用目的等	取得価額	減価償却累計額	貸借対照表価額
Ⅰ 資産の部						
1 流動資産						
現金預金						
現金	現金手許有高	－	運転資金として	－	－	×××
普通預金	○○銀行○○支店他	－	運転資金として	－	－	×××
			小計			×××
事業未収金	………	－	○月分介護報酬等	－	－	×××
……	………		………			
		流動資産合計				×××
2 固定資産						
(1) 基本財産						
土地	(A拠点)○○市○○町1-1-1	－	第1種社会福祉事業である、○○施設等に使用している			×××
	(B拠点)○○市○○町2-2-2	－	第2種社会福祉事業である、▲▲施設等に使用している			×××
			小計			×××
建物	(A拠点)○○市○○町1-1-1	19××年度	第1種社会福祉事業である、○○施設等に使用している	×××	×××	×××
	(B拠点)○○市○○町2-2-2	19××年度	第2種社会福祉事業である、▲▲施設等に使用している	×××	×××	×××
			小計			×××
定期預金	○○銀行○○支店他	－	寄附者により○○事業に使用することが指定されている			×××
投資有価証券	第○回利付国債他	－	特段の指定がない			×××
……	………		………			
		基本財産合計				×××
(2) その他の固定資産						
土地	(○拠点)○○市○○町3-3-3		5年後に開設する○○事業のための用地			×××
	(本部拠点)○○市○○町4-4-4		本部として使用している			×××
			小計			×××
建物	(C拠点)○○市○○町5-5-5	20××年度	第2種社会福祉事業である、訪問介護事業所に使用している	×××	×××	×××
車輌運搬具	○○他3台	－	利用者送迎用	×××	×××	×××
○○積立資産	定期預金 ○○銀行○○支店他		将来における○○の目的のために積み立てている定期預金			×××
……	………		………			………
		その他の固定資産合計				×××
		固定資産合計				×××
		資産合計				×××
Ⅱ 負債の部						
1 流動負債						
短期運営資金借入金	○○銀行○○支店他	－		－		×××
事業未払金	○月分水道光熱費他	－		－		×××
職員預り金	○月分源泉所得税他	－		－		×××
……	………					………
		流動負債合計				×××
2 固定負債						
設備資金借入金	独立行政法人福祉医療機構他					×××
長期運営資金借入金	○○銀行○○支店他					×××
……	………					………
		固定負債合計				×××
		負債合計				×××
		差引純資産				×××

(記載上の留意事項)
・土地、建物が複数ある場合には、科目を拠点区分毎に分けて記載するものとする。
・同一の科目について控除対象財産に該当し得るものと、該当し得ないものが含まれる場合には、分けて記載するものとする。
・科目を分けて記載した場合は、小計欄を設けて、「貸借対照表価額」欄と一致させる。
・「使用目的等」欄には、社会福祉法第55条の2の規定に基づく社会福祉充実残額の算定に必要な控除対象財産の判定を行うため、各資産の使用目的を簡潔に記載する。
　なお、負債については、「使用目的等」欄の記載を要しない。
・「貸借対照表価額」欄は、「取得価額」欄と「減価償却累計額」欄の差額と同額になることに留意する。
・建物についてのみ「取得年度」欄を記載する。
・減価償却資産(有形固定資産に限る)については、「減価償却累計額」欄を記載する。なお、減価償却累計額には、減損損失累計額を含むものとする。
　また、ソフトウェアの○○については、取得価額から貸借対照表価額を控除して得た額を「減価償却累計額」欄に記載する。
・車輌運搬具の○○には会社名と車種を記載すること、車輌番号は任意記載とする。
・預金に関する口座番号は任意記載とする。

3 社会福祉充実計画との関係

「社会福祉充実計画の承認」(法55条の2) の規定により,社会福祉充実残額の算定に必要な控除対象財産の判定を行うため,財産目録における各資産の「使用目的等」欄に簡潔に記載する必要があります。詳細は第8章を参照してください。

6 計算書類作成例

以下に具体的な金額による財務3表の作成例を示します。説明の便宜上,金額は小さく設定し,様式等の一部は会計基準とは異なっていますので留意してください。

第一号第一様式（第十七条第四項関係）

法人単位資金収支計算書

(自)平成29年4月1日　　(至)平成30年3月31日

(単位：円)

勘定科目		予算(A)	決算(B)	差異(A)−(B)	備考
事業活動による収支	収入				
	保育事業収入	306,550	305,030	1,520	
	受取利息配当金収入	30	30	0	
	その他の収入	6,530	6,520	10	
	事業活動収入計(1)	313,110	311,580	1,530	
	支出				
	人件費支出	255,970	254,820	1,150	
	事業費支出	31,550	30,980	570	
	事務費支出	33,280	33,250	30	
	その他の支出	4,500	4,450	50	
	事業活動支出計(2)	325,300	323,500	1,800	
	事業活動資金収支差額(3)=(1)−(2)	△12,190	△11,920	△270	
施設整備等による収支	収入				
	施設整備等補助金収入	7,000	7,000	0	
	施設整備等収入計(4)	7,000	7,000	0	
	支出				
	施設整備等支出計(5)	0	0	0	
	施設整備等資金収支差額(6)=(4)−(5)	7,000	7,000	0	
その他の活動による収支	収入				
	その他の活動収入計(7)	0	0	0	
	支出				
	その他の活動支出計(8)	0	0	0	
	その他の活動資金収支差額(9)=(7)−(8)	0	0	0	
予備費支出(10)		0	0	0	
当期資金収支差額合計(11)=(3)+(6)+(9)−(10)		△5,190	△4,920	△270	

前期末支払資金残高(12)		41,905	41,905	0	
当期末支払資金残高(11)+(12)		36,715	36,985	△270	

第二号第一様式（第二十三条第四項関係）
法人単位事業活動計算書

（自）平成29年4月1日　　（至）平成30年3月31日

（単位：円）

勘定科目		当年度決算(A)	前年度決算(B)	増減(A)－(B)
サービス活動増減の部	収益	保育事業収益　　　　　　　　　　　　　　　305,030 その他の収益　　　　　　　　　　　　　　　　　70	319,550 65	△ 14,520 5
		サービス活動収益計 (1)	305,100	319,615	△ 14,515
	費用	人件費 事業費 事務費 減価償却費 国庫補助金等特別積立金取崩額	262,230 30,980 31,110 11,380 △ 9,610	252,190 31,930 29,940 10,260 △ 8,130	10,040 △ 950 1,170 1,120 △ 1,480 0
		サービス活動費用計 (2)	326,090	316,190	9,900
	サービス活動増減差額 (3)＝(1)－(2)		△ 20,990	3,425	△ 24,415
サービス活動外増減の部	収益	受取利息配当金収益 その他のサービス活動外収益	30 4,450	30 4,590	0 △ 140
		サービス活動外収益計 (4)	4,480	4,620	△ 140
	費用	その他のサービス活動外費用	4,210	3,890	320
		サービス活動外費用計 (5)	4,210	3,890	320
	サービス活動外増減差額 (6)＝(4)－(5)		270	730	△ 460
	経常増減差額 (7)＝(3)＋(6)		△ 20,720	4,155	△ 24,875
特別増減の部	収益	施設整備等補助金収益	7,000	7,000	0
		特別収益計 (8)	7,000	7,000	0
	費用				
		特別費用計 (9)	0	0	0
	特別増減差額 (10)＝(8)－(9)		7,000	7,000	0
当期活動増減差額 (11)＝(7)＋(10)			△ 13,720	11,155	△ 24,875
繰越活動増減差額の部	前期繰越活動増減差額 (12)		152,995	141,840	11,155
	当期末繰越活動増減差額 (13)＝(11)＋(12)		139,275	152,995	△ 13,720
	基本金取崩額 (14)		0	0	0
	その他の積立金取崩額 (15)		0	0	0
	その他の積立金積立額 (16)		0	0	0
	次期繰越活動増減差額 (17)＝(13)＋(14)＋(15)－(16)		139,275	152,995	△ 13,720

第三号第一様式（第二十七条第四項関係）

法人単位貸借対照表

平成 30 年 3 月 31 日現在

(単位：円)

資産の部				負債の部			
	当年度末	前年度末	増減		当年度末	前年度末	増減
流動資産	44,700	47,105	△ 2,405	流動負債	13,200	9,000	4,200
現金預金	40,000	42,605	△ 2,605	事業未払金	1,700	500	1,200
事業未収金	1,700	1,500	200	その他の未払金	4,500	3,200	1,300
未収金	500	500	0	職員預り金	2,000	1,500	500
前払費用	1,500	1,700	△ 200	賞与引当金	5,000	3,800	1,200
その他の流動資産	1,000	800	200				
固定資産	324,295	332,220	△ 7,925	固定負債	28,800	20,000	8,800
基本財産	215,000	220,000	△ 5,000	退職給付引当金	22,000	20,000	2,000
土地	55,000	55,000	0	その他の固定負債	6,800	0	6,800
建物	160,000	165,000	△ 5,000				
その他の固定資産	109,295	112,220	△ 2,925	負債の部合計	42,000	29,000	13,000
土地	0	0	0	純資産の部			
建物	65,000	70,000	△ 5,000	基本金	72,000	72,000	0
構築物	12,790	13,120	△ 330	国庫補助金等特別積立金	115,720	125,330	△ 9,610
車輌運搬具	350	400	△ 50				
器具及び備品	3,500	4,500	△ 1,000				
退職給付引当資産	22,000	20,000	2,000	次期繰越活動増減差額	139,275	152,995	△ 13,720
長期前払費用	4,655	4,000	655	(うち当期活動増減差額)	△ 13,720	11,155	△ 24,875
その他の固定資産	1,000	200	800				
				純資産の部合計	326,995	350,325	△ 23,330
資産の部合計	368,995	379,325	△ 10,330	負債及び純資産の部合計	368,995	379,325	△ 10,330

第4章
日次取引と決算整理

　本章では，日常発生する取引と期末における決算整理について，仕訳例を用いて解説します。日次取引と決算整理の結果は，計算書類に反映されます。
　計算書類は，①資金収支計算書（C/F），②事業活動計算書（P/L），③貸借対照表（B/S）の3点ですが，各計算書類に共通して関わる取引と各計算書類特有の取引になるものとに分類して以下の順に解説します。

(1) 収益（収入）取引
(2) 費用（支出）取引
(3) 資金収支計算書（C/F）に係る特有の取引
(4) 事業活動計算書（P/L）に係る特有の取引
(5) 支払資金間の取引
(6) 決算整理

　実務上は，会計ソフトを導入している法人が多いと思います。仕訳入力は総勘定元帳方式（事業活動計算書，貸借対照表）で行い，資金収支元帳（資金収支計算書）は自動的に仕訳されるケースが想定されます。若しくは，仕訳入力は資金収支元帳方式（資金収支計算書）で行い，総勘定元帳（事業活動計算書，貸借対照表）は自動的に仕訳されるシステムが考えられます。
　会計ソフトのプログラムは，1取引に対して1仕訳を行うことにより，資金収支計算書と事業活動計算書の2仕訳が成立するように設定されていることが一般的であると思いますが，本書の仕訳例では説明の便宜上，「資金収支計算書の仕訳」と「事業活動計算書・貸借対照表の仕訳」の両者に区分して解説します。

なお，仕訳入力時の仕訳摘要欄には，取引内容を適時に把握できるように記載することが大切です。たとえば，取引内容や内部取引の確認を行う場合，摘要欄の記載内容から条件検索等の機能を利用することで効率的な作業や集計，分析を行うことができるようになります。重要なことは，法人内で摘要欄の記載方法に関するルールを設け，継続的に運用することです。これにより，情報が蓄積されていき，事務作業や情報処理の迅速化が図れるのです。

1 収益（収入）取引

■1 収益・収入科目の例示

　日常取引で発生する収入は，事業活動に関連するものが多くを占めます。他の施設整備等収入や借入金収入等のその他の収入は，法人の経営状況に応じて固定資産や借入金等の増減が生じた場合に発生します。

　下表では，会計基準別表第一（資金収支計算書勘定科目）の大区分の勘定科目を列挙しています。

　なお，事業活動計算書は，資金収支計算書の勘定科目名の末尾「収入」を「収益」と読み替えて表示します。たとえば，資金収支計算書の大区分「介護保険事業収入」は，事業活動計算書では大区分「介護保険事業収益」となります。すなわち，末尾を変えるという法則が成り立っているのです。

　ただし，第3章で述べたように，資金収支計算書と事業活動計算書は相違点があるため，常に一致するわけではありません。そのため，読み替えるときは注意が必要です。

　事業活動計算書の勘定科目の詳細については，第3章の会計基準別表第二（事業活動計算書勘定科目）を参照してください。

資金収支計算書の収入科目の一覧

区分		代表的な勘定科目（大区分のみ）
収益・収入科目	事業活動による収入	介護保険事業収入，老人福祉事業収入，児童福祉事業収入，保育事業収入，就労支援事業収入，障害福祉サービス等事業収入，生活保護事業収入，医療事業収入，○○事業収入，○○収入，借入金利息補助金収入，経常経費寄附金収入，受取利息配当金収入，その他の収益収入，<u>流動資産評価益等による資産増加高</u>
	施設整備等による収入	施設整備等補助金収入，施設整備等寄附金収入，設備資金借入金収入，固定資産売却収入，その他の施設整備等による収入
	その他の活動による収入	長期運営資金借入金元金償還寄附金収入，長期運営資金借入金収入，長期貸付金回収収入，投資有価証券売却収入，積立資産取崩収入，事業区分間長期借入金収入，拠点区分間長期借入金収入，事業区分間長期貸付金回収収入，拠点区分間長期貸付金回収収入，事業区分間繰入金収入，拠点区分間繰入金収入，サービス区分間繰入金収入，その他の活動による収入，

※ 上記表，「事業活動による収入」のうち，「流動資産評価益等による資産増加高」は，中区分「有価証券売却益」，「有価証券評価益」，「為替差益」の勘定科目を計上します。これらの勘定科目は，事業活動計算書では，「サービス活動外増減による収益」に区分します。

2 収益・収入科目の仕訳例

ここでは，収益・収入の取引について設例を用いて考えていきます。

設例 1

当月分の介護保険に係るサービス提供額 200 万円を国保連に請求した。

＜資金収支計算書の仕訳＞
（借方）支 払 資 金　　2,000,000　　（貸方）介護保険事業<u>収入</u>　　2,000,000

＜事業活動計算書・貸借対照表の仕訳＞
（借方）事 業 未 収 金　2,000,000　　（貸方）介護保険事業<u>収益</u>　　2,000,000

※ 貸方科目は，資金収支計算書の仕訳では「介護保険事業<u>収入</u>」となり，事業活動計算書・貸借対照表の仕訳は「介護保険事業<u>収益</u>」となります。

設例 2

理事長より，施設創設に伴う資金として 500 万円の寄附を受けた。

＜資金収支計算書の仕訳＞

（借方）支払資金	5,000,000	（貸方）施設整備等寄附金収入	5,000,000

＜事業活動計算書・貸借対照表の仕訳＞

（借方）現金預金	5,000,000	（貸方）施設整備等寄附金収益	5,000,000
（借方）基本金組入	5,000,000	（貸方）第1号基本金	5,000,000

※ 資金収支計算書の仕訳の借方科目「支払資金」は，資金収支計算書特有の科目であり，借方表示の場合は，資金の増加を意味します。支払資金については第3章，基本金については第5章を参照してください。

設例3

社会福祉事業から公益事業へ100万円の貸付けを行った。

＜資金収支計算書の仕訳＞
『公益事業』

（借方）支払資金	1,000,000	（貸方）事業区分間長期借入金収入	1,000,000

『社会福祉事業』

（借方）事業区分間長期貸付金支出	1,000,000	（貸方）支払資金	1,000,000

＜事業活動計算書・貸借対照表の仕訳＞
『公益事業』

（借方）現金預金	1,000,000	（貸方）事業区分間長期借入金	1,000,000

『社会福祉事業』

（借方）事業区分間長期貸付金	1,000,000	（貸方）現金預金	1,000,000

設例4

措置費支弁施設において，入所者の処遇に必要な生活費300万円が振り込まれた。

＜資金収支計算書の仕訳＞

（借方）支払資金	3,000,000	（貸方）児童福祉事業収入	3,000,000

＜事業活動計算書・貸借対照表の仕訳＞

（借方）現金預金	3,000,000	（貸方）児童福祉事業収益	3,000,000

> **設例 5**
> ○×県より，建物の施設整備に関する補助金 500 万円を受け入れた。
> ＜資金収支計算書の仕訳＞
> （借方）支　払　資　金　　5,000,000　　（貸方）施設整備等補助金　　5,000,000
> 　　　　　　　　　　　　　　　　　　　　　　　収入
> ＜事業活動計算書・貸借対照表の仕訳＞
> （借方）現　金　預　金　　5,000,000　　（貸方）施設整備等補助金　　5,000,000
> 　　　　　　　　　　　　　　　　　　　　　　　収益

2　費用（支出）取引

1　費用・支出科目の例示

　日常取引における費用・支出取引は，資金収支計算書では「事業活動による支出」，事業活動計算書では「サービス活動費用」及び「サービス活動外費用」に区分するものが多いです。このうち，費用・支出取引の大区分は，「人件費（支出）」，「事業費（支出）」，「事務費（支出）」に分類します。

　事業費は，利用者の処遇に直接要する費用・支出です。事務費は，本部及び施設の運営事務に要する人件費以外の費用・支出です。

　下表は，会計基準別表第一（資金収支計算書勘定科目）の大区分及び中区分の一部をまとめたものです。事業費及び事務費については，代表的な勘定科目を記載しています。

　なお，事業活動計算書は，資金収支計算書の勘定科目名の末尾「支出」を削除して（読み替えて）表示します。たとえば，資金収支計算書の大区分「人件費支出」は，事業活動計算書では大区分「人件費」となります。なお，「人件費費用」と読み替えるのは誤りです。

　読み替えるときは，上記「1　収益（収入）取引」で述べたように，資金収支計算書と事業活動計算書は相違点があり，常に一致するわけではないため，注意が必要です。事業活動計算書の勘定科目の詳細については，第3章の会計基準別表第二（事業活動計算書勘定科目）を参照してください。

資金収支計算書の主な支出科目の一覧

大区分		主な中区分の勘定科目
費用・支出科目	① 事業活動による支出	
	人件費支出	役員報酬支出，職員給料支出，職員賞与支出，非常勤職員給与支出，派遣職員費支出，退職給付費用支出，法定福利費支出
	事業費支出	給食費支出，介護用品費支出，医薬品費支出，診療養等材料費支出，保健衛生費支出，被服費支出，教娯楽費支出，水道光熱費支出，消耗器具備品費支出，保険料支出，賃借料支出，雑費雑支出　等
	事務費支出	福利厚生費支出，旅費交通費支出，消耗品費支出，水道光熱費支出，会議費支出，保険料支出，租税公課支出，雑費雑支出　等
	就労支援事業支出	就労支援事業販売原価支出，就労支援事業販管費支出
	授産事業支出	○○事業支出
	利用者負担軽減額	
	支払利息支出	
	その他の支出	利用者等外給食費支出，雑支出
	流動資産評価損等による資金減少額	<u>有価証券売却損</u>，<u>資産評価損</u>，<u>為替差損</u>，<u>徴収不能額</u>
	② 施設整備等による支出	
	設備資金借入金元金償還金支出	
	固定資産取得支出	土地取得支出，建物取得支出，車輌運搬具取得支出，器具及び備品取得支出，○○取得支出　等
	固定資産除却・廃棄支出	
	ファイナンス・リース債務の返済支出	
	その他の施設整備等による支出	○○支出
	③ その他の活動による支出	
	長期運営資金借入金元金償還支出	
	長期貸付金支出	

投資有価証券取得支出	
積立資産支出	退職給付引当資産支出，長期預り金積立資産支出，○○積立資産支出
事業区分間長期貸付金支出	
事業区分間長期借入金返済支出	
拠点区分間長期貸付金支出	
拠点区分間長期借入金返済支出	
事業区分間繰入金支出	
拠点区分間繰入金支出	
サービス区分間繰入金支出	
その他の活動による支出	○○支出

※ 「事業活動による支出」のうち，「流動資産評価損等による資金減少額」は，中区分「有価証券売却損」，「資産評価損」，「為替差損」，「徴収不能額」の勘定科目を計上します。これらの勘定科目は，事業活動計算書では，「サービス活動外増減による費用」に区分します。

2 支出・費用科目の仕訳例

以下に設例による支出・費用科目の仕訳例を示しますので，参考にしてください。

設例6

消耗備品1台3万円で購入した。なお，当該備品は当法人規程の固定資産（取得価額が通常1点又は1組で10万円以上，かつ耐用年数が1年以上のもの）に該当しない。

＜資金収支計算書の仕訳＞
(借方) 消耗器具備品費支出　　30,000　　(貸方) 支　払　資　金　　30,000

＜事業活動計算書・貸借対照表の仕訳＞
(借方) 消耗器具備品費　　　　30,000　　(貸方) 現　金　預　金　　30,000

設例 7

法人施設の清掃業務委託料 30 万円を委託先に支払う。

＜資金収支計算書の仕訳＞

(借方) 業務委託費支出　　　300,000　　　(貸方) 支 払 資 金　　　300,000

＜事業活動計算書・貸借対照表の仕訳＞

(借方) 業 務 委 託 費　　　300,000　　　(貸方) 現 金 預 金　　　300,000

設例 8

入所者の給食用食材 10 万円を購入した。

＜資金収支計算書の仕訳＞

(借方) 給 食 費 支 出　　　100,000　　　(貸方) 支 払 資 金　　　100,000

＜事業活動計算書・貸借対照表の仕訳＞

(借方) 給 　 食 　 費　　　100,000　　　(貸方) 現 金 預 金　　　100,000

設例 9

法人のA拠点よりB拠点へ 100 万円の繰入れを行った。

＜資金収支計算書の仕訳＞

『A拠点』

(借方) 拠点区分間繰入金支出　　　1,000,000　　　(貸方) 支 払 資 金　　　1,000,000

『B拠点』

(借方) 支 払 資 金　　　1,000,000　　　(貸方) 拠点区分間繰入金収入　　　1,000,000

＜事業活動計算書・貸借対照表の仕訳＞

『A拠点』

(借方) 拠点区分間繰入金費用　　　1,000,000　　　(貸方) 現 金 預 金　　　1,000,000

『B拠点』

(借方) 現 金 預 金　　　1,000,000　　　(貸方) 拠点区分間繰入金収益　　　1,000,000

3 共通支出及び共通費用の配分
(1) 配分基準

　人件費や水道光熱費等は，法人の事業区分や拠点区分，さらにサービス区分の形態によって共通して発生することがありますが，この場合は合理的な基準を設けて配分します（会計基準14条2項，20条2項）。

　配分の基準は，支出・費用の項目ごとに，その発生に最も密接に関連する量的基準，例えば，人数・時間・面積等による基準やこれらの2つ以上の要素を合わせた複合基準を選択します。詳細は，以下の「具体的な科目及び配分方法」に基づいて判断することになります（運用上の留意事項　別添1）。

具体的な科目及び配分方法

種　類	想定される勘定科目	配　分　方　法
人件費（支出）	・職員給料（支出） ・職員賞与（支出） ・賞与引当金繰入 ・非常勤職員給与（支出） ・退職給付費用（退職給付支出） ・法定福利費（支出）	勤務時間割合により区分。 （困難な場合は次の方法により配分） ・職種別人員配置割合 ・看護・介護職員人員配置割合 ・届出人員割合 ・延利用者数割合
事業費（支出）	・介護用品費（支出） ・医薬品費（支出） ・診療・療養等材料費（支出） ・消耗器具備品費（支出）	各事業の消費金額により区分。 （困難な場合は次の方法により配分） ・延利用者数割合 ・各事業別収入割合
	・給食費（支出）	実際食数割合により区分。 （困難な場合は次の方法により配分） ・延利用者数割合 ・各事業別収入割合
事務費（支出）	・福利厚生費（支出） ・職員被服費（支出）	給与費割合により区分。 （困難な場合は延利用者数割合により配分）
	・旅費交通費（支出） ・通信運搬費（支出） ・諸会費（支出） ・雑費（雑支出） ・渉外費（支出）	・延利用者数割合 ・職種別人員配置割合 ・給与費割合

	・事務消耗品費（支出） ・広報費（支出）	各事業の消費金額により区分。 （困難な場合は延利用者数割合により配分）
	・会議費（支出）	会議内容により事業個別費として区分。 （困難な場合は延利用者数割合により配分）
	・水道光熱費（支出）	メーター等による測定割合により区分。 （困難な場合は建物床面積割合により配分）
	・修繕費（支出）	建物修繕は，当該修繕部分により区分，建物修繕以外は事業個別費として配分 （困難な場合は建物床面積割合で配分）
	・賃借料（支出） ・土地建物賃借料（支出）	賃貸物件特にリース物件については，その物件の使用割合により区分。 （困難な場合は建物床面積割合により配分）
	・保険料（支出）	・建物床面積割合により配分 ・自動車関係は送迎利用者数割合又は使用高割合で，損害保険料等は延利用者数割合により配分
	・租税公課（支出）	・建物床面積割合により配分 ・自動車関係は送迎利用者数割合又は使用高割合で配分
	・保守料（支出）	保守契約対象物件の設置場所等に基づき事業個別費として区分。 （困難な場合は延利用者数割合により配分）
	・業務委託費（支出）（寝具） （給食） （その他）	各事業の消費金額により区分。 （困難な場合は，延利用者数割合により配分） ・延利用者数割合 ・実際食数割合 ・建物床面積割合 ・延利用者数割合

	・研修研究費（支出）	研修内容等，目的，出席者等の実態に応じて，事業個別費として区分。（困難な場合は，延利用者数割合により配分）
減価償却費	・建物，構築物等に係る減価償却費	建物床面積割合により区分。（困難な場合は，延利用者数割合により配分）
	・車輌運搬具，機械及び装置等に係る減価償却費	使用高割合により区分。（困難な場合は，延利用者数割合により配分）
	・その他の有形固定資産，無形固定資産に係る減価償却費	延利用者数割合により配分
徴収不能額	・徴収不能額	各事業の個別発生金額により区分。（困難な場合は，各事業別収入割合により配分）
徴収不能引当金繰入	・徴収不能引当金繰入	事業ごとの債権金額に引当率を乗じた金額に基づき区分。（困難な場合は，延利用者数割合により配分）
支払利息（支出）	・支払利息（支出）	事業借入目的の借入金に対する期末残高割合により区分。（困難な場合は，次の方法により配分） ・借入金が主として土地建物の取得の場合は建物床面積割合 ・それ以外は，延利用者数割合

（出典）社会福祉法人会計基準の運用上の留意事項（厚生労働省）

　実務上は，以下の「モデル経理規程　細則別添1」の表を参考に配分表を作成して会計処理を行うことになると思われます。

共通経費の配分基準表（例）

事業区分、拠点区分又はサービス区分として把握できる個別費はそれに賦課し、それ以外の事業区分、拠点区分又はサービス区分に共通して発生する経費は、次の配分基準により配分するものとする。

種類	勘定科目	対象	配分基準	配賦基準（サービス区分名） ○○拠点区分 ○○事業	○○拠点区分 ××事業	××拠点区分 △△事業	××拠点区分 ○○事業
人件費	職員給料	兼務職員A	勤務時間割合	25%	75%		
	職員諸手当	兼務職員A	勤務時間割合	25%	75%		
	賞与引当金繰入		職員給料割合	25%	45%	15%	15%
	法定福利費	兼務職員を含む全員	法定福利費を除く人件費の割合	30%	60%	5%	5%
事業費	介護用品費		延利用者数割合	35%	50%	10%	5%
	医薬品費		延利用者数割合	35%	50%	10%	5%
	消耗器具備品費		延利用者数割合	35%	50%	10%	5%
	給食費		実際食数割合/定員食数割合	35%	50%	10%	5%
事務費	福利厚生費		法定福利費を除く人件費の割合	30%	60%	5%	5%
	職員被服費		法定福利費を除く人件費の割合	30%	60%	5%	5%
	旅費交通費		延利用者数割合	35%	50%	10%	5%
	通信運搬費		延利用者数割合	35%	50%	10%	5%
	諸会費		延利用者数割合	35%	50%	10%	5%
	雑費		延利用者数割合	35%	50%	10%	5%
	渉外費		延利用者数割合	35%	50%	10%	5%
	事務消耗品費		延利用者数割合	35%	50%	10%	5%
	広報費		延利用者数割合	35%	50%	10%	5%

第4章 日次取引と決算整理

	会議費		延利用者数割合	35%	50%	10%	5%
	水道光熱費	水道料	延利用者数割合	35%	50%	10%	5%
		その他	建物床面積割合	35%	50%	10%	5%
	修繕費	A建物修繕費	A建物床面積割合	40%	60%		
		B建物修繕費	B建物床面積割合			20%	80%
	賃借料		使用サービス区分で均等	25%	25%	25%	25%
	土地建物賃借料		建物床面積割合	10%	40%	25%	25%
	保険料		建物床面積割合	10%	40%	25%	25%
	租税公課	自動車関係	送迎者数割合	20%		40%	40%
		その他	延利用者数割合	35%	50%	10%	5%
	保守料		延利用者数割合	35%	50%	10%	5%
	業務委託費	寝具	延利用者数割合	35%	50%	10%	5%
		給食	実際食数割合	10%	70%	10%	10%
		その他	建物床面積割合	35%	50%	10%	5%
	研修研究費	配分の困難なもの	延利用者割合	35%			
減価償却費		建物・構築物	建物床面積割合	35%	50%	10%	5%
		他減価償却資産	使用サービス区分で均等	25%	25%	25%	25%
徴収不能額		個別発生金額					
徴収不能引当金繰入			延利用者数割合	35%	50%	10%	5%
支払利息		土地建物取得の為の借入金に係るもの	建物床面積割合	35%	50%	10%	5%
		その他	延利用者数割合	35%	50%	10%	5%

115

（2）継続適用

　一度選択した配分基準は，環境変化等により当該基準の適用が不合理な場合を除き，毎年度継続して適用しなければなりません。そのため，配分基準は法人における過去の支出・費用の発生状況の分析や現況の把握，さらに将来計画を見据えたうえで決定することが望ましいです。

　また，配分基準及びその決定方法は，文書として保存する必要があります（運用上の取り扱い7，運用上の留意事項13）。

　なお，継続適用とは，配分方法の継続性を求めているものであり，配分の割合は年度に応じて変更することがあります。たとえば，ある費用に関して職員の人数を配分基準に選択したとき，職員の人数が増減したときは配分の割合は変動するため，変動後の配分割合で計算することになります。

（3）事務費と事業費の科目の取扱い

　「水道光熱費（支出）」，「燃料費（支出）」，「賃借料（支出）」，「保険料（支出）」の勘定科目は，原則，事業費（支出）のみ計上することができます。

　ただし，措置費，保育所運営費の弾力運用が認められないケースでは，事業費（支出），事務費（支出）双方に計上します（運用上の留意事項13（2））。

3　資金収支計算書に係る特有の取引

　ここでは，資金収支計算書に係る特有の取引である固定資産及び固定負債について，設例を用いて解説します。

　支払資金が増減する固定資産の購入・売却（薄価売却）取引は，資金収支計算書と貸借対照表に計上します。

　固定資産の購入取引は，原則として等価交換取引であることから取引時点で損益は発生しないため，事業活動計算書には計上しません。

　その一方，固定資産の売却取引（除却時含む）は，一般的に損益が発生するため，事業活動計算書に計上することになります。

1 固定資産取引

固定資産の購入時は,「○○支出」の勘定科目を使用します。この「○○」には,具体的な勘定科目である「土地」,「建物」,「器具及び備品」などの名称を付けます。他方,固定資産の売却時は,「○○収入」として計上します。

	項目	代表的な勘定科目
費用・支出科目	固定資産取得支出	土地,建物,構築物,機械及び装置,車輌運搬具,器具及び備品,建設仮勘定,有形リース資産,権利,ソフトウェア,その他の固定資産の取得による支出
	事業区分・拠点区分間支出	事業区分間・拠点区分間貸付金支出(長期借入金返済支出)及び繰入金支出
	投資有価証券取得支出	投資有価証券取得支出(国債,地方債,社債,投資信託貸付信託,長期保有株式等の購入)
	積立資産支出	退職給付引当資産支出,長期預り金積立資産支出,○○積立資産支出
	その他の支出	長期貸付金支出,長期預り金支出

	項目	代表的な勘定科目
収益・収入科目	積立資産取崩収入	退職給付引当資産取崩収入,長期預り金積立資産取崩収入,○○積立資産取崩収入
	その他の収入	長期貸付金回収収入,長期預り金回収収入
	固定資産売却収入	車輌運搬具売却収入,器具及び備品売却収入,○○売却収入
	投資有価証券売却収入	投資有価証券売却収入(投資有価証券の売却の収入総額)

2 固定資産取引の仕訳例

次に設例による固定資産取引の仕訳例を示します。

設例10

車両1台300万円で購入した。

＜資金収支計算書の仕訳＞

(借方) 車輌運搬具取得支出　3,000,000　　(貸方) 支 払 資 金　3,000,000

＜事業活動計算書・貸借対照表の仕訳＞

(借方) 車 輌 運 搬 具　3,000,000　　(貸方) 現 金 預 金　3,000,000

> **設例11**
>
> 理事会の決定により，将来に備えて法人の人件費積立500万円を積立てた。
>
> ＜資金収支計算書の仕訳＞
>
> （借方）人件費積立資産支出　5,000,000　　（貸方）支　払　資　金　5,000,000
>
> ＜事業活動計算書・貸借対照表の仕訳＞
>
> （借方）人件費積立金積立額　5,000,000　　（貸方）人件費積立金　5,000,000
> （借方）人件費積立資産　　　5,000,000　　（貸方）現　金　預　金　5,000,000

> **設例12**
>
> 建物を1,000万円で売却した。なお，取得価額7,000万円，減価償却累計額5,500万円である。
>
> ＜資金収支計算書の仕訳＞
>
> （借方）支　払　資　金　10,000,000　　（貸方）建物売却収入　10,000,000
>
> ＜事業活動計算書・貸借対照表の仕訳＞
>
> （借方）建物減価償却累計額　55,000,000　　（貸方）建　　　　物　70,000,000
> 　　　　現　金　預　金　　　10,000,000
> 　　　　建　物　売　却　損　 5,000,000

> **設例13**
>
> 国債を1,000万円で売却した。なお，取得価額990万円であり，評価や手数料等は考慮外とする。
>
> ＜資金収支計算書の仕訳＞
>
> （借方）支　払　資　金　10,000,000　　（貸方）投資有価証券売却収入　10,000,000
>
> ＜事業活動計算書・貸借対照表の仕訳＞
>
> （借方）現　金　預　金　10,000,000　　（貸方）投資有価証券　　9,900,000
> 　　　　　　　　　　　　　　　　　　　　　　　投資有価証券売却益　100,000

3 固定負債取引

固定負債は，未払金や借入金，リース債務，退職給付引当金などの債務の性質を有する勘定科目について，ワンイヤー・ルール（1年超に及ぶ負債が該当）に基づいて区分します。

代表的な勘定科目は，次の表を参照してください。

項目		代表的な勘定科目
収入	借入金収入	設備資金借入金収入，長期運営資金借入金
支出	借入金返済	設備資金借入金元利金償還支出，長期運営資金借入金元利金償還支出

4 固定負債取引の仕訳例

次に設例による固定負債取引の仕訳例を示します。

設例 14

施設の建物を改築するため，金融機関より 3,000 万円借入れを行った。

＜資金収支計算書の仕訳＞
(借方) 支 払 資 金　　　30,000,000　　　(貸方) 設備資金借入金収入　　30,000,000
＜事業活動計算書・貸借対照表の仕訳＞
(借方) 現 金 預 金　　　30,000,000　　　(貸方) 設備資金借入金　　　30,000,000

設例 15

上記「設例 14」の翌年度，借入金の第 1 回返済 300 万円及び借入利息 30 万円を支払った。

＜資金収支計算書の仕訳＞
(借方) 設備資金借入金　　3,000,000　　　(貸方) 支 払 資 金　　　3,300,000
　　　 元金償還支出
　　　 支払利息支出　　　　300,000
＜事業活動計算書・貸借対照表の仕訳＞
(借方) 設備資金借入金　　3,000,000　　　(貸方) 現 金 預 金　　　3,300,000
　　　 支 払 利 息　　　　300,000

4　事業活動計算書に係る特有の取引

日次取引では，支払資金の変動を伴うことが多いですが，ここでは純資産の増減のみに関係する取引で事業活動計算書と貸借対照表に計上される特有の取引について考えていきます。

1 事業活動計算書の取引

　事業活動計算書に係る特有の取引は，固定資産の売却損益や処分損，投資有価証券の売却損益等があります。具体例は，次表に記載しています。このうち，日常取引に記載のある各項目については，有価証券や固定資産の取引であるため，頻繁に発生することはありません。

　また，決算取引については期末時に会計処理を行うため，期中に仕訳することはありません（月次決算を行っている法人は除く）。

　なお，決算処理は1年に1度の重要な業務のため，決算手順書（マニュアル）の作成が望まれます。また，見積もり計算過程を記した資料や注記情報の根拠資料を綴った決算用ファイルを用意することが大切です。これにより，経理担当者間の情報共有が図られ，継続的に管理・保存することで効率的な決算業務遂行が持続し，監査時における資料提出が円滑に行えます。

	項目	代表的な勘定科目
日常取引	収益科目	有価証券売却益，投資有価証券売却益，固定資産売却益（建物・器具備品など固定資産の具体的な科目を用いる）
	費用科目	有価証券売却損，投資有価証券売却損，固定資産売却損・処分損（建物・器具備品など固定資産の具体的な科目を用いる）

	項目	代表的な勘定科目
決算取引	収益科目（金銭収入を伴わない）	徴収不能引当金戻入益，○○積立金取崩額
	費用科目（金銭支出を伴わない）	賞与引当金繰入，退職給付費用，徴収不能額，徴収不能引当金繰入，減価償却費，国庫補助金等特別積立金取崩額（減価償却費の控除科目），基本金組入額，資産評価損，国庫補助金等特別○○積立金積立額

2 事業活動計算書特有の仕訳例

　以下，事業活動計算書特有の仕訳について，設例を用いて示します。

設例 16

決算にあたり，未収金に対して回収不能見積額 10 万円を計上する。

＜資金収支計算書の仕訳＞
　仕訳なし

＜事業活動計算書・貸借対照表の仕訳＞
（借方）徴収不能引当金繰入　　100,000　　（貸方）徴収不能引当金　　100,000

※　貸借対照表上，未収入金から 10 万円を直接減額している場合，徴収不能引当金の額を注記します。また，徴収不能引当金を設定しておらず，回収不能になったもの及び徴収不能額が徴収不能額引当金を超えた金額については，「徴収不能額」（サービス活動費用）を計上します。

設例 17

決算にあたり，賞与の当期負担見積額 100 万円を計上する。

＜資金収支計算書の仕訳＞
　仕訳なし

＜事業活動計算書・貸借対照表の仕訳＞
（借方）賞与引当金繰入　　1,000,000　　（貸方）賞 与 引 当 金　　1,000,000

設例 18

決算にあたり，当期の固定資産の減価償却費 100 万円（建物 70 万円，器具備品 20 万円，車輌運搬具 10 万円）を計上する。

＜資金収支計算書の仕訳＞
　仕訳なし

＜事業活動計算書・貸借対照表の仕訳＞
（借方）減 価 償 却 費　　1,000,000　　（貸方）建物減価償却累計額　　700,000
　　　　　　　　　　　　　　　　　　　　　　　器具備品減価償却累計額　　200,000
　　　　　　　　　　　　　　　　　　　　　　　車輌運搬具減価償却累計額　　100,000

※　貸借対照表上，固定資産から 100 万円を直接減額している場合，固定資産の取得価額，減価償却累計額，当期末残高を注記します。

設例19

福祉施設の建物新築のため，理事長より500万円の寄附を受け入れた。

＜資金収支計算書の仕訳＞

| (借方) | 支 払 資 金 | 5,000,000 | (貸方) | 施設整備等寄附金収入 | 5,000,000 |

＜事業活動計算書・貸借対照表の仕訳＞

| (借方) | 現 金 預 金 | 5,000,000 | (貸方) | 施設整備等寄附金収益 | 5,000,000 |
| (借方) | 基 本 金 組 入 額 | 5,000,000 | (貸方) | 第 1 号 基 本 金 | 5,000,000 |

設例20

取引相場のある有価証券の価値が下落したため，評価損を計上する。なお，取得価額100万円（固定資産に計上），期末評価額30万円であり，時価の回復は見込めない。

＜資金収支計算書の仕訳＞

仕訳なし

＜事業活動計算書・貸借対照表の仕訳＞

| (借方) | 投資有価証券評価損 | 700,000 | (貸方) | 投 資 有 価 証 券 | 700,000 |

設例21

国庫補助金を受け入れた基本財産である建物の当期減価償却費は50万円，これに対応する国庫補助金は30万円である。なお，毎期末減価償却費の計上と連動して経常的に行う仕訳である。

＜資金収支計算書の仕訳＞

仕訳なし

＜事業活動計算書・貸借対照表の仕訳＞

| (借方) | 減 価 償 却 費 | 500,000 | (貸方) | 建物減価償却累計額 | 500,000 |
| (借方) | 国庫補助金等特別積立金 | 300,000 | (貸方) | 国庫補助金等特別積立金取崩額 | 300,000 |

設例22

理事会決議により，将来の施設拡充計画目的のために，当年度より300万円の施設整備等積立金を毎年度積み立てる。

＜資金収支計算書の仕訳＞

（借方）　施設整備等積立　　3,000,000　　（貸方）　支　払　資　金　　3,000,000
　　　　　資産支出

＜事業活動計算書・貸借対照表の仕訳＞

（借方）　施設整備等積立金　3,000,000　　（貸方）　施設整備等積立金　3,000,000
　　　　　積立額
（借方）　施設整備等積立資産　3,000,000　　（貸方）　現　金　預　金　　3,000,000

5　支払資金間の取引

1　支払資金間の取引

支払資金間における取引及び純資産の増減に関係のない取引で，貸借対照表科目の流動資産と流動負債（引当金を除く）に係わるものは，次の組み合わせがあります。

（支払資金＝流動資産－流動負債）

2　支払資金間の取引の仕訳例

次に設例による支払資金間の取引の仕訳例を示します。

設例23

前期末計上未払金20万円について，当年度にその全額を支払った。

＜資金収支計算書の仕訳＞
　　仕訳なし

＜事業活動計算書・貸借対照表の仕訳＞

（借方）　未　　払　　金　　200,000　　（貸方）　現　金　預　金　　200,000

6 決算整理

1 決算整理の内容

決算時における会計仕訳は，次のような項目があります。各項目の詳細については，本書の該当頁を参考ください。

① 減価償却費の計上（P137）
② 国庫補助金等特別積立金の計上と取崩し（P150）
③ 基本金の計上（P153）
④ 積立金と積立資産の計上（P157）
⑤ 有価証券の評価（P161），棚卸資産の評価（P166），固定資産の評価（P135）
⑥ 徴収不能引当金（P169），賞与引当金（P171），退職給付引当金（P173）
⑦ 未収，未払，前受，前払，ワンイヤー・ルールによる資産負債の振替

2 内部取引

決算時，計算書類の作成にあたり内部取引は相殺消去しなければなりません（会計基準11条）。

事業区分間及び拠点区分間で発生する内部取引は，①異なる事業区分間の取引は「事業区分間取引」，②同一事業区分内の拠点区分間の取引は「拠点区分間取引」，③同一拠点区分内のサービス区分間の取引は「サービス区分間取引」といい，3種類あります（運用上の取り扱い4）。

内部取引は，該当する区分（事業区分間取引，拠点区分間取引，サービス区分間取引）のそれぞれで会計処理を行っているため，相殺消去も該当する区分の計算書類の内訳表または明細書で行います。

仕訳例は，本章設例3及び9を参照してください。

（1）内部取引の記載例

公益事業から社会福祉事業へ① 100 万円借入れる，② 50 万円繰入れる例を前提に，資金収支内訳表（第 1 号第 2 様式）の記載例を以下に示します（一部抜粋）。

資金収支内訳表の記載例

勘定科目		社会福祉事業	公益事業	収益事業	合計	内部取引消去	法人合計
その他の活動による収支	事業区分間長期借入金収入		1,000,000		1,000,000	△1,000,000	0
	事業区分間繰入金収入	500,000			500,000	△500,000	0
	事業区分間長期貸付金支出	1,000,000			1,000,000	△1,000,000	0
	事業区分間繰入金支出		500,000		500,000	△500,000	0

事業区分間取引の勘定科目の「法人合計」欄はゼロになります。ゼロにならない場合は，仕訳の誤りや計上漏れが生じているため，再検証する必要があります。

事業活動内訳表（第 2 号第 2 様式），貸借対照表内訳表（第 3 号第 2 様式）の記載例は資金収支内訳表と類似するため本書では省略しますが，作成時は次の内部取引一覧表記載の勘定科目との関連性を参照して会計処理を行ってください。

（2）内部取引一覧

内部取引の発生する区分間の取引と勘定科目の関係について，①事業区分間，②事業区分内の拠点区分間，③拠点区分内のサービス区分間の一覧表を記載します。

①異なる事業区分間の内部取引・残高

区分	勘定科目A		勘定科目B
資金収支内訳表（第1号第2様式）	事業区分間長期借入金収入	⇔	事業区分間長期貸付金支出
	事業区分間長期貸付金回収収入	⇔	事業区分間長期借入金返済支出
	事業区分間繰入金収入	⇔	事業区分間繰入金支出
事業活動内訳表（第2号第2様式）	事業区分間繰入金収益	⇔	事業区分間繰入金費用
	事業区分間固定資産移管収益	⇔	事業区分間固定資産移管費用
貸借対照表内訳表（第3号第2様式）	1年以内回収予定事業区分間長期貸付金	⇔	1年以内返済予定事業区分間長期借入金
	事業区分間貸付金	⇔	事業区分間借入金
	事業区分間長期貸付金	⇔	事業区分間長期借入金

②事業区分内の拠点区分間の内部取引・残高

区分	勘定科目C		勘定科目D
事業区分資金収支内訳表（第1号第3様式）	拠点区分間長期借入金収入	⇔	拠点区分間長期貸付金支出
	拠点区分間長期貸付金回収収入	⇔	拠点区分間長期借入金返済支出
	拠点区分間繰入金収入	⇔	拠点区分間繰入金支出
事業区分事業活動内訳表（第2号第3様式）	拠点区分間繰入金収益	⇔	拠点区分間繰入金費用
	拠点区分間固定資産移管収益	⇔	拠点区分間固定資産移管費用
事業区分貸借対照表内訳表（第3号第3様式）	1年以内回収予定拠点区分間長期貸付金	⇔	1年以内返済予定拠点区分間長期借入金
	拠点区分間貸付金	⇔	拠点区分間借入金
	拠点区分間長期貸付金	⇔	拠点区分間長期借入金

③拠点区分内のサービス区分間の内部取引

区分	勘定科目E		勘定科目F
拠点区分資金収支明細書（別紙3（⑩））	サービス区分間繰入金収入	⇔	サービス区分間繰入金支出

※1 拠点区分事業活動明細書（別紙3（⑪））には，「サービス区分間繰入金収益」及び「サービス区分間繰入金費用」の科目はありません。「特別増減の部」は記載しないからです（経常増減差額まで表示）。

※2 サービス区分における貸借対照表（拠点区分貸借対照表明細書）はありません。

（3）役務提供等の計上における内部取引

　法人内のある拠点で製造した物品を別の拠点へ提供して，収益（収入）・費用（支出）を計上した場合，事業区分，拠点区分，サービス区分のそれぞれにおいて内部取引の相殺消去を行います（運用上の留意事項23）。

　たとえば，社会福祉事業のA拠点（就労支援）で食品5万円を製造して，B拠点（保育所）へ5万円で提供した例を考えます。このとき，A拠点では就労支援事業収入5万円，B拠点では事業費（給食費）5万円を計上していますが，これは内部取引であると考えて，A拠点では就労支援事業収入5万円，B拠点では事業費（給食費）5万円の内部取引相殺消去を行います。

事業区分資金収支内訳表の記載例

勘定科目		A 就労支援	B 保育所	・・・	合計	内部取引消去	事業区分合計
事業活動による収支	就労支援事業収入	1,000,000			1,000,000	△50,000	950,000
	・・・・						
	事業費支出		900,000		900,000	△50,000	850,000
	・・・・						

（4）内部取引の留意事項

　複数の拠点やサービス区分を設けている法人では，内部取引の件数が多くなる場合が考えられるため，網羅性の確保と正確な内部取引の相殺消去を行うことが重要です。会計ソフトを導入している法人では，ソフト機能を有効活用することで効率的な内部取引の会計処理が行えます。

　内部取引の消去は，サービス区分からその上の拠点区分へ上昇していく多段階の累積型であり，複数の計算書類と附属明細書に影響を与える重要な会計処理です。法人内で統一ルールを設けて継続的に運用することが望まれます。

第5章
個別の会計処理

　社会福祉法人の会計は，社会福祉法人会計基準（平成28年厚生労働省令第79号）に基づいて会計処理します。法人では経理規程を定め，会計処理の方針を決定します（運用上の留意事項1 (4)）。詳細な会計処理は，経理規程細則や固定資産規程などを作成し，継続的に運用します。

　また，厚生労働省より，「運用上の取り扱い」，「運用上の留意事項」（共に最終改正，平成28年11月11日）が公表されており，他に平成23年改正時における「平成23年運用上の取扱いQ&A」，「平成23年パブリックコメント」の内容や他の通知等を考慮して，実務上の会計処理を検討します。日本公認会計士協会からは，「研究資料5号」が公表されています。

　これら基準や通知等に記載がない取引を検討するときは，実務慣行を踏まえて各法人で判断することになりますが，その場合は社会福祉法人会計基準の趣旨を吟味したうえで税法や企業会計の基準，他の非営利法人の会計基準等の内容を参考に決定することが望ましいです。

　本章では，社会福祉法人特有の個別の会計処理について，「会計基準」，「運用上の取り扱い」，「運用上の留意事項」の記載内容を中心に設例による仕訳例を交えて解説します。

1　固定資産

1　固定資産の概要

　社会福祉法人は，その事業目的のために利用する施設等建築物の長期計画を立案して，当該計画に基づいた事業運営を行います。また，法人運営に必要な机やパソコン等の備品は，一般的に1年以上の使用を見据えて購入し

ます。
　これら1年以上の使用を予定している資産や金額基準から該当するものは，「固定資産」として貸借対照表に計上します。
　固定資産の管理者は，固定資産台帳を用意して継続的に記帳・管理を行い，減価償却の計上による期間配分の計算と期末日における資産評価を行うことが求められます。詳細は，後述の「固定資産管理のポイント」を参照してください。
　また，平成28年会計基準は，「有形固定資産及び無形固定資産については，会計年度の末日において，相当の償却をしなければならない」（会計基準4条2項）と規定しており，後述する減価償却を行います。

2 固定資産の分類

　固定資産は，基本財産とその他の固定資産に分けます。勘定科目は，「会計基準別表第三」及び「運用上の留意事項」に列挙されています。次表に「中区分」の勘定科目と内容をまとめていますので参考にしてください。会計基準別表第三は第3章を参照してください。
　なお，基本財産は「定款で基本財産と定められた固定資産」をいい，その他の固定資産は「基本財産以外の固定資産」をいいます。「基本財産」は，「その他の固定資産」と明確に区分する必要があります。

基本財産	
中区分	説明
土地	基本財産に帰属する土地
建物	基本財産に帰属する建物及び建物付属設備
定期預金	定款等に定められた基本財産として保有する定期預金
投資有価証券	定款等に定められた基本財産として保有する有価証券

※　基本財産は，次に示す「その他の固定資産」と区分して計上します。

\multicolumn{2}{c	}{その他の固定資産}
中区分	説明
土地	基本財産以外に帰属する土地
建物	基本財産以外に帰属する建物及び建物付属設備
構築物	建物以外の土地に固着している建造物
機械及び装置	機械及び装置
車輌運搬具	送迎用バス，乗用車，入浴車等
器具及び備品	器具及び備品（ただし，取得価額が○○万円以上で，耐用年数が1年以上のものに限る）
建設仮勘定	有形固定資産の建設，拡張，改造などの工事が完了し稼働するまでに発生する請負前渡金，建設用材料部品の買入代金等
有形リース資産	有形固定資産のうちリースに係る資産
権利	法律上又は契約上の権利
ソフトウェア	コンピュータソフトウェアに係る費用で，外部から購入した場合の取得に要する費用ないしは制作費用のうち研究開発費に該当しないもの
無形リース資産	無形固定資産のうちリースに係る資産
投資有価証券	長期的に所有する有価証券で基本財産に属さないもの
長期貸付金	生計困窮者に対して無利子又は低利で資金を融通する事業，法人が職員の質の向上や福利厚生の一環として行う奨学金貸付等，貸借対照表日の翌日から起算して入金の期限が1年を超えて到来するもの
事業区分間長期貸付金	他の事業区分への貸付金で貸借対照表日の翌日から起算して入金の期限が1年を超えて到来するもの
拠点区分間長期貸付金	同一事業区分内における他の拠点区分への貸付金で貸借対照表日の翌日から起算して入金の期限が1年を超えて到来するもの
退職給付引当資産	退職金の支払に充てるために退職給付引当金に対応して積み立てた現金預金等
長期預り金積立資産	長期預り金に対応して積み立てた現金預金等
○○積立資産	将来における特定の目的のために積立てた現金預金等（「○○」は積立資産の目的を示す名称を付した科目で記載する）
差入保証金	賃貸用不動産に入居する際に賃貸人に差し入れる保証金

長期前払費用	時の経過に依存する継続的な役務の享受取引に対する前払分で貸借対照表日の翌日から起算して1年を超えて費用化される未経過分の金額
その他の固定資産	上記に属さない債権等であって，貸借対照表日の翌日から起算して入金の期限が1年を超えて到来するもの（金額の大きいものは独立の勘定科目を設けて処理することが望ましい）

※ 上記，「器具及び備品」内における「取得価額が○○万円以上で・・・」の「○○万円」は，「10万円」規定を設けている法人が多いと思われますが，法人の実情にあわせて10万円以上の金額によることも可能です（平成23年パブリックコメント67参考）。

3 固定資産の取得価額

土地，建物，備品等の固定資産の取得価額の算定式は，次のとおりです。

固定資産の取得価額 ＝ 固定資産本体の購入代価 ＋ 付随費用

固定資産取得にあたり，購入に要した仲介料や手数料，整地費用，配送料などの付随費用については，固定資産購入の付帯的な支出であるため，固定資産の取得価額に含めます。

「モデル経理規定細則」では，①引取運賃，②荷役費，③運送保険料，④購入手数料，⑤関税，⑥その他固定資産を取得するために直接要した費用の額の6項目を付随費用に含めると規定しています。

また，⑦不動産取得税，自動車取得税，⑧登録免許税その他登記に関する費用の2点は付随事業から除外することができると規定していますが，これらの税金は非課税の取扱規定があるので留意してください。

無償（贈与）により固定資産を取得した場合は，「当該資産の取得のために通常要する価額」，すなわち，時価が固定資産の取得価額になります（運用上の取り扱い14（1））。市場で流通している固定資産は，市場における購入価額を時価と捉えて，その価額を付すことになります。時価が容易に入手できない場合は，重要性を考慮して，合理的な基準に基づく評価（不動産鑑定評価，路線価，固定資産から獲得できる収入総額の割引現在価値，古物商の価額，類似品の価額等）や備忘価額を付す方法が考えられます。

他に，稀に交換により固定資産を取得することがありますが，この場合は

「提供した資産の帳簿価額」が固定資産の取得価額になります（運用上の取り扱い14（2））。

固定資産の減価償却費の計算については，次項「2　減価償却」を参照してください。

4 資本的支出と修繕費

固定資産の性能向上や改良，耐用年数を延長するために要した支出は，資本的支出として固定資産に計上します。他方，固定資産の本来の機能を回復するために要した補修等の支出は修繕費として計上します。

資本的支出と修繕費の区分は，その判断に困難を伴う場合があります。実務上は次の判定表（モデル経理規程細則）が参考になります。

【モデル経理規程細則（一部抜粋）】

> （資本的支出と修繕費の区分）
> 第1条　経理規程第〇条第〇項に定める固定資産の性能の向上，改良又は耐用年数を延長するために要した支出で固定資産の価額に加算するものを資本的支出とする。
>
> 第2条　固定資産に関わる支出が，前条の資本的支出と経理規程第〇条第〇項に定める修繕費のいずれに該当するかの判定にあたっては，継続的に利用することを条件として，別添2の「資本的支出と修繕費の区分判定表」を利用して行うことができるものとする。ただし，前条に定める原則に照らし，当該判定表によることが明らかに不合理と認められる場合には，個々の支出内容を吟味して判定するものとする。

▶ 資本的支出と修繕費の区分判定表

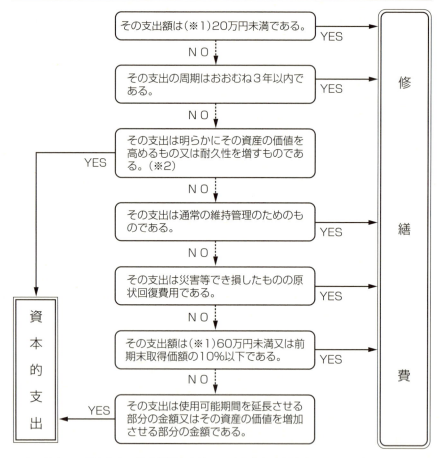

※1　法人は、固定資産の計上基準を参酌し、合理的な金額を定めることができるものとする。
※2　次に掲げる支出は、当該資産の価値を高めるもの又はその耐久性を増すもの(資本的支出)に該当する。
① 避難階段の取付けなど物理的に付加された部分の金額
② 用途変更の為の模様替え等改造改装に直接要した金額
③ 固定資産の部品を品質又は性能の高いものに取り替えた場合のその取り替えに要すると認められる金額

出典　モデル経理規程細則（全国社会福祉法人経営者協議会）

5 固定資産の評価

　法人では，社会福祉事業目的の施設を整備してサービス提供を行いますが，環境の変化や事業計画時に想定していない事象が生じたため，当初の目的を達成できない場合があります。このとき，検討しなければならない事項が固定資産の評価（減損会計）です。具体的に，施設設備へ投入した当初の資金回収計画と実際の資金回収額がかけ離れた場合，固定資産の評価を検討する必要があるのです。

　また，土地や建物の時価の著しい下落が発生している場合，これら固定資産の減損の検討が必要になります。

　会計基準の規定は，「固定資産の期末日の時価が帳簿価額より著しく低い場合，時価が帳簿価額まで回復すると認められる場合を除き，時価評価しなければならない」としています（会計基準4条3項）。ここでいう著しく低い場合とは，時価が帳簿価額からおおむね50％を超えて下落している場合をいいます（運用上の留意事項22）。

　ただし，会計基準第4条第3項但書で，「使用価値を算定することができる有形固定資産又は無形固定資産であって，当該資産の使用価値が時価を超えるものについては，取得価額から減価償却累計額を控除した価額を超えない限りにおいて，使用価値を付することができる。」と規定しています。この使用価値は，対価を伴う事業に供している固定資産に限られており，資産又は資産グループを単位とし，継続的使用と使用後の処分によって生ずると見込まれる将来キャッシュ・フローの現在価値をもって算定します（運用上の取り扱い17）。使用価値の具体的な計算方法等は，研究資料5号を参照してください。

　なお，減損会計の適用対象は，基本的には土地・建物を想定しており（基本財産含む），建物取得時に国庫補助金を受けている場合は，国庫補助金等特別積立金を評価減の割合に応じて取り崩すことになります。

6 固定資産管理のポイント

　固定資産の管理は，法人規模や事業目的に基づいて各法人で運用ルール・

規程を定め，固定資産台帳を用意して継続的に記録・保存します。

　固定資産は，1件又は1組ごとの種類に分けて，購入（受贈）年月日，購入先，数量，単価，金額，摘要，耐用年数，減価償却方法などの項目を固定資産台帳へ記録して，管理を行います。

　また，定期的に固定資産の視察を行い，決算においては数量確認とともに固定資産の稼働や機能の状況を確認する必要があります。これらの業務に備えて，固定資産の購入時に現物にラベルを貼り付けることが大切です。

　なお，固定資産台帳は，固定資産の売却と除却を含めた減少記録，減価償却累計額の計上額が個別的に把握できるように管理して，国庫補助金等特別積立金の増減も併せて記録できるようなシステムであると総括的管理が実現して効率化につながります。

7 固定資産の移管

　たとえば，A拠点からB拠点へ法人内部で固定資産の移動を伴う場合，移管元（移動元であるA拠点）と移管先（移動先であるB拠点）で固定資産が増減するため，会計処理を行います。

　具体的に，移動元（A拠点）は「拠点区分間固定資産移管費用」（特別増減による費用），移動先（B拠点）は「拠点区分間固定資産移管収益」（特別増減による収益）の勘定科目で仕訳します。金額は帳簿価額を付し，固定資産台帳上の金額は移動前と後で変更なく引き継ぎます。

　この取引は，拠点間での固定資産の増減のため，資金収支計算書には計上せず，また内部取引に該当するため内訳表で相殺消去します。

　なお，移管する固定資産に対して国庫補助金等特別積立金を積み立てしている場合，国庫補助金等特別積立金も移管になると思われますが，補助金が原資である以上，移管実施前に関係所轄庁等と相談するなど慎重な対応が必要です（補助金等に係る予算の執行の適正化に関する法律3条2項参照）。

2 減価償却

1 減価償却の意義

　固定資産は、使用又は時の経過によって資産価値が減少するものであると考えられています。これを物質的減価といいますが、会計上は価値減少分を合理的に見積り、事業活動計算書の「サービス活動増減による費用」区分「減価償却費」の勘定科目で計上します。

　このほか、安価で高性能の新製品と現在使用中の資産を取り替える場合や、製品の製造方法の変化により、従来の機械設備等が使用できない場合は（機能的減価）、当該価値減少分を考慮する必要があります。

2 減価償却の対象

　減価償却の対象となる固定資産は、次の2要件を両方とも満たす場合です（運用上の取り扱い16（1）、運用上の留意事項17（1））。

固定資産計上の2要件
① 耐用年数が1年以上である。
② 原則として、1個若しくは1組の金額が10万円以上の有形固定資産及び無形固定資産である。

　上記要件②の冒頭は、「原則として」と規定していますが、これは平成23年会計基準制定時、病院会計準則準拠の施設における金額基準は20万円以上であったため、10万円以上に変更すると対象範囲が拡大して事務負担が多大になることを受けて、例外を認めたことが影響していると考えられます（平成23年パブリックコメント67参考）。

　また、減価償却の計算単位は、原則として資産ごとに行います。ただし、土地など減価しない資産については、減価償却を行うことはできません（運用上の取り扱い16（1））。

3 有形固定資産の残存価額

　有形固定資産の場合、資産の取得年度に応じて残存価額の設定が異なりま

す。これは，平成 19 年の法人税法改正が影響しています。次のとおり，平成 19 年 3 月 31 日と 4 月 1 日を境に分けることになります（運用上の留意事項 17（2）ア，イ）。

① 平成 19 年 3 月 31 日以前に取得した有形固定資産の場合

残存価額は，取得価額の 10 ％で計算します。また，耐用年数到来時，使用を継続する有形固定資産については，1 円まで減価償却を行うことができます。1 円残すのは，固定資産の備忘記録を付すためです。

② 平成 19 年 4 月 1 日以降に取得した有形固定資産の場合

残存価額はゼロで計算して，備忘価額（1 円）を残します。すなわち，取得価額から 1 円を控除した金額に達するまで減価償却を行い，減価償却累計額は，取得価額から 1 円を引いた金額となります。

有形固定資産の残存価額のまとめ		
取得日	残存価額	償却可能額（備忘価額）
平成 19 年 3 月 31 日以前に取得	取得価額×10 ％	耐用年数到来時，使用を継続する場合は 1 円（備忘価額）まで償却可能
平成 19 年 4 月 1 日以降に取得	ゼロ	1 円（備忘価額）まで償却可能

4 無形固定資産の残存価額

無形固定資産は，残存価額ゼロで減価償却を行い，備忘価額は付しません。ソフトウェアなどの無形資産は，物的な財産ではなく，目に見えない価値のあるものであり，有形固定資産とは区分して表示します（運用上の留意事項 17（2）ウ）。

5 耐用年数

耐用年数の決定は，原則として「減価償却資産の耐用年数等に関する省令」（昭和 40 年大蔵省令第 15 号）の該当箇所の年数を使用します（運用上の留意事項 17（3））。

6 減価償却方法

減価償却の方法は，次のとおりです（運用上の取り扱い16（2））。

区分	減価償却方法
有形固定資産	定額法又は定率法
無形固定資産	定額法

　有形固定資産はいずれかを選択適用できますが，無形固定資産は定額法のみです（運用上の取り扱い16（2））。減価償却方法は，拠点区分ごと，資産の種類別に選択適用することができます。たとえば，A拠点の備品は定額法を採用して，B拠点の備品は定率法を採用することが認められます。

　なお，いったん採用した減価償却方法は，特別の事情がない限り毎期継続して適用しなければなりません。変更する場合は，なぜ変更したのか合理的な理由が必要です。

　減価償却方法の変更が重要な会計方針の変更に該当するときは，①その旨，②変更の理由，③変更による影響額を注記します。

　恣意的な操作や期間比較が害されるのを防止するため，一度決定した減価償却方法は容易に変更することは認められません。

7 償却率

　償却率は，原則として，「減価償却資産の耐用年数等に関する省令」の定めによるものとしており，具体的に適用する償却率等は「減価償却資産の償却率，改定償却率及び保証率表」（運用上の留意事項　別添2）から該当する率を適用します（運用上の留意事項17(4)）。

　以下に一覧表を掲載しますので，固定資産取得時の参考にしてください。

減価償却資産の償却率，改定償却率及び保証率表

耐用年数	平成24年4月1日以後に取得 定率法 償却率	改定償却率	保証率	平成19年4月1日以後取得 定額法 償却率	平成19年4月1日から平成24年3月31日までの間に取得 定率法 償却率	改定償却率	保証率	耐用年数	平成19年3月31日以前取得 旧定額法 償却率	旧定率法 償却率
2	1.000	—	—	0.500	1.000	—	—	2	0.500	0.684
3	0.667	1.000	0.11089	0.334	0.833	1.000	0.02789	3	0.333	0.536
4	0.500	1.000	0.12499	0.250	0.625	1.000	0.05274	4	0.250	0.438
5	0.400	0.500	0.10800	0.200	0.500	1.000	0.06249	5	0.200	0.369
6	0.333	0.334	0.09911	0.167	0.417	0.500	0.05776	6	0.166	0.319
7	0.286	0.334	0.08680	0.143	0.357	0.500	0.05496	7	0.142	0.280
8	0.250	0.334	0.07909	0.125	0.313	0.334	0.05111	8	0.125	0.250
9	0.222	0.250	0.07126	0.112	0.278	0.334	0.04731	9	0.111	0.226
10	0.200	0.250	0.06552	0.100	0.250	0.334	0.04448	10	0.100	0.206
11	0.182	0.200	0.05992	0.091	0.227	0.250	0.04123	11	0.090	0.189
12	0.167	0.200	0.05566	0.084	0.208	0.250	0.03870	12	0.083	0.175
13	0.154	0.167	0.05180	0.077	0.192	0.200	0.03633	13	0.076	0.162
14	0.143	0.167	0.04854	0.072	0.179	0.200	0.03389	14	0.071	0.152
15	0.133	0.143	0.04565	0.067	0.167	0.200	0.03217	15	0.066	0.142
16	0.125	0.143	0.04294	0.063	0.156	0.167	0.03063	16	0.062	0.134
17	0.118	0.125	0.04038	0.059	0.147	0.167	0.02905	17	0.058	0.127
18	0.111	0.112	0.03884	0.056	0.139	0.143	0.02757	18	0.055	0.120
19	0.105	0.112	0.03693	0.053	0.132	0.143	0.02616	19	0.052	0.114
20	0.100	0.112	0.03486	0.050	0.125	0.143	0.02517	20	0.050	0.109
21	0.095	0.100	0.03335	0.048	0.119	0.125	0.02408	21	0.048	0.104
22	0.091	0.100	0.03182	0.046	0.114	0.125	0.02296	22	0.046	0.099
23	0.087	0.091	0.03052	0.044	0.109	0.112	0.02226	23	0.044	0.095
24	0.083	0.084	0.02969	0.042	0.104	0.112	0.02157	24	0.042	0.092
25	0.080	0.084	0.02841	0.040	0.100	0.112	0.02058	25	0.040	0.088
26	0.077	0.084	0.02716	0.039	0.096	0.100	0.01989	26	0.039	0.085
27	0.074	0.077	0.02624	0.038	0.093	0.100	0.01902	27	0.037	0.082
28	0.071	0.072	0.02568	0.036	0.089	0.091	0.01866	28	0.036	0.079
29	0.069	0.072	0.02463	0.035	0.086	0.091	0.01803	29	0.035	0.076
30	0.067	0.072	0.02366	0.034	0.083	0.084	0.01766	30	0.034	0.074
31	0.065	0.067	0.02286	0.033	0.081	0.084	0.01688	31	0.033	0.072
32	0.063	0.067	0.02216	0.032	0.078	0.084	0.01655	32	0.032	0.069
33	0.061	0.063	0.02161	0.031	0.076	0.077	0.01585	33	0.031	0.067
34	0.059	0.063	0.02097	0.030	0.074	0.077	0.01532	34	0.030	0.066
35	0.057	0.059	0.02051	0.029	0.071	0.072	0.01532	35	0.029	0.064

36	0.056	0.059	0.01974	0.028	0.069	0.072	0.01494	36	0.028	0.062
37	0.054	0.056	0.01950	0.028	0.068	0.072	0.01425	37	0.027	0.060
38	0.053	0.056	0.01882	0.027	0.066	0.067	0.01393	38	0.027	0.059
39	0.051	0.053	0.01860	0.026	0.064	0.067	0.01370	39	0.026	0.057
40	0.050	0.053	0.01791	0.025	0.063	0.067	0.01317	40	0.025	0.056
41	0.049	0.050	0.01741	0.025	0.061	0.063	0.01306	41	0.025	0.055
42	0.048	0.050	0.01694	0.024	0.060	0.063	0.01261	42	0.024	0.053
43	0.047	0.048	0.01664	0.024	0.058	0.059	0.01248	43	0.024	0.052
44	0.045	0.046	0.01664	0.023	0.057	0.059	0.01210	44	0.023	0.051
45	0.044	0.046	0.01634	0.023	0.056	0.059	0.01175	45	0.023	0.050
46	0.043	0.044	0.01601	0.022	0.054	0.056	0.01175	46	0.022	0.049
47	0.043	0.044	0.01532	0.022	0.053	0.056	0.01153	47	0.022	0.048
48	0.042	0.044	0.01499	0.021	0.052	0.053	0.01126	48	0.021	0.047
49	0.041	0.042	0.01475	0.021	0.051	0.053	0.01102	49	0.021	0.046
50	0.040	0.042	0.01440	0.020	0.050	0.053	0.01072	50	0.020	0.045

(注1) 耐用年数50年以降の計数については、「減価償却資産の耐用年数等に関する省令」(昭和40年大蔵省令第15号) 別表第七、第八、第九及び第十を用いること。
(注2) 本表における用語の定義は次の通りであること。
「保証率」＝「償却保証額」の計算において減価償却資産の取得価額に乗ずる率をいう。
「改定償却率」＝各事業年度の「調整前償却額」が「償却保証額」に満たない場合に、その最初に満たないこととなる事業年度以降の償却費がその後毎年同一となるように適用される償却率
「調整前償却額」＝減価償却資産の期首帳簿価額（取得価額から既にした償却費の累計額を控除した後の金額。以下同じ）に「定率法の償却率」を乗じて計算した金額（＝各事業年度の償却額）をいう。
「償却保証額」＝減価償却資産の取得価額×「保証率」
「改定取得価額」＝各事業年度の「調整前償却額」が「償却保証額」に満たない場合に、その最初に満たないこととなる事業年度の期首帳簿価額をいう。
（調整前償却額）≧（償却保証額）の場合：
（定率法減価償却費）＝（期首帳簿価額）×（定率法の償却率）
（調整前償却額）＜（償却保証額）の場合：
（定率法減価償却費）＝（改定取得価額）×（改定償却率）

（出典　厚生労働省）

8 仕訳及び表示方法

　減価償却費の仕訳は、「減価償却累計額」勘定を設け、年度の減価償却費に対する貸方科目として毎年度の減価償却費を間接的に計上する方法（間接法）が一般的です。この記帳方法により、①取得価額、②当年度の減価償却額、③減価償却累計額、④期末帳簿価額を継続的に把握することができ、「基本財産及びその他の固定資産（有形・無形固定資産）の明細書」（運用上の取り扱い、別紙3⑧）の作成が円滑に行えます。

　固定資産管理システムの利用により、正確な減価償却計算が行うことができ、決算業務の効率化を図ることができます。

　なお、直接法と間接法はいずれかを選択できますが、直接法（固定資産の

取得価額から減価償却費の累積額を減額した残額を表示する方法）を採用している場合は注記事項として開示する必要があります。

> **設例24　間接法の場合**
>
> 　決算にあたり，当年度の建物減価償却費 300 万円を計上する。なお，建物取得価額は 3,000 万円，当期首の建物減価償却累計額は 600 万円である。
>
> ＜資金収支計算書の仕訳＞
> 　仕訳なし
>
> ＜事業活動計算書・貸借対照表の仕訳＞
> （借方）建物減価償却費　　　3,000,000　　（貸方）建物減価償却累計額　　3,000,000
>
> ※　貸方「建物減価償却累計額」の計上により，建物の取得価額 3,000 万円は変動せず，建物減価償却累計額 900 万円（当期首 600 万円＋当期の減価償却費 300 万円）となり，建物の帳簿価額は 2,100 万円（建物の取得価額 3,000 万円－建物減価償却累計額 900 万円）になります。この間接法を継続適用した場合，固定資産取得年度からの減価償却情報を管理することができます。

> **設例25　直接法の場合**
>
> 　決算にあたり，当年度のソフトウェア償却費 50 万円を計上する。なお，ソフトウェアの取得価額は 250 万円，当期首のソフトウェアの帳簿価額は 200 万円である。
>
> ＜資金収支計算書の仕訳＞
> 　仕訳なし
>
> ＜事業活動計算書・貸借対照表の仕訳＞
> （借方）ソフトウェア　　　　　500,000　　（貸方）ソフトウェア　　　　　500,000
> 　　　　減価償却費
>
> ※　貸方「ソフトウェア」を計上するため，ソフトウェア資産の当期首の帳簿価額 200 万円から直接減額することになり，ソフトウェアの当期末の帳簿価額は 150 万円（ソフトウェアの当期首帳簿価額 200 万円－当期のソフトウェア減価償却費 50 万円）となります。

9　減価償却計算期間

　計算期間は，4月から翌年3月までの1年を単位として行います。社会福祉法人の会計期間と同じです（法45条の23第2項）。

　年度の中途で取得又は売却・廃棄した場合は，月数按分します。1か月に

満たない端数の取り扱いについては，当該端数月を1か月と考えて計算します（運用上の留意事項17（5）参考，モデル経理規程　細則10）。

なお，固定資産管理システムは，期中取得に対応した月数按分の計算機能が組み込まれていることが一般的であり，システム利用により，正確な計算と決算事務作業の負担軽減の効果があります。

設例26

決算にあたり，当年度11月1日に取得した備品に係る減価償却費を計上する。また，間接法により記帳を行い，取得価額30万円，償却率0.100（10年），残存価額1円とする。なお，残存価額（1円）は償却終了年度（10年後）で調整するため，当年度の減価償却費の計算では考慮外とする。

＜資金収支計算書の仕訳＞
　仕訳なし

＜事業活動計算書・貸借対照表の仕訳＞
（借方）器具及び備品　　　　12,500　　（貸方）器具及び備品　　　　12,500
　　　　減価償却費　　　　　　　　　　　　　　減価償却累計額

※　当年度11月から期末までの5か月で計算します（取得価額30万円×償却率0.100×5か月÷12か月）。

10 減価償却費の配分基準

複数の拠点区分又はサービス区分を運営している法人では，共通して固定資産の減価償却費が発生することがあるため，これを合理的に配分する必要があります（運用上の留意事項17（6））。配分基準については，第4章を参照してください。

① 国庫補助金等により取得した場合

国庫補助金等の補助目的に沿った拠点区分又はサービス区分に配分します。

② ①以外の場合

複数の拠点区分又はサービス区分に共通して発生する減価償却費は，利用の程度に応じた面積，人数等の合理的な基準により配分します。この配分基準は，毎期継続的に適用します。

3 リース取引

1 リース取引の会計基準

　リース取引は，企業会計のリース取引の会計処理に準じて会計処理を行います。具体的には，企業会計基準委員会公表の「リース取引に関する会計基準」(企業会計基準13号) 及び「リース取引に関する会計基準の適用指針」(企業会計基準適用指針16号) に基づきます。

　本書では，「運用上の取り扱い」及び「運用上の留意事項」における「リース会計について」の項目を参考にリース取引についてまとめています。

2 リース取引の意義

　リース取引は，対象となるリース物件の所有者である貸手が，当該リース物件の借手に対して合意した期間にわたって使用収益する権利を与え，借手はリース物件を使用するとともに使用料を貸手に支払う取引をいいます。

　リース取引は，①ファイナンス・リース取引，②オペレーティング・リース取引の2分類あり，それぞれ会計処理が異なります。

(1) ファイナンス・リース取引

　次の要件をすべて満たす場合に該当します。

	ファイナンス・リース取引の要件
解約不能	リース契約に基づくリース期間の中途において契約を解除できない場合
リターン獲得	借手はリース契約に基づき使用するリース物件からえられる経済的利益を実質的に享受することができる場合
コスト負担	リース物件の使用に伴って生じるコストを実質的に負担することとなる場合

　また，判定の具体的な方法として，「リース取引に関する会計基準の適用指針」9項では，次の2つのいずれかに該当する場合は，ファイナンス・リース取引に該当すると規定しています。

名称	判定内容
現在価値基準	解約不能のリース期間中のリース料総額の現在価値 ≧ リース物件の見積現金購入価額×90％
経済的耐用年数基準	解約不能リース期間 ≧ リース物件の経済的耐用年数×75％

（2）オペレーティング・リース取引

ファイナンス・リース取引以外のリース取引をいいます。

3 ファイナンス・リース取引の区分

ファイナンス・リース取引は，リース契約上，所有権移転の有無により，①所有権移転ファイナンス・リース，②所有権移転外ファイナンス・リースに分けられます。

区分	契約の内容
所有権移転ファイナンス・リース	リース契約上，所有権移転の明記や割安購入選択権の付与がある場合，特別仕様により転売が困難である場合
所有権移転外ファイナンス・リース	上記以外

所有権移転ファイナンス・リースは，事実上，所有権が当法人に移転していると判断できるときに区分するものです。具体的に，①契約に所有権移転の明記がある場合，②割安購入選択権が与えられており，当法人に所有権があると判断できる場合，③特別仕様によりリース対象資産が他へ転売できない場合が該当します。

4 ファイナンス・リース取引の会計処理（借り手）

借り手の会計処理は，通常の売買取引に準じた方法です（運用上の取り扱い8（2））。リース資産の取得価額は，リース料総額の現在価値と貸手の購入価額（不明の場合は借手の見積現金購入額）のいずれか小さい方です。

また，リース資産の計上にあわせて，リース債務を計上します。詳細は後

記の設例を参考にしてください。

なお、リース資産については、他の固定資産と同様、種類別に固定資産システムへ登録を行い、継続的に記録・管理する必要があります。

5 1契約300万円以下又はリース期間1年以内の場合

リース契約1件当たりのリース料総額が300万円以下の少額リース取引の場合、又はリース期間が1年以内のリース取引の場合は、後述のオペレーティング・リース取引の会計処理に準じて賃貸借処理ができます。すなわち、資産計上や注記を省略することができるのです。実務では、300万円が判断基準になる事例が多いと思われます。

なお、ここでいうリース料総額に関して、維持管理費用相当額又は通常の保守等の役務提供相当額のリース料総額に占める割合が重要な場合は、その合理的見積額を除くことができます（運用上の留意事項20 ア）。

6 利息相当額の取扱い

ファイナンス・リース取引におけるリース資産の取得価額及びリース債務の計上額は、原則として、リース料総額から利息相当額を控除します（利子抜き法）。

ただし、リース資産総額に重要性が乏しい場合は、簡便的な方法（利子込み法）が認められています。利子込み法におけるリース資産及びリース債務は、リース料総額で計上するため、支払利息は計上されず、減価償却費のみ計上します。

ここでいう重要性が乏しい場合とは、未経過リース料の期末残高が、当該期末残高と有形固定資産及び無形固定資産の期末残高の法人全体の合計額に占める割合が10％未満であるときです（運用上の留意事項20 イ）。

$$\frac{未経過リース料の期末残高}{未経過リース料の期末残高＋有形固定資産及び無形固定資産の期末残高（法人全体）} < 10\%$$

7 利息相当額の各期への配分

上記6の「利子抜き法」(原則法) における利息相当額の各期へ配分する方法については，原則「利息法」によります。

この方法は，各期の支払利息相当額をリース債務の未返済元本残高に一定の利率を乗じて算定するものです。支払利息の推移は，リース開始初年度で最大となり，年度を重ねる都度徐々に減少するという特性があります。

利息法は，債務状況に応じた計算方法であり，理論的に好ましいと考えられますが，その反面，計算が煩雑になります。このため，実務では簡便法である「定額法」の計算方法が認められています。

「定額法」における支払利息の金額は，毎年度同額を計上していくことになり，計算が簡単です。

8 リース取引の仕訳例

ここでは，実務で多いと思われる「所有権移転外ファイナンス・リース取引」(リース期間終了後，リース対象資産を返却する方法) を例に仕訳を示します。利息相当額の計算は，定額法によります。利息法の計算例は，「モデル経理規程　細則」を参照してください。

また，所有権移転ファイナンス・リース取引は，リース期間終了後，リース対象資産の権利が借り手に移動するものであり，自己保有の固定資産と同じ取り扱いになるため，本書では省略します。

設例27　所有権移転外ファイナンス・リース取引

前提条件
①リース契約は，所有権移転条項及び割安購入選択権はなく，特別仕様ではない。
②解約不能のリース期間5年 (×1年4月1日～×6年3月31日) である。
③貸手の購入価額は不明である。
④借手の見積購入額5,000万円である。
⑤リース料総額6,000万円である。
⑥リース物件の経済的耐用年数7年である。
⑦借手の追加借入利子率5％である。

⑧リース料は便宜上毎年度末に1,200万円支払う。
⑨固定資産の償却方法は定額法である。
⑩固定資産の残存価額は便宜上0円と仮定する。
⑪利息相当額（1,000万円）の各期への配分は定額法である。

1. ファイナンス・リース取引の判定
(1) 現在価値基準
   A. 毎年度末支払額1,200万円，借入利子率5％で割引計算（51,953,720円）。
   B. 見積現金購入価額 5,000万円×90％＝4,500万円
   C. A＞B

(2) 経済的耐用年数基準
   D. 7年×75％＝5.25年
   E. 解約不能のリース期間5年
   F. D＞E

(3) 結論
　現在価値基準及び経済的耐用年数基準のいずれもファイナンス・リース取引の要件を満たしているため，ファイナンス・リース取引になります。
　なお，今回の設例は，現在価値基準及び経済的耐用年数基準の両方がファイナンス・リース取引に該当していますが，仮に，いずれか一方のみ要件を満たす場合でもファイナンス・リース取引に該当します。

2. 各年度の仕訳例
(1) リース開始時（×1年4月1日）

＜資金収支計算書の仕訳＞
　仕訳なし

＜事業活動計算書・貸借対照表の仕訳＞
（借方）有形リース資産　　50,000,000　　（貸方）リース債務　　50,000,000

(2) 決算時（×2年3月31日）

＜資金収支計算書の仕訳＞
（借方）支払利息支出　　　2,000,000　　（貸方）支払資金　　12,000,000
　　　　ファイナンス・リース　　10,000,000
　　　　債務の返済支出

<事業活動計算書・貸借対照表の仕訳>
(借方)	支 払 利 息	2,000,000		(貸方)	現 金 預 金		12,000,000
	リ ー ス 債 務	10,000,000					
(借方)	リ ー ス 債 務	10,000,000		(貸方)	1年以内返済予定 リース債務		10,000,000
(借方)	減 価 償 却 費	10,000,000		(貸方)	リース資産減価 償却累計額		10,000,000

※ 2本目の仕訳は，翌年度末（×3年3月31日）支払時における債務額に対して，固定負債から流動負債へ振り替える会計処理です。
※ 翌年度末（×3年3月31日）以降の仕訳は，(2) 決算時（×2年3月31日）と同じ仕訳になるため，省略します。

(3) リース終了時（×6年3月31日）

<資金収支計算書の仕訳>
(借方)	支 払 利 息 支 出	2,000,000		(貸方)	支 払 資 金		12,000,000
	ファイナンス・リース 債務の返済支出	10,000,000					

<事業活動計算書・貸借対照表の仕訳>
(借方)	支 払 利 息	2,000,000		(貸方)	現 金 預 金		12,000,000
	リ ー ス 債 務	10,000,000					
(借方)	減 価 償 却 費	10,000,000		(貸方)	リース資産減価 償却累計額		10,000,000
(借方)	リース資産減価 償却累計額	50,000,000		(貸方)	有形リース資産		50,000,000

設例28 オペレーティング・リース取引

リース料総額は100万円，リース期間2年（×1年4月1日～×3年3月31日）であり，賃貸借処理を適用する。リース料は，便宜上毎年度末に支払う。なお，オペレーティング・リース取引の要件は満たしている。

①リース開始時（×1年4月1日）
<資金収支計算書の仕訳>
　仕訳なし
<事業活動計算書・貸借対照表の仕訳>
　仕訳なし

②決算時(×2年3月31日)
＜資金収支計算書の仕訳＞
(借方) 賃 借 料 支 出　　500,000　　(貸方) 支 払 資 金　　500,000
＜事業活動計算書・貸借対照表の仕訳＞
(借方) 賃 　借　 料　　500,000　　(貸方) 現 　金　 預　 金　　500,000
※　翌年度末(×3年3月31日)の仕訳は，②決算時(×2年3月31日)と同じ仕訳になるため，省略します。

4　国庫補助金等特別積立金

1 国庫補助金等の意義と内容

　国庫補助金等は，法人施設の創設及び増築のために基本財産等を取得すべきものとして，国又は地方公団体から受領した助成金をいいます。民間助成団体(日本船舶振興会，日本自転車振興会等)からの交付金等も含みます。

　また，設備資金借入金の返済時期にあわせて執行される補助金のうち，施設・設備の整備にあたり，その受領金額が確実に見込まれており，実質的に補助金等に相当するものは国庫補助金等と同様に取り扱います(運用上の留意事項15(1))。

2 国庫補助金等特別積立金の積立て

　国又は地方公共団体等から受領した補助金等は，各拠点区分で計上します。合築等により受け入れる拠点区分が判明しない場合や複数の施設に対して補助金を受け入れた場合は，最も合理的な基準で各拠点区分に配分します。

　また，設備資金借入金の返済時期に合わせて執行される補助金等のうち，施設・設備の整備時に受領金額が確実に見込まれており，実質的に補助金等に相当するものとして国庫補助金等とされたものは，実際に償還補助があったときに当該金額を国庫補助金等特別積立金に積み立てます。

　当該国庫補助金等が計画どおりに入金されなかった場合は，差額部分を当初の予定額に加減算して，再度配分計算を行います。ただし，当該金額が僅少な場合は，再計算を省略することができます。

なお，設備資金借入金の償還補助が打ち切られた場合の国庫補助金等については，差額部分を当初の予定額に加減算して，再度配分計算をし，経過期間分の修正を行います。当該修正額は原則として特別増減の部に記載しますが，重要性が乏しい場合はサービス活動外増減の部に記載することができます（運用上の取り扱い9，運用上の留意事項15(2)ア）。

3 国庫補助金等特別積立金の取崩し

国庫補助金等は，その効果を発現する期間にわたって，支出対象経費（主として減価償却費）の期間費用計上に対応して国庫補助金等特別積立金取崩額をサービス活動費用の控除項目として計上します。

減価償却等による取崩し及び国庫補助金等特別積立金の対象となった基本財産等が廃棄又は売却された場合は，取崩しは各拠点区分で処理します。

土地（非償却資産）に対する国庫補助金等は，原則として取崩しは生じません。将来にわたって純資産に計上します。

また，設備資金借入金の返済時期に合わせて執行される補助金のうち，施設・設備の整備時においてその受領金額が確実に見込まれており，実質的に補助金等に相当するものとして積み立てられた国庫補助金等特別積立金の取崩額の計算は，償還補助総額を基礎として支出対象経費（主として減価償却費）の期間費用計上に対応して国庫補助金等特別積立金取崩額をサービス活動費用の控除項目として計上します（運用上の取り扱い10，運用上の留意事項15(2)イ）。

なお，初年度調度品等で10万円未満のもの（購入年度に費用計上）に対する国庫補助金等特別積立金を受け入れたときは，その年度で同積立金の計上を行い，消耗器具備品費等に対応する当該積立金は，同年度で取り崩すことになると考えられます。

4 国庫補助金等特別積立金の会計処理

以下に，仕訳例を示しますので参考にしてください。

設例29　補助金受領時

　建物増築の費用 500 万円に対して，国庫補助金 100 万円を受け入れて国庫補助金等特別積立金を積み立てた。

＜資金収支計算書の仕訳＞

| （借方） | 支　払　資　金 | 1,000,000 | （貸方） | 施設整備等補助金収入 | 1,000,000 |

＜事業活動計算書・貸借対照表の仕訳＞

| （借方） | 現　金　預　金 | 1,000,000 | （貸方） | 施設整備等補助金収益 | 1,000,000 |
| （借方） | 国庫補助金等特別積立金積立額 | 1,000,000 | （貸方） | 国庫補助金等特別積立金 | 1,000,000 |

設例30　決算時

　決算にあたり，減価償却費 17 万円（耐用年数 30 年，償却率 0.034，直接法と仮定する），国庫補助金等特別積立金取崩額 3.4 万円を計上する。

＜資金収支計算書の仕訳＞
　仕訳なし

＜事業活動計算書・貸借対照表の仕訳＞

| （借方） | 減 価 償 却 費 | 170,000 | （貸方） | 建　　　　物 | 170,000 |
| （借方） | 国庫補助金等特別積立金 | 34,000 | （貸方） | 国庫補助金等特別積立金取崩額 | 34,000 |

※　国庫補助金等特別積立金取崩額は減価償却費の控除項目になります。

【事業活動計算書の表示例】
サービス活動増減の部のうち，費用の項目
　減価償却費　　　　　　　　　　170,000
　国庫補助金等特別積立金取崩額　△34,000

設例31　補助金対象資産の除却時

　上記補助金対象建物を解体した（減価償却累計額 490 万円，除却損 10 万円，積立金の残額 2 万円，直接法と仮定する）。

＜資金収支計算書の仕訳＞
　仕訳なし

＜事業活動計算書・貸借対照表の仕訳＞

（借方）	固定資産売却損・処分損	100,000	（貸方）	建物	100,000
（借方）	国庫補助金等特別積立金	20,000	（貸方）	国庫補助金等特別積立金取崩額（除却等）	20,000

設例32　初年度調度品等

消耗器具備品費等8万円の購入に対して，補助金4万円を受け入れて国庫補助金等特別積立金を積み立てた。

＜資金収支計算書の仕訳＞

（借方）	消耗機器備品費支出	80,000	（貸方）	支払資金	80,000

＜事業活動計算書・貸借対照表の仕訳＞

（借方）	消耗機器備品費	80,000	（貸方）	現金預金	80,000
（借方）	国庫補助金等特別積立金積立額	40,000	（貸方）	国庫補助金等特別積立金	40,000
（借方）	国庫補助金等特別積立金	40,000	（貸方）	国庫補助金等特別積立金取崩額	40,000

※　補助によっては，固定資産に対する助成なのか初年調整物品のための助成なのか不明な場合があります。この場合，補助金交付要領等の内容を踏まえて金額等の合理的な按分方法を適用することが望まれます。

5　国庫補助金等特別積立金明細書の作成

国庫補助金等特別積立金の積み立て及び取り崩しについては，国庫補助金等特別積立金明細書（運用上の取り扱い　別紙3⑦）を作成する必要があります（運用上の留意事項15(2)ウ）。詳細は第7章を参照してください。

5　基本金

1　基本金の意義と内容

基本金は，社会福祉法人が事業活動を継続するために維持すべきものとして収受した次の第1号基本金から第3号基本金の額をいい，取得した基本財産等に対応する純資産として貸借対照表に計上します（会計基準6条1項，

運用上の取り扱い 11）。

項目	内容
第 1 号基本金	法人の設立並びに施設の創設及び増築等のために基本財産等を取得すべきものとして指定された寄附金の額（10 万円未満の初度調度物品等も対象）
第 2 号基本金	前号の資産の取得等に係る借入金の元金償還に充てるものとして指定された寄附金の額
第 3 号基本金	施設の創設及び増築時等に運転資金に充てるために収受した寄附金の額

　基本金への組入れは，寄附金を事業活動計算書の特別収益に計上した後，その収益に相当する額を基本金組入額として特別費用に計上します。

2 第 1 号基本金

　第 1 号基本金は，法人の設立並びに施設の創設及び増築等のために基本財産等を取得すべきものとして指定された寄附金の額（10 万円未満の初度調度物品等も対象）をいいます（運用上の取り扱い 11(1)）。具体的に，土地，施設の創設，増築，増改築における増築分，拡張における面積増加分及び施設の創設及び増築時等における初度設備整備，非常通報装置設備整備，屋内消火栓設備整備等の基本財産等の取得に係る寄附金の額です。

　また，地方公共団体から無償又は低廉な価額により譲渡された土地，建物の評価額（又は評価差額）は，寄附金とせずに国庫補助金等に含めます。

　なお，設備の更新，改築等にあたっての寄附金は基本金に含めません（運用上の留意事項 14(1)ア）。

3 第 2 号基本金

　第 2 号基本金は，第 1 号の資産の取得等に係る借入金の元金償還に充てるものとして指定された寄附金の額をいいます（運用上の取り扱い 11 (2)）。具体的に，施設の創設及び増築等のために基本財産等を取得するにあたって，借入金が生じた場合において，その借入金の返済を目的として収受した寄附金の総額をいいます（運用上の留意事項 14(1)イ）。

4 第3号基本金

　第3号基本金は，施設の創設及び増築時等に運転資金に充てるために収受した寄附金の額をいいます（運用上の取り扱い11(3)）。具体的に，「社会福祉法人の認可について」（平成12年12月1日，障企第59号，社援企第35号，老計第52号，児企第33号）社会福祉法人審査要領第2(3)に規定する，当該法人の年間事業費の12分の1以上に相当する寄附金の額及び増築等の際に運転資金に充てるために収受した寄附金の額をいいます（運用上の留意事項14(1)ウ）。

5 基本金の組入れ

　基本金の組入れは，該当する拠点区分に計上し，複数の施設に対して一括して寄附金を受けた場合は，最も合理的な基準で各拠点区分に配分します。

　なお，基本金の組み入れは会計年度末に一括して合計額を計上することができます（運用上の留意事項14(2)）。

6 基本金の取崩し

　法人が事業の一部又は全部を廃止し，かつ基本金組入れの対象となった基本財産又はその他の固定資産が廃棄又は売却した場合，当該事業に関して組み入れられた基本金の一部又は全部の額を取り崩し，その金額を事業活動計算書の繰越活動増減差額の部に「基本金取崩額」の科目で計上します（会計基準22条6項，運用上の取り扱い12）。

　すなわち，基本金組入れの対象となった固定資産は，廃棄（売却含む）のみをもって基本金を取崩すのではなく，事業の廃止が必要になるのです。この点，国庫補助金等特別積立金の取崩しとは要件が異なります。

　また，基本金の取崩しは，拠点区分ごとに行い，基本財産の取崩しと同様，事前に所轄庁に協議し，内容の審査を受けなければなりません（運用上の留意事項14(3)）。

　基本金の取崩しを行った場合は，その内容を注記します（会計基準29条1項7号）。

7 第4号基本金の廃止

　平成12年会計基準では，4号基本金「定款の規定により，当期末繰越活動収支差額の一部又は全部に相当する運用財産に組み入れた場合のその額」の規定がありましたが，平成23年会計基準ではこの規定は削除されました。これは，4号基本金が過年度の事業活動による剰余額からの振替えにより設定されたものであり，1号基本金から3号基本金までの寄附金とは性格が異なり，また剰余金が適切に表示されないため，平成23年会計基準から廃止になりました（平成23年運用上の取扱いQ&A問10）。

8 基本金の会計処理

　以下，設例による仕訳例を示しますので参考にしてください。

設例33　基本金の組入れ

　法人の設立にあたって，理事より基本財産としての建物建築分として，100万円を受け入れた。

＜資金収支計算書の仕訳＞

| （借方）支払資金 | 1,000,000 | （貸方）施設整備等寄附金収入 | 1,000,000 |

＜事業活動計算書・貸借対照表の仕訳＞

| （借方）現金預金 | 1,000,000 | （貸方）施設整備等寄附金収益 | 1,000,000 |
| （借方）基本金組入額 | 1,000,000 | （貸方）第1号基本金 | 1,000,000 |

※　基本金の組入れの仕訳は，期末にまとめて行う場合もあります。また，事業活動計算書における「基本金組入額」は，「特別増減による費用」に区分します。
※　設例では貸方「第1号基本金」としていますが，計算書類の表示は「基本金」の科目で計上します。

設例34　基本金の取崩し

　事業の廃止により，基本金対象である建物300万円（減価償却累計額250万円）を除却した。取崩しの要件は満たしたため，300万円を取り崩す。

＜資金収支計算書の仕訳＞
　仕訳なし

＜事業活動計算書・貸借対照表の仕訳＞
(借方)	建物減価償却累計額	2,500,000	(貸方)	建　　　　物	3,000,000
	建物売却損・処分損	500,000			
(借方)	第１号基本金	3,000,000	(貸方)	基本金取崩額	3,000,000

9 基本金明細書の作成

　基本金は，基本金明細書（運用上の取り扱い別紙３⑥）を作成する必要があります（運用上の留意事項14(4)）。詳細は第7章を参照してください。

6　積立金と積立資産

1 積立金の意義

　積立金は，「当期末繰越活動増減差額」に「その他の積立金取崩額」を加算した額がプラスの場合，その範囲内で将来の特定の目的のために積立金として積み立てることができます。これは，将来の特定の目的の費用又は損失の発生に備えることを目的として認められており，理事会の議決に基づいて計上します（会計基準6条3項，運用上の取り扱い19）。

2 積立金の計上

　積立金の計上時は，積立ての目的を示す名称を付して，同額の積立資産を積み立てます。また，積立金に対応する積立資産を取り崩す場合は，当該積立金を同額取り崩します。

　ただし，資金管理上の理由等から積立資産の積立てが必要な場合は，積立ての名称と理由を明確にして積立金を積み立てずに積立資産を計上することができます（運用上の取り扱い別紙３⑫参照）。

　運用上の留意事項では，①就労支援事業に関する積立金（工賃変動積立金，設備等整備積立金），②授産事業に関する積立金（人件費積立金，修繕積立金，備品等購入積立金，工賃平均積立金）を示しています（運用上の留意事項19参照）。

3 積立資産の積立ての時期

　積立金と積立資産の積立ては,「当期末繰越活動増減差額」の発生した年度の計算書類に反映することができます。積立金を専用預金口座で管理する場合は,遅くとも決算理事会終了後2か月を越えないうちに行う必要があります(運用上の留意事項19(2))。

4 就労支援事業に関する積立金

　就労支援事業については,指定基準において「就労支援事業収入から就労支援事業に必要な経費を控除した額に相当する金額を工賃として支払わなければならない」としていることから,原則として剰余金は発生しません。

　しかし,将来にわたり安定的に工賃を支給し,又は安定的かつ円滑に就労支援事業を継続する必要があります。そこで,①工賃変動積立金,②設備等整備積立金については,就労支援事業別事業活動明細書の就労支援事業活動増減差額から一定の金額を次の積立金として計上することができます。

　この場合,理事会の議決が必要であり,また積立金と同額の積立資産を計上してその存在を明らかにしなければなりません。

　なお,以下の積立金は,当年度の利用者賃金及び利用者工賃の支払額が,前年度の利用者賃金及び利用者工賃の支払実績額を下回らない場合に限り,計上することができます(運用上の留意事項19(3))。

(1) 工賃変動積立金

　一定の工賃水準を利用者に保障するため,将来の一定の工賃水準を下回る工賃の補填に備え,以下の各年度の積立額及び積立額の上限額の範囲内において,「工賃変動積立金」を計上できます。

工賃変動積立金の要件	
各事業年度における積立額	過去3年間の平均工賃の10%以内
積立額の上限額	過去3年間の平均工賃の50%以内

　なお,保障すべき一定の工賃水準とは,過去3年間の最低工賃(天災等に

より工賃が大幅に減少した年度を除く）とし，これを下回った年度は，理事会の議決に基づき工賃変動積立金及び工賃変動積立資産を取り崩して工賃を補填し，補填された工賃を利用者に支給します（運用上の留意事項19(3)ア）。

（2）設備等整備積立金

就労支援事業を安定的かつ円滑に継続するため，就労支援事業に要する設備等の更新，又は新たな業種への展開を行うための設備等の導入のための資金需要に対応するため，以下の各年度における積立額及び積立額の上限額の範囲内において，設備等整備積立金を計上できます。

設備等整備積立金の要件	
各事業年度における積立額	就労支援事業収入の10％以内
積立額の上限額	就労支援事業資産の取得価額の75％以内

なお，設備等整備積立金の積立てにあたっては，施設の大規模改修への国庫補助，高齢・障害者雇用支援機構の助成金に留意することとし，設備等整備積立金により就労支援事業に要する設備等の更新，又は新たな業種への展開を行うための設備等を導入した場合には，対応する積立金及び積立資産を取り崩します（運用上の留意事項19(3)イ）。

（3）積立金の流用及び繰替使用

積立金は，上記のとおり，一定の工賃水準の保障，就労支援事業の安定的かつ円滑な継続という特定の目的のために，上記条件を満たした場合に認められるものです。そのため，その他の目的のための支出への流用（積立金の取り崩しではなく，積立金に対応して設定した積立資産の取崩すことをいう）は認められません。

しかし，就労支援事業に伴う自立支援給付費収入の受取時期が，請求及びその審査等に一定の時間を要し，事業の実施月から見て2カ月以上遅延する場合が想定されます。このような場合に限り，上記積立金に対応する資金の一部を一時繰替使用することができます。

ただし，繰り替えて使用した資金は，自立支援給付費収入により必ず補填することとし，積立金の目的の達成に支障を来さないように留意する必要があります（運用上の留意事項19(3)ウ）。

5 授産事業に関する積立金

授産施設は，最低基準において「授産施設の利用者には，事業収入の額から，事業に必要な経費の額を控除した額に相当する額の工賃を支払わなければならない。」と規定しているため，原則として剰余金は発生しません。

しかし，会計基準第6条第3項に規定する「その他の積立金」により，人件費積立金，修繕積立金，備品等購入積立金，工賃平均積立金等の積立金として処理を行うことは可能です。

なお，積立金を計上する場合には，積立金と同額の積立資産を計上してその存在を明らかにしなければなりません（運用上の留意事項19(4)）。

7 有価証券

1 有価証券の意義

近年は金融商品の複雑化・多様化により，社会福祉法人の保有する有価証券のリスク管理が重要になっています。法人では，有価証券の評価に関する基準を定め，情報開示を行うことが求められています。有価証券の評価基準及び評価方法は，重要な会計方針として注記します（会計基準4条5項，29条1項2号）。

なお，社会福祉法人の公共的な性格や社会的な役割を踏まえ，一時的な余剰資金で有価証券を購入することはあっても元本が保証されているような安全性の高い資産，たとえば国債等で運用することが望ましいです。リスクの高いデリバティブ商品の購入は避け，また有価証券の購入及び売却取引を積極的に行うことは規制してください。譲渡所得の特定（措法40条1項）で有価証券の寄附を受けることは考えられますが，この場合も有価証券を頻繁に売却することはないでしょう（譲渡所得の特例は第9章参照）。

資金の運用については，経理規程に定めるとともに「資金運用規程」を作成する必要があります。資金運用規程は，全国社会福祉施設経営者協議会から「社会福祉法人モデル資金運用規程」（平成20年8月）が公表されていますので参考にしてください。

2 有価証券の評価

資産の貸借対照表価額は，原則として取得価額ですが，有価証券の評価は，その所有目的により次のように行います（会計基準4条1項，5項）。

有価証券の内容	評価方法
満期保有目的の債券（満期まで所有する意思のある有価証券）	取得価額（償却原価法）
「市場価格のある」その他の有価証券（満期保有目的の債券以外の有価証券）①	時価
「市場価格のない」その他の有価証券（満期保有目的の債券以外の有価証券）②	取得価額

3 満期保有目的の債券

（1）取得価額と償却原価法

満期保有目的の債券は，取得価額で貸借対照表に計上します。ただし，債券金額より低い価額又は高い価額で取得した場合において，取得価額と債券金額との差額の性格が金利の調整と認められるときは，償却原価法に基づいて算定した価額で貸借対照表に計上します（運用上の取り扱い15）。

（2）利息法と定額法

償却原価法は，原則として利息法を適用しますが，簡便法である定額法の適用も認められています。

方法	内容
利息法（原則法）	取得価額と債券価額との差額を償還期まで毎期一定の方法で貸借対照表価額に加算又は減算する方法（実効利子率による複利計算を前提）
定額法（簡便法）	毎期均等額を配分する方法

利息法（原則法）は複利計算で行います。計算は煩雑ですが，エクセル等のワークシートの利用により効率化を図ることができます。具体的な会計処理は，モデル経理規程細則（経理規程第40条に定める有価証券の評価に関する細則）を参考にしてください。

（3）重要性の原則の適用

上記（1）「取得価額と償却原価法」に関して，「取得価額と債券金額との差額について重要性が乏しい場合は，償却原価法を適用しないことができる」という重要性の原則の規定が設けられています（運用上の取り扱い1(4)）。この重要性の原則を適用する場合，満期保有目的の債券は取得価額で評価することになると考えられます。

また，上記（2）「利息法と定額法」に関して，利息法と定額法のどちらを採用するかの判断は，金額的な影響を考慮して，各法人で決定することになりますが，一度決定した方法は合理的な理由がない限り変更できませんので留意してください。

（4）注記

満期保有目的の債券は，内訳，帳簿価額，時価，評価損益の各項目を記載した注記事項の対象になります（会計基準29条1項11号）。注記については，第6章を参照してください。

4 その他の有価証券

本書では，満期保有目的の債券以外の有価証券を「その他の有価証券」と呼んでいます。その他の有価証券は，市場価格の「あるもの」と「ないもの」に区分します。

（1）評価方法

市場価格のあるものとは，主に上場企業の株式が該当します。市場が整備されており，時価を容易に把握することができるものです。他方，市場価格

のないものは，同族会社（非上場企業）の株式が代表例としてあげられます。

その他の有価証券の評価方法は次のとおり，市場価格のあるものは時価評価を行い，評価損益を計上します。市場価格のないものは，時価評価せずに取得価額で計上します。

なお，評価方法については，次項「**5**資産価値の下落」の内容とあわせて検討を行う必要があります。

勘定科目	区分	具体例	評価方法
有価証券（投資有価証券）	市場価格のあるもの	上場企業株式	時価
	市場価格のないもの	非上場企業株式	取得価額

（2）有価証券の売却損益・評価損益（流動資産）

売却損益及び評価損益は，次の計算書類別の該当する勘定科目により会計処理を行います。

有価証券（流動資産）売却・評価の勘定科目					
計算書	区分	損益	大区分	中区分	小区分
資金収支計算書	事業活動による収支	売却益	流動資産評価益等による資金増加額	有価証券売却益	―
		評価益		有価証券評価益	―
		売却損	流動資産評価損等による資金減少額	有価証券売却損	―
		評価損		資産評価損	有価証券評価損
事業活動計算書	サービス活動外増減の部	売却益	有価証券売却益	―	―
		評価益	有価証券評価益	―	―
		売却損	有価証券売却損	―	―
		評価損	有価証券評価損	―	―

（3）投資有価証券の売却損益・評価損益（固定資産）

以下は，投資有価証券の会計処理に関する計算書類別の勘定科目一覧表です。該当する勘定科目により会計処理を行います。

投資有価証券（固定資産）売却・評価の勘定科目

計算書	区分	損益	大区分	中区分	小区分
資金収支計算書	その他の活動による収支	売却益	投資有価証券売却収入（※1）	—	—
		売却損		—	—
		評価益	仕訳なし（※2）		
		評価損			
事業活動計算書	サービス活動外増減の部	売却益	投資有価証券売却益	—	—
		売却損	投資有価証券売却損	—	—
		評価益	投資有価証券評価益	—	—
		評価損	投資有価証券評価損	—	—

（※1）投資有価証券の売却収入の総額を計上します。
（※2）投資有価証券の評価損益は支払資金（純資産）の増減が生じません。

5 資産価値の下落

　有価証券は，期末日における時価が帳簿価額からおおむね50％を超えて下落している場合，回復すると認められる合理的な理由がない限り時価で評価します。（会計基準4条3項）。すなわち，帳簿価額と期末日の時価を比較して，半分程度まで下落している場合，評価減を計上して資産価値を減額する会計処理が求められるのです。

　なお，市場価格のないその他の有価証券（満期保有目的の債券以外の有価証券）については，「合理的に算定された価額」が入手可能な場合，当該価額の評価内容を検討したうえで，資産価値の下落を反映する会計処理を行うことはあります。たとえば，純資産を基準とした方法が考えられます。

6 有価証券の会計処理

　以下，設例による仕訳例になりますので参考にしてください。

> **設例35　有価証券の時価**
>
> 　決算にあたり，市場価格のある投資有価証券（取得価額100万円）の時価は110万円であるため，決算整理を行う。

> ＜資金収支計算書の仕訳＞
> 　仕訳なし
> ＜事業活動計算書・貸借対照表の仕訳＞
> （借方）投資有価証券　　　100,000　　　（貸方）投資有価証券評価益　　　100,000
>
> ※　評価益10万円の計上により，固定資産は増加しますが，支払資金は変動しないため（流動資産及び流動負債は変動なし），資金収支計算書は「仕訳なし」になります。

8　棚卸資産

1　社会福祉法人における棚卸資産

　一般企業では，期末日に商品などの財産を保有しているときは棚卸資産の勘定科目で貸借対照表に資産計上します。社会福祉法人における棚卸資産は，施設や事業所等で使用する消耗品等の貯蔵品が該当します。

　また，入所者の日常生活に必要な物品の販売を行っている場合，商品等の在庫を資産計上することがあります。

　授産事業施設や就労支援施設等では，入所者・通所者の社会復帰のための職業訓練に必要な各種の製品製造を行っていることがありますので，この場合は材料や仕掛品，製品・商品などを棚卸資産として資産計上します。

2　棚卸資産の会計処理

（1）原則的な方法

　消耗品等の貯蔵品は，購入時に棚卸資産の勘定科目で資産計上します。購入時の付随費用（手数料や運賃等）は，取得価額に含めることが一般的です。そして，期末時点で実施棚卸を行い，購入時との差額を消費したものと判断して消耗品費に振り替える会計処理を行います（運用上の留意事項16）。

　貯蔵品が多額になる場合は，継続記録法（購入及び払出しの都度，購入単価と数量を帳簿へ記載して，残高を記帳する方法）により管理します。

　なお，収益事業を行っている法人では，物品等の在庫は棚卸資産として計

上することになります。

（2）重要性の原則

　棚卸資産の金額等に重要性に乏しい場合は，購入時又は払出し時に消耗品費等の費用として処理することができます（運用上の取り扱い1(1)）。

　一般企業の棚卸資産の会計処理は，購入時に費用計上を行い，決算整理時に在庫計上します。この方法は，費用の計上と支払が同時に行われるため（現金購入の場合），わかりやすい管理方法であると周知されています。社会福祉法人でもこの方法を採用している法人が多いと思われます。

　また，会計基準が求めている資産の評価は，棚卸資産にも適用する必要があります。すなわち，期末日における時価が取得原価より低い場合，時価により評価します（会計基準4条6項）。

　ただし，社会福祉法人の特性を考慮して，棚卸資産に重要性がない場合は，次項の資産評価についても重要性に応じた判断が合理的です。

3　棚卸資産の評価

　棚卸資産は，取得時の購入価額（取得原価）を付しているため，当該価額によって流動資産に計上します。ただし，決算日における棚卸資産の時価が取得原価より低いときは，時価で評価します（会計基準4条6項）。

　棚卸資産の時価は，一般市場に流通しているものは当該金額を参考にすることが合理的ですが，特殊な棚卸資産は容易に時価情報を入手することができないため，この場合は直近の販売実績に基づく価額を用いる場合などが考えられます。評価方法については，「棚卸資産の評価に関する会計基準」（企業会計基準9号）が参考になります。

4　棚卸資産の仕訳例

　以下，設例による仕訳例を記載しますので参考にしてください。

設例36　事務消耗品費

事務消耗品費1万円購入した。重要性の原則を適用して購入時に費用計上する（資産計上しない）。

＜資金収支計算書の仕訳＞
(借方)　事務消耗品費支出　　　10,000　　　(貸方)　支　払　資　金　　　10,000

＜事業活動計算書・貸借対照表の仕訳＞
(借方)　事務消耗品費　　　　　10,000　　　(貸方)　現　金　預　金　　　10,000

※　原則的な方法の場合、「事業活動計算書・貸借対照表の仕訳」は次のように資産計上することが考えられます。
(借方)　貯　　蔵　　品　　　　10,000　　　(貸方)　現　金　預　金　　　10,000

設例37　事務消耗品費（決算）

決算時、上記事務消耗品費のうち2千円が未消費である（8千円は使用済）。

＜資金収支計算書の仕訳＞
仕訳なし

＜事業活動計算書・貸借対照表の仕訳＞
仕訳なし

※　設例35の原則的な方法の場合、設例35で計上した貯蔵品1万円は設例36の「事業活動計算書・貸借対照表の仕訳」では、次のとおりです。
(借方)　事務消耗品費　　　　　8,000　　　(貸方)　貯　　蔵　　品　　　8,000

設例38　製品製造

就業支援施設で加工用品を製造するため、材料50万円を購入した。

＜資金収支計算書の仕訳＞
(借方)　就労支援事業用支出　　500,000　　(貸方)　支　払　資　金　　　500,000

＜事業活動計算書・貸借対照表の仕訳＞
(借方)　原　　材　　料　　　　500,000　　(貸方)　現　金　預　金　　　500,000

設例39　製品製造（決算）

決算時、上記製品製造における期末材料20万円を整理する（他の期首及び期末在庫、仕掛品、製品はないと仮定する）。

<資金収支計算書の仕訳>
仕訳なし
<事業活動計算書・貸借対照表の仕訳>
(借方) 就労支援事業費用　　　300,000　　　(貸方) 原　材　料　　　300,000

※ 設例37では原材料50万円を計上しているため、設例38では使用済の材料30万円を費用計上します。

9 引当金

1 引当金の意義

会計上の引当金は，次の4要件を満たす場合に当年度の費用として事業活動計算書に引当金として繰り入れ，貸借対照表に負債として計上します（運用上の取り扱い18(1)）。

引当金の4要件	
①	将来の特定の費用又は損失であること
②	発生原因が当期以前の事象に起因していること
③	発生の可能性が高いこと
④	金額を合理的に見積もることができること

会計基準では，具体的な勘定科目として，徴収不能引当金（会計基準4条4項），賞与引当金及び退職給付引当金（会計基準5条2項，運用上の取り扱い18(2)(3)）を規定しています。他に，役員退職慰労引当金の規定が平成29年度より設けられました（運用上の取り扱い18(4)）。また，引当金の計上基準は計算書類の注記事項です（会計基準29条1項2号）。

引当金は，将来発生する金額を予測して概算計上を行いますが，将来予測は不確実性を伴うため，正確に算定することができません。すなわち，見積計算にならざるを得ないという課題があります。そこで，各法人では合理的な見積額を算定するためのルール化を図り，これを継続的に運用することが求められています。

2 徴収不能引当金

(1) 徴収不能引当金の概要

　未収入金，貸付金などの金銭債権のうち，回収することができないと見込まれるものは決算日において控除します（会計基準4条4項）。徴収不能の見積計算は，次のとおり区分して評価を行います（運用上の留意事項18(1)）。

名称	内容
個別債権評価	金銭債権を個別に評価する方法
一般債権評価	過去の徴収不能額の発生状況に応じた実績等を参考に回収不能見込額を見積る方法

(2) 見積計算の方法

　「個別債権評価」は，債権先の財務状況を踏まえて回収不能額を見積り，引当金を計上します。

　他方，「個別債権評価」以外の「一般債権評価」は，過去の徴収不能の実績値を参考に引当金を計算します。「モデル経理規程　細則」（経理規程第56条に定める徴収不能引当金に関する細則）では，具体的な方法として次の計算式を示しています。実務上の参考になると思います。

$$徴収不能額の発生割合 = \frac{当会計期間を最終年度とするそれ以前3会計期間の徴収不能額の合計額}{当会計期間を最終年度とするそれ以前3会計期間の末日の一括評価債権金額の合計額}$$

　分母は過去3年分の一般債権の合計額，分子は過去3年分の徴収不能の額の合計額であり，3年分の徴収不能発生割合の平均で計算します。

(3) 計算書類の表示

　「運用上の取り扱い18(2)」では，「徴収不能引当金は，当該金銭債権から控除するものとする」の規定があるため，徴収不能引当金は未収金等の金銭債権から直接控除します。直接控除した場合，貸借対照表の負債に徴収不

能引当金が計上されないため，徴収不能引当金の金額は貸借対照表を見てもわかりません。そこで，徴収不能引当金の金額を注記して情報開示します（会計基準29条1項10号）。

なお，徴収不能引当金は，金銭債権から直接控除せずに，貸借対照表に計上する方法（間接法）も認められています（運用上の取り扱い「別紙1」「別紙2」の注記例参考）。

（4）徴収不能引当金の会計処理

以下の設例で仕訳例を示しますので，参考にしてください。

設例40

当年度の決算にあたり，事業未収金3,000万円に対して，徴収不能引当金30万円を計上する。当該金額は債権から直接控除する。

＜資金収支計算書の仕訳＞
仕訳なし

＜事業活動計算書・貸借対照表の仕訳＞
（借方）徴収不能引当金繰入　　300,000　　（貸方）徴収不能引当金　　300,000

※　この設例の場合，借方「徴収不能引当金繰入」は事業活動計算書（サービス活動増減による費用）に計上します。また，貸方計上の「徴収不能引当金」は，事業未収金から直接控除するため，次の仕訳を追加して直接減額する方法が考えられます（事業未収金は2,970万円を貸借対照表に計上して，徴収不能引当金30万円は注記する）。

＜事業活動計算書・貸借対照表の仕訳＞
（借方）徴収不能引当金　　300,000　　（貸方）事業未収金　　300,000

設例41

上記設例40の翌年度になり，事業未収金3,000万円のうち，一部が回収不能（A．回収不能額が20万円の場合，B．回収不能額が50万円の場合の2パターンを考える）となった。なお，前期末に事業未収金から直接減額した徴収不能引当金は，当期首において振り戻し処理を行っていると仮定する。

A．回収不能額が20万円の場合

この場合，前年度の「徴収不能引当金」計上額30万円の範囲内での回収

不能に該当するため，徴収不能額は計上せず次の仕訳が考えられます。

＜資金収支計算書の仕訳＞
（借方）徴 収 不 能 額　　　200,000　　（貸方）事 業 未 収 金　　　200,000
＜事業活動計算書・貸借対照表の仕訳＞
（借方）徴収不能引当金　　　200,000　　（貸方）事 業 未 収 金　　　200,000

B．回収不能額が50万円の場合
　この場合，前年度の「徴収不能引当金」計上額30万円を超えて回収不能になるため，引当不足20万円は「徴収不能額」（サービス活動増減による費用）の勘定科目で計上します。

＜資金収支計算書の仕訳＞
（借方）徴 収 不 能 額　　　500,000　　（貸方）事 業 未 収 金　　　500,000
＜事業活動計算書・貸借対照表の仕訳＞
（借方）徴収不能引当金　　　300,000　　（貸方）事 業 未 収 金　　　500,000
　　　　徴 収 不 能 額　　　200,000

※　徴収不能引当金の対象であった債権の回収があり，引当金計上が不要となった場合は戻入れを行います。勘定科目は，大区分「その他の特別収益」，中区分「徴収不能引当金戻入益」です。
　なお，資金収支計算書は，徴収不能発生時に会計処理を行うため，計上金額は事業活動計算書と異なります（上記設例の場合，資金収支計算書は50万円，事業活動計算書は20万円）。勘定科目は，大区分「流動資産評価損等による資金減少額」，中区分「徴収不能額」です。

3 賞与引当金

(1) 賞与引当金の概要

　月給以外に職員へ賞与を支給している法人では，次年度支給予定の賞与のうち，支給対象の計算期間が当年度に属している場合があります。たとえば，次年度の6月賞与支給の場合で，支給対象計算期間は当年度の12月から次年度の5月までと設定する事例を考えます。このとき，当年度の12月から3月までの4カ月間は当年度に帰属するため，当年度の賞与負担額として繰り入れ，同額を負債計上する会計処理が必要になります。
　すなわち，次年度支給の見込額を見積り，このうち当年度に帰属する部分を当年度の費用に計上するとともに流動負債「賞与引当金」を計上するので

す（会計基準5条2項1号，運用上の留意事項18（2））。

(2) 賞与引当金の会計処理

以下の設例で仕訳例を示しますので，参考にしてください。

設例42

当年度の決算にあたり，次年度6月支給の職員賞与総額300万円を見込むため，当年度分の負担額200万円を引当計上する（社会保険料，源泉税等は考慮外とする）。なお，当法人の規程は，6月賞与に係る支給対象の計算期間は12月から翌年5月である。

＜資金収支計算書の仕訳＞
仕訳なし

＜事業活動計算書・貸借対照表の仕訳＞
（借方）賞与引当金繰入　2,000,000　　（貸方）賞与引当金　2,000,000

※　$300万円 \times \dfrac{4カ月}{6カ月} = 200万円$

設例43

設例42の次年度6月の職員賞与支給は，330万円で確定した。この場合の仕訳は次のとおりである（社会保険料，源泉税等は考慮外とする）。

＜資金収支計算書の仕訳＞
（借方）職員賞与支出　3,300,000　　（貸方）支払資金　3,300,000

＜事業活動計算書・貸借対照表の仕訳＞
（借方）賞与引当金　2,000,000　　（貸方）現金預金　3,300,000
　　　　職員賞与　　1,300,000

※　実際の賞与支給額が前期末時点における職員賞見込み額から大きく乖離するケースは僅少であると思いますが，仮に，前期末計上の賞与引当金を下回って賞与支給する場合は，引当額と支給額の差額は重要性を勘案して「賞与引当金繰入額」の控除項目として計上する，若しくはその他の特別利益に計上することになると思われます。このような状況が発生した場合は，早急に見積計算方法の見直しを図る必要があります。

4 退職給付引当金

(1) 退職給付引当金の概要

　退職金規程で職員の退職時に退職金を支給する旨を定めている法人では，退職給付会計を適用します。会計処理は，職員に将来支給する退職金のうち，当年度に負担すべき金額を当年度の事業活動計算書の費用に計上して，退職金に係る負債として認識すべき残高を貸借対照表に計上します（会計基準5条2項2号）。

　借方の費用科目は「退職給付費用」（サービス活動増減による費用）であり，貸方の負債科目は「退職給付引当金」（固定負債）です（運用上の取り扱い18(2)(4)）。

　退職金は，将来時点における職員の退職時に支給するため，将来発生する費用となります。このため，将来の債務額（退職給付債務）の見積りは原則として現在価値に割り引いて計算します。

　しかし，この計算は高度な専門的知識が必要です。上場企業等では，「退職給付に関する会計基準」（企業会計基準26号）に基づいて会計処理を行っており，この会計基準は社会福祉法人の会計処理において参考になりますが，本書では簡便法について解説します。

(2) 簡便法の要件

　原則法の計算体系は複雑であり，規模の小さい法人に原則法適用を求めると事務負担になるため，退職一時金に係る債務は期末要支給額により算定する簡便法の方法が認められています。次の要件のいずれかを満たす場合，簡便法が適用できます（運用上の留意事項21 ア）。実務では，①「300人基準」で判断することが多いと思われます。

	簡便的の適用要件
①	退職給付の対象となる職員数が300人未満の場合
②	職員数が300人以上であっても，年齢や勤務期間に偏りがあり数理計算結果に一定の高い水準の信頼性が得られない場合
③	原則的な方法により算定した場合の額と期末要支給額との差異に重要性が乏しいと考えられる場合

（3）独立行政法人福祉医療機構の退職手当共済制度

　退職手当共済制度は，社会福祉施設等に勤務する職員に対して，安定した人材確保を支援するために設けられました。現在，福祉施設を運営する法人の約90％が利用していると思われます。

　この制度は，社会福祉施設職員等退職手当共済法（昭和36年6月19日法律第155号）の規定により，共済契約者（社会福祉法人）が施設区分・職員数に応じた掛金を独立行政法人福祉医療機構（機構）に納付します。そして，共済契約者（社会福祉法人）に勤務している職員が退職するとき，機構から退職金を支給します。

　退職金の支給財源は，共済契約者（社会福祉法人）と国・都道府県で負担するため，職員の自己負担のない点が特徴です。財政運営は，賦課方式によっており，毎年度の共済契約者（社会福祉法人）の負担する単位掛金は厚生労働大臣が決定します（平成29年度は被共済職員1人当たり44,500円）。

　退職手当金は，勤務期間と計算基礎額（退職前6カ月の平均本俸月額），退職理由を加味して計算します。なお，機構のホームページ上で退職手当金のシミュレーションすることができる機能があるので，参考になると思います。

　会計処理は，一度拠出した後に追加的な負担が生じない外部拠出型の制度であるため，拠出額である掛金額を費用処理するのみであり，負債（退職給付引当金）は計上しません（運用上の留意事項21 イ）。

　以下，仕訳例を記載しますので参考にしてください。

> **設例44　掛金を支払ったとき**
>
> 　独立行政法人福祉医療機構の退職手当共済制度に加入しており，当年度の掛金額30万円を拠出した。
>
> ＜資金収支計算書の仕訳＞
>
> （借方）退職給付支出　　　　300,000　　　（貸方）支　払　資　金　　300,000
>
> ＜事業活動計算書・貸借対照表の仕訳＞
>
> （借方）退職給付費用　　　　300,000　　　（貸方）現　金　預　金　　300,000

> **設例45　退職手当支給決定状況報告書が届いたとき**
>
> 　退職手当支給決定状況報告書が当法人に到着した。その後，退職者に対する支払通知を受け取った。
>
> ＜資金収支計算書の仕訳＞
> 　仕訳なし
>
> ＜事業活動計算書・貸借対照表の仕訳＞
> 　仕訳なし
>
> ※　独立行政法人福祉医療機構の退職手当共済制度では，掛金拠出後は法人として直接的な債権債務の主体にはなりません。このため，退職手当支給決定状況報告書が届いた場合，法人として取引を認識しないのが一般的であり，結果「仕訳なし」となります。

（4）都道府県等の実施する退職共済制度

　都道府県等における退職共済制度は，独立行政法人福祉医療機構における退職共済制度と異なり，各都道府県に応じて制度内容が様々です。

　退職一時金制度等の確定給付型を採用している場合は，約定の額を退職給付引当金に計上しますが，被共済職員個人の拠出金がある場合は，約定の給付額から被共済職員個人が既に拠出した掛金累計額を差し引いた額を退職給付引当金に計上します。

　簡便法は，①「期末退職金要支給額（約定の給付額から被共済職員個人が既に拠出した掛金累計額を差し引いた額）を退職給付引当金に計上して，同額の退職給付引当資産を計上する方法」，②「法人の負担する掛金額を退職給付引当資産に計上して，同額の退職給付引当金を計上する方法」が認められてい

ます（運用上の留意事項21 ウ）。

本書では，実務上の適用例が多いと考えられる簡便法②について，仕訳例を用いて解説します（運用上の留意事項21 ウ，研究資料5号(Q15)参照）。

設例46　掛金を支払ったとき

　○○県の実施する退職共済制度に加入しており，当年度の掛金額10万円（法人負担5万円，個人負担5万円）を拠出した。

＜資金収支計算書の仕訳＞

| （借方） | 退職給付引当資産支出 | 50,000 | （貸方） | 支払資金 | 50,000 |

＜事業活動計算書・貸借対照表の仕訳＞

| （借方） | 退職給付引当資産 | 50,000 | （貸方） | 現金預金 | 100,000 |
| | 預り金 | 50,000 | | | |

設例47　決算時の仕訳

　設例46の決算にあたり，退職給付引当金を計上する。決算時の約定の給付額は12万円である。

＜資金収支計算書の仕訳＞
　仕訳なし

＜事業活動計算書・貸借対照表の仕訳＞

| （借方） | 退職給付費用 | 50,000 | （貸方） | 退職給付引当金 | 50,000 |

※　決算時の約定の給付額12万円であるが，法人負担分の掛金5万円の費用及び負債を計上します。

設例48　設例47の次年度

　設例47の次年度に職員が退職して，約定の給付額12万円を職員に支払った。

＜資金収支計算書の仕訳＞

（借方）	支払資金	70,000	（貸方）	退職給付引当資産取崩収入	50,000
				その他の収入（雑収入）	20,000
（借方）	退職給付支出	70,000	（貸方）	支払資金	70,000

<事業活動計算書・貸借対照表の仕訳>

(借方)	現 金 預 金	120,000	(貸方)	退職給付引当資産	50,000
				預 り 金	50,000
				その他の収益	20,000
(借方)	退職給付引当金	50,000	(貸方)	現 金 預 金	120,000
	預 り 金	50,000			
	退職給付費用	20,000			

5 役員退職慰労引当金

(1) 役員退職慰労引当金の概要

　規程等により，役員の在任期間中における職務執行の対価として退職慰労金の支給を定めている法人では，その支給額を適切に見積もることが可能な場合は引当金を計上します。

　会計処理は，将来支給する退職慰労金のうち，当年度に負担すべき金額を事業活動計算書の人件費「役員退職慰労引当金繰入」の勘定科目で計上し，貸借対照表の負債に「役員退職慰労引当金」の勘定科目で計上します。退職慰労金を支給したときは，資金収支計算書の人件費「役員退職慰労金支出」として計上します（運用上の取り扱い18(4)）。

(2) 役員退職慰労引当金の会計処理

　以下の設例で仕訳例を示しますので，参考にしてください。

設例 49

　役員の退職に伴い，規程に基づいて慰労金30万円を支給する（前期に引当金計上済）。税金等は考慮外とする。

<資金収支計算書の仕訳>

(借方)	役員退職慰労金支出	300,000	(貸方)	支 払 資 金	300,000

<事業活動計算書・貸借対照表の仕訳>

(借方)	役員退職慰労引当金	300,000	(貸方)	現 金 預 金	300,000

> **設例50**
>
> 決算にあたり，当年度に負担すべき役員退職慰労引当金 50 万円を計上する。

＜資金収支計算書の仕訳＞
　仕訳なし

＜事業活動計算書・貸借対照表の仕訳＞

| （借方） | 役員退職慰労引当金繰入 | 500,000 | （貸方） | 役員退職慰労引当金 | 500,000 |

10　寄附金

1　寄附金の意義

　寄附は寄附を行う者の善意に基づいて財産を無償で拠出する行為であり，反対給付を伴わないため，贈与の性質を有していると考えられます。また，寄附者からの一方的な給付であるため，寄附者から財産が提供されたときに寄附が成立します。

　社会福祉法人では，金銭による寄附や器具・備品等の現物寄附を受けることがあります。

　なお，寄附金の会計処理は，前述の「国庫補助金等特別積立金」及び「基本金」と一体で考えると効率的です。

2　金銭による寄附

　金銭の寄附は，寄附目的により拠点区分の帰属先を決定します。寄附金を受領した拠点区分の資金収支計算書では，経常経費に対する寄附金の場合は「経常経費寄附金収入」，施設整備及び設備整備に対する寄附金の場合は「施設整備等寄附金収入」の科目で計上します。事業活動計算書では，それぞれ「経常経費寄附金収益」，「施設整備等寄附金収益」の科目で計上します（運用上の留意事項9(1)）。

　寄附金の勘定科目は，寄附目的に応じて区分する必要があるため，複数の勘定科目を設けています。詳細は，第3章の会計基準別表第一及び別表第

二を参考にしてください。

3 物品による寄附

　金銭の寄附は，受領した額が寄附金計上額になりますが，物品の寄附は取得時の時価で評価するため，評価額の調査が必要な場合があります。

　経常経費に対する寄附物品の場合は資金収支計算書では「経常経費寄附金収入」，事業活動計算書では「経常経費寄附金収益」の勘定科目で計上します。土地などの支払資金の増減に影響しない寄附物品は，事業活動計算書の「固定資産受贈額」の科目で計上して，資金収支計算書には計上しません。固定資産に計上するものは固定資産台帳へ登録し継続管理します。

　また，寄附物品が飲食物等で即日消費するものや社会通念上受取寄附金として扱うことが不適当な場合は寄附金を計上しません。

　なお，寄附金及び寄附物品を収受した場合は，寄附者から寄附申込書を受け，法人担当者は適宜受領書を発行し，また寄附名簿等を用意して継続記録・保管を行い，寄附金収益明細書（運用上の取り扱い別紙3②）を作成して，寄附者・寄附目的・寄附金額等を記載します（運用上の留意事項9(2)）。

4 受配者指定寄附金

　受配者指定寄附金制度は，寄附者が寄附先とその寄附先で行う事業を指定して共同募金会を通して寄附を行う制度であり，税制上の優遇措置があります。詳細は，共同募金会等のホームページを参照してください。運用上の留意事項9(3)では，次のとおり規定しています。

(1) 共同募金会から受けた受配者指定寄附金

　寄附者は共同募金会を通じて社会福祉法人に寄附することになるため，施設整備及び設備整備に係る配分金（資産取得のための借入金償還に充当するものを含む）は，資金収支計算書では「施設整備等寄附金収入」，事業活動計算書では「施設整備等寄附金収益」の勘定科目で計上します。このうち，基本金として組入れすべきものは，基本金に組み入れます。

基本金については，本章「5　基本金」を参照してください。

（2）受配者指定寄附金のうち，経常的経費に係る配分金

　経常的経費に係る配分金は，資金収支計算書では「経常経費寄附金収入」，事業活動計算書では「経常経費寄附金収益」の勘定科目で計上します。

（3）受配者指定寄附金以外の配分金のうち，経常的経費に係る配分金

　受配者指定寄附金以外の配分金は，民間団体からの助成に近いと考えられるため，補助金として会計処理を行います。資金収支計算書は「補助金事業収入」，事業活動計算書は「補助金事業収益」の勘定科目で計上します。

（4）受配者指定寄附金以外の配分金のうち，施設整備及び設備整備に係る配分金

　(3) と同様，補助金として会計処理します。資金収支計算書は「施設整備等補助金収入」，事業活動計算書は「施設整備等補助金収益」の勘定科目で計上します。また，国庫補助金等特別積立金を積み立てます。

11　補助金

1　補助金の意義

　社会福祉法人では，施設整備・設備整備・利子補給・借入金償還補助等の補助金の制度があります（法58条）。

　建物建設や施設運営には多額の資金が必要になるため，これらの費用を施設利用者へ転嫁するのは好ましくありません。そこで，国や地方から各法人へ補助金を支給する制度があるのです。

　補助金は，その目的に応じて帰属する拠点区分を決定して，資金を受け入れます（運用上の留意事項10）。

2 補助金の会計処理

以下の設例により仕訳例を示します。

設例51　施設整備の場合

施設の建設にあたり，建物1,000万円を支出，施設整備補助金500万を受領した。

＜資金収支計算書の仕訳＞

(借方)	建物取得支出	10,000,000	(貸方)	支払資金	10,000,000
(借方)	支払資金	5,000,000	(貸方)	施設整備等補助金収入	5,000,000

＜事業活動計算書・貸借対照表の仕訳＞

(借方)	建物	10,000,000	(貸方)	現金預金	10,000,000
(借方)	現金預金	5,000,000	(貸方)	施設整備等補助金収益	5,000,000
(借方)	国庫補助金等特別積立金積立額	5,000,000	(貸方)	国庫補助金等特別積立金	5,000,000

設例52　初期調度物品の場合

設備整備にあたり，消耗品5万円を支出，補助金2万円を受領した。

＜資金収支計算書の仕訳＞

(借方)	消耗器具備品費支出	50,000	(貸方)	支払資金	50,000
(借方)	支払資金	20,000	(貸方)	施設整備等補助金収入	20,000

＜事業活動計算書・貸借対照表の仕訳＞

(借方)	消耗器具備品費	50,000	(貸方)	現金預金	50,000
(借方)	現金預金	20,000	(貸方)	施設整備等補助金収益	20,000
(借方)	国庫補助金等特別積立金積立額	20,000	(貸方)	国庫補助金等特別積立金	20,000
(借方)	国庫補助金等特別積立金	20,000	(貸方)	国庫補助金等特別積立金取崩額	20,000

※　10万円未満の初期調度物品は取得年度の費用になるため，国庫補助金等特別積立金は積立てを行った年度に取り崩します。

12　税効果会計

1 税効果会計の意義

　企業会計における税効果会計は，法人税等の負担額を適切に期間配分するとともに繰延税金資産を計上する会計処理です。社会福祉法人において収益事業を行っている場合は，税効果会計を適用することがあります。

　本書では基本的な仕訳を示します。たとえば，会計上は賞与引当金10万円計上し，税務上の賞与引当金10万円計上は損金不算入の事例を考えます。このとき，会計上，借方「繰延税金資産」，貸方「法人税等調整額」の3万円（法定実効税率30%とする）の仕訳することにより，会計と税務のズレを修正し，適切な対応関係と貸借対照表に資産計上を図るというものです。

　事業活動計算書と貸借対照表の記載方法は，運用上の留意事項24を参照してください。

2 重要性の原則

　収益事業を行っている法人は，繰延税金資産及び繰延税金負債，法人税等調整額を計上する場合が考えられますが，課税所得の重要性に応じて税効果会計を適用しないことができます（運用上の取り扱い1(6)，運用上の留意事項24）。

第6章
計算書類の注記

　本章では，計算書類（貸借対照表の末尾）に記載する注記事項について解説します。注記は，計算書類本体の勘定科目や金額からは判明しない内容のうち，重要な箇所に関しての説明や表形式による開示を行い，情報の明瞭性を補完するものです。

1　注記事項の概要

　計算書類の注記事項は，平成23年会計基準から変更点はなく，下表の15項目を記載します（会計基準29条1項）。

　注記は，①法人全体と②拠点区分で作成します。

　法人全体の注記は，「事業区分　貸借対照表内訳表」（会計基準第3号第3様式）の後に記載します。拠点区分の注記は，「拠点区分　貸借対照表」（会計基準第3号第4様式）の後に記載します（運用上の取り扱い24）。

	注　記　事　項	法人全体	拠点区分	省略
①	継続事業の前提に関する注記	○	×	○
②	重要な会計方針	○	○	×
③	重要な会計方針の変更	○	○	○
④	（法人で）採用する退職給付制度	○	○	×
⑤	（法人が）作成する計算書類等並びに拠点区分及びサービス区分	○	○	×
⑥	基本財産の増減の内容及び金額	○	○	×

⑦	基本金又は固定資産の売却若しくは処分に係る国庫補助金等特別積立金の取崩し	○	○	×
⑧	担保に供している資産に関する事項	○	○	×
⑨	固定資産について減価償却累計額を直接控除した残額のみを記載した場合には，当該資産の取得価額，減価償却累計額及び当期末残高	○	○	○
⑩	債権について徴収不能引当金を直接控除した残額のみを記載した場合には，当該債権の金額，徴収不能引当金の当期末残高及び当該債権の当期末残高	○	○	○
⑪	満期保有目的の債券の内訳並びに帳簿価額，時価及び評価損益	○	○	×
⑫	関連当事者との取引の内容に関する事項	○	×	×
⑬	重要な偶発債務	○	×	×
⑭	重要な後発事象	○	○	×
⑮	その他社会福祉法人の資金収支及び純資産の増減の状況並びに資産，負債及び純資産の状態を明らかにするために必要な事項	○	○	×

1 法人全体の注記

　法人全体は上記15項目の注記を要しますが，このうち4項目（上記表の①，③，⑨，⑩）は項目名の省略が認められており，該当する内容がない場合は注記の項目を記載しないことができます。

　一方，他の11項目は，該当する内容がない場合でも項目名の省略はできません。この場合は，該当項目の箇所に「該当なし」，「該当ありません」などを記載します（運用上の留意事項25(2)）。

2 拠点区分の注記

　拠点区分は，15項目のうち12項目を注記します。注記を要しない3項目（上記表の①継続事業の前提に関する注記，⑫関連当事者との取引の内容に関する事項，⑬重要な偶発債務）は，拠点区分で注記を行う性質のものではなく，法人全体に関わるものです（会計基準29条4項）。

　なお，拠点区分が1つの場合は拠点区分の計算書類における注記を省略することができます。法人全体の注記と同一内容を記載することになるからです。

2 注記の記載内容

1 継続事業の前提に関する注記

　一般的に，特定の目的のために事業体を設立する場合，その目的を達成するため，事業活動は継続して行われます。事業活動は，いわば半永久的に継続するものであることを前提としており，このような立場に立てば，事業体の価値は継続して利用する取得価額を基準に評価することが望ましく，事業体の清算価値を前提とした評価方法は好ましくありません。

　社会福祉法人でもこのような考え方が成り立っているといえます。社会福祉法人は，法人の設立目的を達成するために社会福祉事業活動を継続するからです。

　しかし，社会福祉法人における業績悪化や資金繰りの問題などの理由により，事業継続が困難となる場合が想定されます。

　この場合，事業の継続に問題が発生していることを知らせるために，計算書類に情報開示するのです。

　具体的に次の内容を記載します。

継続事業の前提に関する注記	
①	当該事象又は状況が存在する旨及びその内容
②	当該事象又は状況を解消し，又は改善するための対応策
③	当該重要な不確実性が認められる旨及びその理由
④	当該重要な不確実性の影響を計算書類に反映している否かの別

　「継続事業の前提に関する注記」は，法人全体の計算書類のみに記載します。拠点区分の計算書類では不要です。また，該当事項がない場合は，項目自体の記載を省略することができます。

　なお，実務上，「継続事業の前提に関する注記」の内容を記載するケースは僅少であると考えられますが，注記が必要となる局面では利害関係者へ多大な影響を及ぼすことが想定されます。

> **注記例（法人全体のみ）**
>
> 　当法人は，当会計年度において〇〇から事業停止命令を受ける恐れが生じており，継続事業の前提に重要な疑義を生じさせるような状況が存在しております。
> 　当法人では，当該状況を解消すべく△△の対応策を行うこととしております。
> 　しかしながら，これらの対応策は実施途上であり，××の理由から現時点においては継続事業の前提に関する重要な不確実性が存在するものと認識しております。
> 　なお，計算書類は継続事業を前提として作成しており，継続事業の前提に関する重要な不確実性の影響を計算書類に反映しておりません。

2 重要な会計方針

　重要な会計方針は，計算書類の作成にあたり，その財政及び事業の活動状況を正しく示すために採用した会計処理の原則及び手続並びに計算書類の表示方法をいいます。具体的には，有価証券の評価基準及び評価方法，固定資産の減価償却方法，引当金の計上基準などがあります。代替的な複数の会計処理方法等が認められていない場合は，会計方針の注記は省略できます（運用上の取り扱い20）。

> **注記例（法人全体用，拠点区分用共通）**
>
> （1）有価証券の評価基準及び評価方法
> 　①満期保有目的の債券等
> 　　償却原価法（定額法）を採用しております。
> 　②上記以外の有価証券で時価のあるもの
> 　　決算日の市場価格に基づく時価法を採用しております。
>
> （2）固定資産の減価償却の方法
> 　①建物並びに器具及び備品
> 　　定額法を採用しております。
> 　②リース資産
> 　　所有権移転ファイナンス・リース取引に係るリース資産
> 　　　自己所有の固定資産に適用する減価償却方法と同一の方法によっております。
> 　　所有権移転外ファイナンス・リース取引に係るリース資産

リース期間を耐用年数とし，残存価額を零とする定額法によっております。
(3) 引当金の計上基準
①退職給付引当金
職員の退職給付に備えるため，期末要支給額を計上しております。
②賞与引当金
職員の賞与の支給に備えるため，支給見込額のうち当期に帰属する金額を計上しております。

3 重要な会計方針の変更

　上記，「2 重要な会計方針」は毎年度継続して適用する必要がありますが，正当な理由がある場合は会計方針を変更が認められます。会計方針を変更した場合，その旨，変更の理由，変更による影響額を注記しなければなりません。

　なお，①重要性の原則により簡便的な方法を採用していたが，当年度より重要性が増したため原則的な方法に変更した場合，②新たな事実の発生により新しい会計処理を採用した場合は，会計方針の変更には該当しません。これらについては，後述「15 その他社会福祉法人の資金収支及び純資産の増減の状況並びに資産，負債及び純資産の状態を明らかにするために必要な事項」で注記することが考えられます。

注記例(法人全体用，拠点区分用共通)

　○○資産の減価償却の方法は，従来定率法を採用していましたが，当会計年度より定額法に変更しております。これは，△△の理由によるものです。これにより，従来の方法と比べて，事業活動計算書のサービス活動費用計が□□円減少し，サービス活動増減差額，経常増減差額，当期活動増減差額が□□円増加しております。

4 法人で採用する退職給付制度

　職員の退職金に関する内容を注記します。たとえば，福祉医療機構（平成15年10月設立の独立行政法人）の制度と都道府県の退職共済制度を採用して

いる法人の場合では次のような内容を注記が考えられます。

> **注記例（法人全体用，拠点区分用共通）**
> 　法人で採用する退職給付制度は，独立行政法人福祉医療機構の社会福祉施設職員等退職手当共済制度及び○○県社会福祉協議会の退職共済制度によっております。

　なお，拠点区分で作成する計算書類の注記は，項目の「法人で」を付けずに「採用する退職給付制度」の項目で注記します。

5 法人が作成する計算書類と拠点区分，サービス区分

　法人によっては計算書類の作成を省略できる場合があるため，法人で作成する計算書類の内容を記載します。また，作成を省略した場合は，その理由を明記します。

> **法人全体用の注記例**
> 　当法人の作成する計算書類は以下のとおりです。
> (1) 法人全体の計算書類（会計基準省令第1号第1様式，第2号第1様式，第3号第1様式）
> (2) 事業区分別内訳表（会計基準省令第1号第2様式，第2号第2様式，第3号第2様式）
> (3) 社会福祉事業における拠点区分別内訳表（会計基準省令第1号第3様式，第2号第3様式，第3号第3様式）
> (4) 収益事業における拠点区分別内訳表（会計基準省令第1号第3様式，第2号第3様式，第3号第3様式）
> 　当法人では，収益事業を実施していないため作成しておりません。
> (5) 各拠点区分におけるサービス区分の内容
> 　　ア　A里拠点（社会福祉事業）
> 　　　「介護老人福祉施設A里」
> 　　　「短期入所生活介護○○」
> 　　　「居宅介護支援○○」
> 　　　「本部」
> 　　イ　B園拠点（社会福祉事業）
> 　　　「保育所B園」
> 　　ウ　Cの家拠点（社会福祉事業）

「児童養護施設Cの家」
　　　「子育て短期支援事業〇〇」
　エ　D苑拠点（公益事業）
　　　「有料老人ホームD苑」

また，拠点区分における計算書類の注記例は次のとおりです。

> **拠点区分用の注記例**
>
> 　当拠点区分において作成する計算書類等は以下のとおりです。
> (1) A里拠点計算書類（会計基準省令第1号第4様式，第2号第4様式，第3号第4様式）
> (2) 拠点区分事業活動明細書（別紙3⑪）
> 　ア　介護老人福祉施設A里
> 　イ　短期入所生活介護〇〇
> 　ウ　居宅介護支援〇〇
> 　エ　本部
> (3) 拠点区分資金収支明細書（別紙3⑩）は省略しております。

6 基本財産の増減の内容及び金額

　基本財産は，法人存立の基礎となる重要な資産であり定款に明記します。計算書類の注記は，その増減を科目別に記載します。
　基本財産の増減内容は，法人全体と拠点区分の両方において注記します。

> **注記例（法人全体用，拠点区分用共通）**
>
> 　基本財産の増減の内容及び金額は以下のとおりです。
>
> （単位：円）
>
> | 基本財産の種類 | 前期末残高 | 当期増加額 | 当期減少額 | 当期末残高 |
> | --- | --- | --- | --- | --- |
> | 土地 | 300,000,000 | 50,000,000 | ― | 350,000,000 |
> | 建物 | 70,000,000 | 30,000,000 | 10,000,000 | 90,000,000 |
> | 定期預金 | 10,000,000 | 5,000,000 | 5,000,000 | 10,000,000 |
> | 投資有価証券 | ― | ― | ― | ― |
> | 合計 | 380,000,000 | 85,000,000 | 15,000,000 | 450,000,000 |

7 基本金又は固定資産の売却若しくは処分に係る国庫補助金等特別積立金の取崩し

　基本金又は国庫補助金等特別積立金の取崩しが発生した場合，その旨と内容，金額を注記します。この注記は，法人全体と拠点区分の両方で行います。

　なお，ここで注記の対象となるのは，国庫補助金等特別積立金の対象固定資産を廃棄・譲渡して，事業活動計算書の特別増減の部の費用「国庫補助金等特別積立金取崩額（除却等）」が発生した場合です。事業活動計算書のサービス活動増減の部の費用「国庫補助金等特別積立金取崩額」を取り崩した場合は，ここでは注記の対象にはなりません。

> **注記例（法人全体用，拠点区分用共通）**
>
> 　Ｘ施設をＹへ譲渡したことに伴い，基本金○○○円及び国庫補助金等特別積立金×××円を取り崩しました。

8 担保に供している資産

　金融機関等からの借入れに係る担保について，担保に供している資産の内容と金額，担保債務の種類と金額を注記します。この注記は，法人全体と拠点区分の両方において行います。

　なお，基本財産を担保に供する場合には，基本財産担保提供承認申請書を所轄庁へ提出して，承認を得る必要があります。また，所轄庁の承認を受けなければならない旨を定款に明記する必要があるので留意してください。

> **注記例（法人全体用，拠点区分用共通）**
>
> 担保に供されている資産は以下のとおりです。
>
> | | |
> |---|---:|
> | 土地（基本財産） | 100,000,000 円 |
> | 建物（基本財産） | 50,000,000 円 |
> | 計 | 150,000,000 円 |
>
> 担保している債務の種類及び金額は以下のとおりです。

設備資金借入金（1年以内返済予定額を含む）	50,000,000 円
計	50,000,000 円

9 固定資産の取得価額，減価償却累計額及び当期末残高

　固定資産の記帳方法は，直接法（固定資産の減価償却累計額を取得価額から直接減額する方法）と間接法（固定資産の減価償却累計額を計上するとともに固定資産は取得価額で計上する方法）があります。

　法人が直接法を採用している場合，貸借対照表に固定資産の取得価額と減価償却累計額が明示されないため，注記により情報開示します。この注記は，法人全体と拠点区分の両方において行います。

　他方，間接法を採用している法人では，貸借対照表に固定資産の取得価額と減価償却累計額を計上するので，注記は不要で項目の省略が可能です。

　固定資産の具体的な会計処理は，第5章を参照してください。

注記例（法人全体用，拠点区分用共通）

　固定資産の取得価額，減価償却累計額及び当期末残高は，以下のとおりです。

（単位：円）

	取得価額	減価償却累計額	当期末残高
建物（基本財産）	50,000,000	10,000,000	40,000,000
建物	20,000,000	2,000,000	18,000,000
構築物	10,000,000	1,000,000	9,000,000
・・・・・	20,000,000	1,000,000	19,000,000
合計	100,000,000	14,000,000	86,000,000

10 債権額，徴収不能引当金の当期末残高，債権の当期末残高

　決算にあたり，債権額の徴収不能額を見積もり，引当金を計上して債権額から当該引当金計上額を直接減額している場合は注記が必要になります。この注記により，債権額と徴収不能引当金，さらに純額の債権額の内容を把握することができます（下記注記例参照）。徴収不能引当金の注記は，法人全体

と拠点区分の両方において行います。

徴収不能引当金の具体的な会計処理は，第5章を参照してください。

> **注記例（法人全体用，拠点区分用共通）**
>
> 債権額，徴収不能引当金の当期末残高，債権の当期末残高は以下のとおりです。
>
> （単位：円）
>
> | | 債権額 | 徴収不能引当金の当期末残高 | 債権の当期末残高 |
> |---|---|---|---|
> | 事業未収金 | 100,000,000 | 1,000,000 | 99,000,000 |
> | 長期貸付金 | 10,000,000 | 10,000 | 9,990,000 |
> | 合計 | 110,000,000 | 1,010,000 | 108,990,000 |

11 満期保有目的の債券の内訳並びに帳簿価額，時価及び評価損益

満期保有目的の債券は，満期まで保有することになるので決算時に時価評価しません。このため，満期保有目的の債券の時価に関する情報は必要ないように思われますが，当年度決算日から満期日までの期間が長い債券は，帳簿価額と時価がかい離する場合が考えられます。そこで，満期保有目的の債券は時価評価しないかわりに時価情報を注記して情報開示します。

この注記は，法人全体と拠点区分の両方で行います。満期保有目的の債券の会計処理は，第5章を参照してください。

> **注記例（法人全体用，拠点区分用共通）**
>
> 満期保有目的の債券の内訳並びに帳簿価額，時価及び評価損益は以下のとおりです。
>
> （単位：円）
>
> | 種類及び銘柄 | 帳簿価額 | 時価 | 評価損益 |
> |---|---|---|---|
> | 第×8回利付国債 | 30,000,000 | 29,990,000 | △10,000 |
> | 第□9回利付国債 | 20,000,000 | 19,990,000 | △10,000 |
> | ‥‥‥ | | | |
> | 合計 | 50,000,000 | 49,980,000 | △20,000 |

12 関連当事者との取引の内容

(1) 関連当事者の意義

　関連当事者は，法人の役員や評議員，近親者，支配法人などが該当します。法人の経営に重大な影響を与える可能性の高い関連当事者と法人との取引は，恣意性が介入する余地があります。また，法人との利益相反の可能性があるため，公平な取引を保つ観点から，自己又は第三者のために法人と取引した場合は，その内容を明らかにして計算書類に注記します。

　この注記は，法人全体のみ行います。関連当事者は，具体的に次のA～Eに該当する者をいいます（会計基準29条2項・3項，運用上の留意事項26(1)）。

A	当法人の常勤の役員又は評議員として報酬を受けている者及びそれらの近親者（3親等内の親族及びこの者と特別の関係にある者）。なお，ここでいう「親族及びこの者と特別の関係にある者」は，たとえば次のア～ウをいう。		
	ア	当該役員又は評議員とまだ婚姻の届け出をしていないが，事実上婚姻と同様の事情にある者	
	イ	当該役員又は評議員から受ける金銭その他の財産によって生計を維持している者	
	ウ	ア又はイの親族で，これらの者と生計を一にしている者	
B	当法人の常勤の役員又は評議員として報酬を受けている者及びそれらの近親者が議決権の過半数を有している法人。		
C	支配法人（当法人の財務及び営業又は事業の方針の決定を支配している他の法人）。なお，他の法人の役員，評議員若しくは職員である者が当法人の評議員会の構成員の過半数を占めている場合は，支配法人に該当する。		
D	被支配法人（当法人が財務及び営業又は事業の方針の決定を支配している他の法人）。なお，当該社会福祉法人の役員，評議員若しくは職員である者が他の法人の評議員会の構成員の過半数を占めている場合は，被支配法人に該当する。		
E	当法人と同一の支配法人を持つ法人（支配法人が当法人以外に支配している法人）。		

(2) 開示対象の範囲

　関連当事者との開示対象は，重要度に応じて範囲を決定します。

　上記A及びBに該当する者との取引は，事業活動計算書項目及び貸借対照表項目いずれに係る取引の年間1,000万円を超える取引は全て開示対象です。

これに対して、上記C～Eに該当する者との取引は、「事業活動計算書の項目」と「貸借対照表の項目」の2つに分けて考えます（運用上の留意事項26(2)）。

【事業活動計算書の項目について】

サービス活動収益又はサービス活動外収益の各項目	各項目に属する科目ごとに、サービス活動収益とサービス活動外収益の合計額の100分の10を超える取引を開示（10％基準）。
サービス活動費用又はサービス活動外費用の各項目	各項目に属する科目ごとに、サービス活動費用とサービス活動外費用の合計額の100分の10を超える取引を開示（10％基準）。
特別収益又は特別費用の各項目	各項目に属する項目ごとに1,000万円を超える収益又は費用の額について、その取引総額を開示し、取引総額と損益が相違する場合は損益を併せて開示（1,000万円基準）。 ただし、各項目に属する科目の取引に係る損益の合計額が当期活動増減差額の100分の10以下となる場合は、開示を要しない。

【貸借対照表の項目について】

貸借対照表項目に属する科目の残高については、その金額が資産の合計額の100分の1を超える取引について開示（1％基準）。

（3）開示の対象内容

関連当事者との取引は、次に掲げる事項を原則として関連当事者ごとに注記しなければなりません（運用上の取り扱い21）。

ア	当該関連当事者が法人の場合には、その名称、所在地、直近の会計年度末における資産総額及び事業の内容。なお、当該関連当事者が会社の場合には、当該関連当事者の議決権に対する当該社会福祉法人の役員、評議員又は近親者の所有割合
イ	当該関連当事者が個人の場合には、その氏名及び職業
ウ	当該社会福祉法人と関連当事者との関係
エ	取引の内容
オ	取引の種類別の取引金額
カ	取引条件及び取引条件の決定方針
キ	取引により発生した債権債務に係る主な科目別の期末残高

ク	取引条件の変更があった場合には，その旨，変更の内容及び当該変更が計算書類に与えている影響の内容

（4）注記不要の取引

関連当事者との間の取引のうち，次の2つの取引については注記不要です（運用上の取り扱い21）。

ア	一般競争入札による取引並びに預金利息及び配当金の受取りその他取引の性格からみて取引条件が一般の取引と同様であることが明白な取引
イ	役員又は評議員に対する報酬，賞与及び退職慰労金の支払い

注記例（法人全体のみ）

関連当事者との取引の内容は次のとおりです。

種類	法人等の名称	住所	資産総額	事業の内容又は職業	議決権の所有割合	関係内容		取引の内容	取引金額	科目	期末残高
						役員の兼務等	事業上の関係				
役員又は評議員	XXX	—	—	当法人理事長	—	—	—	資金の借入	20,000,000	1年以内返済予定役員等長期借入金	2,000,000
										役員等長期借入金	18,000,000

13 重要な偶発債務

偶発債務は，将来において法人の債務負担となる可能性のある事象をいい，訴訟の賠償金の支払や借入金の保証による負担額などが該当します。すなわち，当年度決算時点では，法人が負っている負債ではありませんが，翌年度以降の状況に応じて負債となる可能性のあるものです。

偶発債務が生じている場合，将来の決算に影響を及ぼす可能性を考慮して

情報開示します。この注記は法人全体のみ行います。

注記の内容は，たとえば訴訟の場合はその内容や賠償金額等を記載します。

> **注記例（法人全体のみ）**
>
> 当法人を被告とする○○に関する損害賠償請求事件について原告Ｘと係争中であり，×××円及び年□パーセントの遅延損害金の損害賠償請求を受けております。

14 重要な後発事象

後発事象は，当年度末日後に発生した事象で，翌年度以降の法人の財政及び活動の状況に影響を及ぼすものをいいます。重要な後発事象は，利害関係者の判断に重要な影響を与えるため，計算書類作成日までに発生した場合は計算書類に注記しなければなりません。この注記は，法人全体と拠点区分の両方で行います。

また，後発事象の発生により，当年度の決算における会計上の判断ないし見積りを修正する必要が生じた場合は，当年度の計算書類を修正します。

重要な後発事象の例としては，次のようなものがあります（運用上の取り扱い22）。

	重要な後発事象の例示
①	火災出水等による重大な損害の発生
②	施設の開設又は閉鎖，施設の譲渡又は譲受け
③	重要な係争事件の発生又は解決
④	重要な徴収不能額の発生

> **注記例（法人全体用，拠点区分用共通）**
>
> 平成○○年○○月○○日の□□災害により，施設の一部が被災したため，建物の改修工事××円が発生する見込みです。

15 その他社会福祉法人の資金収支及び純資産の増減の状況並びに資産, 負債及び純資産の状態を明らかにするために必要な事項

　注記項目の最後は，計算書類に記載すべきものとして会計基準に定められたもののほかに，法人の利害関係者が法人の状況を適正に判断するために必要な項目を記載します。

　個々の社会福祉法人の経営内容や事業環境等によって様々な例が考えられますが，例えば次のようなものがあります（運用上の取り扱い 23）。

①	状況の変化に伴う引当金の計上基準の変更，固定資産の耐用年数，残存価額の変更等会計処理上の見積方法の変更に関する事項
②	法令の改正，社会福祉法人の規程の制定及び改廃等，会計処理すべき新たな事実の発生に伴い新たに採用した会計処理に関する事項
③	勘定科目の内容について特に説明を要する事項
④	法令，所轄庁の通知等で特に説明を求められている事項

第7章
附属明細書

　本章では附属明細書を取り上げます。附属明細書は，計算書類や注記事項からは情報が伝わらない項目について，補足情報として開示するものです。

　会計システムを導入している法人では，日次取引及び決算整理の仕訳入力を正確に行うことで附属明細書の基礎情報が作成できるため，効率的な決算業務が可能です。

　会計システム導入していない法人では，集計時間と作成業務に相当の時間が必要になると思われます。遅くとも決算前までに，どのような情報を開示する必要があるのか，事前に把握しておく必要があります。

1　附属明細書の内容

　附属明細書は，計算書類の内容を補足するものであり，19項目あります（会計基準30条1項各号参照）。

　このうち，次表の①～⑦については法人全体で作成して，⑧～⑲については拠点区分で作成します。

　ただし，19項目のうち，法人において該当する項目がない場合は作成の省略が可能です（運用上の取り扱い25）。

附属明細書一覧	
附　属　明　細　書	運用上の取り扱い25
①　借入金明細書	別紙3 ①
②　寄附金収益明細書	別紙3 ②
③　補助金事業等収益明細書	別紙3 ③

④	事業区分間及び拠点区分間繰入金明細書	別紙3 ④
⑤	事業区分間及び拠点区分間貸付金（借入金）残高明細書	別紙3 ⑤
⑥	基本金明細書	別紙3 ⑥
⑦	国庫補助金等特別積立金明細書	別紙3 ⑦
⑧	基本財産及びその他の固定資産（有形・無形固定資産）の明細書	別紙3 ⑧
⑨	引当金明細書	別紙3 ⑨
⑩	拠点区分資金収支明細書	別紙3 ⑩
⑪	拠点区分事業活動明細書	別紙3 ⑪
⑫	積立金・積立資産明細書	別紙3 ⑫
⑬	サービス区分間繰入金明細書	別紙3 ⑬
⑭	サービス区分間貸付金（借入金）残高明細書	別紙3 ⑭
⑮	就労支援事業別事業活動明細書	別紙3 ⑮
⑮-2	就労支援事業別事業活動明細書（多機能型事業所等用）	別紙3 ⑮-2
⑯	就労支援事業製造原価明細書	別紙3 ⑯
⑯-2	就労支援事業製造原価明細書（多機能型事業所等用）	別紙3 ⑯-2
⑰	就労支援事業販管費明細書	別紙3 ⑰
⑰-2	就労支援事業販管費明細書（多機能型事業所等用）	別紙3 ⑰-2
⑱	就労支援事業明細書	別紙3 ⑱
⑱-2	就労支援事業明細書（多機能型事業所等用）	別紙3 ⑱-2
⑲	授産事業費用明細書	別紙3 ⑲

※該当する項目がないものについては，省略可能です。

2 法人全体で作成する附属明細書

　上記19項目のうち，①～⑦は法人全体で作成します。拠点区分ごとの内訳は，附属明細書の中で記載する様式になっています（運用上の取り扱い25(1)）。

　また，会計監査人を設置する法人において監査対象となる附属明細書は，法人全体で作成する①～⑦のうち，①借入金明細書，②寄附金収益明細書，

③補助金事業収益明細書,⑥基本金明細書,⑦国庫補助金等特別積立金明細書の5つです(社規2条の30第1項2号)。このうち,①・②・③については,監査報告の意見対象となるのは法人単位の計算書類に対応する項目です。

1 借入金明細書　＜別紙3 ①＞

　資金借入れや返済にかかる会計処理は,借入目的に応じて,各拠点区分で行い,借入金明細書を作成します。当該明細書には,借入先,借入額,償還額等の内容を記載します。

　独立行政法人福祉医療機構と協調融資(独立行政法人福祉医療機構の福祉貸付が行う施設整備のための資金に対する融資と併せて行う同一の財産を担保とする当該施設整備のための資金に対する融資)に関する契約を結んだ民間金融機関に対して基本財産を担保に供する場合は,借入金明細書の借入先欄の金融機関名の後に「協調融資」と記載します。

　また,法人が将来受け取る債権を担保として供する場合は,借入金明細書の担保資産欄にその旨を記載します(運用上の留意事項8)。

別紙3（①）

借入金明細書

（自）平成　年　月　日　（至）平成　年　月　日

社会福祉法人名

(単位：円)

区分	借入先	拠点区分	期首残高①	当期借入金②	当期償還額③	差引期末残高④=①+②-③（うち1年以内償還予定額）	元金償還補助金	利率%	支払利息 当期支出額	利息補助金収入	返済期限	使途	担保資産 種類	地番または内容	帳簿価額
設備資金借入金						( )									
						( )									
						( )									
						( )									
計						( )									
長期運営資金借入金						( )									
						( )									
						( )									
計						( )									
短期運営資金借入金															
計															
合計						( )									

（注）役員等からの長期借入金、短期借入金がある場合には、区分を新設するものとする。

202

第7章 附属明細書

2 寄附金収益明細書 ＜別紙3②＞

寄附金，寄附物品を収受した場合は，寄附者から寄附申込書を受けて寄附金収益明細書を作成し，寄附者，寄附目的，寄附金額等を記載します（運用上の留意事項9(2)）。

寄附金の会計処理は，第5章を参照してください。

別紙3（②）

寄附金収益明細書

（自）平成 年 月 日 （至）平成 年 月 日

社会福祉法人名

(単位：円)

寄附者の属性	区分	件数	寄附金額	うち基本金組入額	寄附金額の拠点区分ごとの内訳		
					○○○	○○○	○○○
区分小計							
区分小計							
区分小計							
合計							

(注) 1. 寄附者の属性の内容は，法人の役職員，利用者本人，利用者の家族，取引業者，その他とする。
2. 「寄附金額」欄には寄附物品を含めるものとする。「区分」欄には，経常経費寄附金収益の場合は「経常」，長期運営資金借入金元金償還寄附金収益の場合は「運営」，施設整備等寄附金収益の場合は「施設」，設備資金借入金元金償還寄附金収益の場合は「償還」，固定資産受贈額の場合は「固定」とし，寄附金の種類がわかるように記載すること。
3. 「寄附金額」の「区分小計」欄は事業活動計算書の勘定科目の金額と一致するものとする。また，「寄附金額の拠点区分ごとの内訳」の「区分小計」欄は，拠点区分事業活動計算書の勘定科目の金額と原則として一致するものとする。

203

3 補助金事業等収益明細書　＜別紙3③＞

　施設整備等に係る補助金，借入金元金償還補助金，借入金利息補助金及び経常経費補助金等の各種補助金については，補助の目的に応じて帰属する拠点区分を決定して，補助金事業等収益明細書の該当区分に記載します（運用上の留意事項10）。

　補助金の会計処理は，第5章を参照してください。

4 事業区分間及び拠点区分間繰入金明細書　＜別紙3④＞

　社会福祉事業，公益事業，収益事業の事業区分間及び拠点区分間の繰入金収入及び繰入金支出の内容を記載します。

　また，「拠点区分資金収支明細書」（別紙3⑩）を作成した拠点では，サービス区分間の繰入金収入及び繰入金支出の内容を記載した「サービス区分間繰入金明細書」（別紙3⑬）を作成します（運用上の留意事項11）。

　繰入金については，第4章の決算整理を参照してください。

5 事業区分間及び拠点区分間貸付金（借入金）残高明細書 ＜別紙3⑤＞

　社会福祉事業，公益事業，収益事業における事業区分間及び拠点区分間の貸付金（借入金）の残高を「事業区分間及び拠点区分間貸付金（借入金）残高明細書」（別紙3⑤）に記載します。

　また，「拠点区分資金収支明細書」（別紙3⑩）を作成した拠点では，サービス区分間の貸付金（借入金）の残高を「サービス区分間貸付金（借入金）残高明細書」（別紙3⑭）」に記載します（運用上の留意事項12）。

　事業区分間及び拠点区分の取引は，第4章の決算整理を参照してください。

別紙3(3)

補助金事業等収益明細書

(自) 平成 年 月 日 (至) 平成 年 月 日

社会福祉法人名

(単位:円)

交付団体及び交付の目的	区分	交付金額	補助金事業に係る利用者からの収益	交付金額等合計	うち国庫補助金等特別積立金積立額	交付金額等合計の拠点区分ごとの内訳
						○○○　○○○　○○○
区分小計						
区分小計						
区分小計						
合計						

(注)
1. 「区分」欄には、介護保険事業の補助金事業収益の場合は「介護事業」、老人福祉事業の補助金事業収益の場合は「老人事業」、児童福祉事業の補助金事業収益の場合は「児童事業」、保育事業の補助金事業収益の場合は「保育事業」、障害福祉サービス等事業の補助金事業収益の場合は「障害事業」、生活保護事業の補助金事業収益の場合は「生活保護事業」、医療事業の補助金事業収益の場合は「医療事業」、○○事業の補助金事業収益の場合は「○○事業」、借入金利息補助金事業収益の場合は「利息」、施設整備等補助金収益の場合は「施設」、設備資金借入金元金償還補助金事業収益の場合は「償還」と補助金の種類がわかるように記入すること。
   なお、運用上の留意事項(課長通知)別紙3「勘定科目説明」において「利用者からの収益を含む」と記載されている場合のみ、「補助金事業に係る利用者からの収益」欄を記入するものとする。
2. 「交付金額等合計」の「区分小計」は事業活動計算書の勘定科目の金額と一致するものとする。
   また、「交付金額等合計の拠点区分ごとの内訳」の「区分小計」の合計は、拠点区分事業活動計算書の勘定科目の金額と一致するものとする。

205

別紙3（④）

事業区分間及び拠点区分間繰入金明細書

（自）平成　年　月　日　（至）平成　年　月　日

社会福祉法人名　_____

1) 事業区分間繰入金明細書

（単位：円）

事業区分名		繰入金の財源（注）	金額	使用目的等
繰入元	繰入先			

（注）繰入金の財源には、介護保険収入、運用収入、前期末支払資金残高等の別を記入すること。

2) 拠点区分間繰入金明細書

（単位：円）

拠点区分名		繰入金の財源（注）	金額	使用目的等
繰入元	繰入先			

（注）繰入金の財源には、介護保険収入、運用収入、前期末支払資金残高等の別を記入すること。

別紙3(5)

事業区分間及び拠点区分間貸付金(借入金)残高明細書

平成　年　月　日現在

社会福祉法人名 _____

1) 事業区分間貸付金(借入金)明細書

(単位：円)

貸付事業区分名		借入事業区分名	金額	使用目的等
短期				
	小計			
長期				
	小計			
	合計			

2) 拠点区分間貸付金(借入金)明細書

(単位：円)

貸付拠点区分名		借入拠点区分名	金額	使用目的等
短期				
	小計			
長期				
	小計			
	合計			

6 基本金明細書 ＜別紙3⑥＞

第1号基本金，第2号基本金，第3号基本金の前期末残高，当期組入額，当期取崩額，当期末残高の合計額と拠点ごとの内訳を示します。

基本金の会計処理は，第5章を参照してください。

別紙3(⑥)

基本金明細書

(自) 平成　年　月　日　(至) 平成　年　月　日

社会福祉法人名 ＿＿＿＿＿＿＿＿＿＿

(単位：円)

区分並びに組入れ及び取崩しの事由		合計	各拠点区分ごとの内訳		
			○○○	○○○	○○○
前年度末残高					
	第一号基本金				
	第二号基本金				
	第三号基本金				
第一号基本金	当期組入額 ○○○○ ○○○○				
	計				
	当期取崩額 ○○○○ ○○○○				
	計				
第二号基本金	当期組入額 ○○○○ ○○○○				
	計				
	当期取崩額 ○○○○ ○○○○				
	計				
第三号基本金	当期組入額 ○○○○ ○○○○				
	計				
	当期取崩額 ○○○○ ○○○○				
	計				
当期末残高					
	第一号基本金				
	第二号基本金				
	第三号基本金				

(注) 1．「区分並びに組入れ及び取崩しの事由」の欄に該当する事項がない場合には，記載を省略する。

2．①第一号基本金とは、本文11（1）に規定する基本金をいう。
②第二号基本金とは、本文11（2）に規定する基本金をいう。
③第三号基本金とは、本文11（3）に規定する基本金をいう。

3．従前からの特例により第一号基本金・第二号基本金の内訳を示していない法人では、合計額のみを記載するものとする。

7 国庫補助金等特別積立金明細書　＜別紙3⑦＞

補助金の種類別に，前期繰越額，当期積立額，当期取崩額，当期末残高の各項目の金額を記載して，各拠点区分の内訳を示します。国庫補助金等特別積立金の会計処理は，第5章を参照してください。

別紙3⑦

国庫補助金等特別積立金明細書

(自) 平成　年　月　日　(至) 平成　年　月　日

社会福祉法人名

(単位：円)

区分並びに積立て及び取崩しの事由	補助金の種類		合計	各拠点区分の内訳		
	国庫補助金	地方公共団体補助金	その他の団体からの補助金			
前期繰越額	○○○○	○○○○	○○○○		○○○	○○○	○○○
当期積立額	サービス活動費用の控除項目として計上する積立額						
	特別費用の控除項目として計上する積立額						
	当期積立額合計						
当期取崩額	サービス活動費用の控除項目として計上する取崩額						
	特別費用の控除項目として計上する取崩額	○○○○					
	当期取崩額合計						
当期末残高							

(注) サービス活動費用の控除項目として計上する取崩額には，国庫補助金等特別積立金の対象となった固定資産の減価償却相当額等を取崩額を記入し，特別費用の控除項目として計上する取崩額には，国庫補助金等特別積立金の対象となった固定資産が売却または廃棄された場合の取崩額を記入する（本文9参照）。

3　拠点区分で作成する附属明細書

19項目のうち，⑧～⑲は拠点区分ごとに作成します。法人全体で作成する必要はありません（運用上の取り扱い25(2)）。

1 基本財産及びその他の固定資産（有形・無形固定資産）の明細書 ＜別紙3⑧＞

基本財産（有形固定資産）及びその他の固定資産（有形固定資産及び無形固定資産）の種類ごとに，期首帳簿価額，当期増加額，当期減価償却額，当期減少額，期末帳簿価額，減価償却累計額，期末取得原価の金額を記載します。このうち，国庫補助金等の額は別記します。

なお，有形固定資産及び無形固定資産以外に減価償却資産がある場合は，これらについても記載する必要があります（運用上の取り扱い25(2)イ）。

固定資産の会計処理は，第5章を参照してください。

第7章 附属明細書

別紙3(8)

基本財産及びその他の固定資産（有形・無形固定資産）の明細書

（自）平成　年　月　日　（至）平成　年　月　日

社会福祉法人名 _____
拠点区分 _____

(単位：円)

資産の種類及び名称	期首帳簿価額(A)		当期増加額(B)		当期減価償却額(C)		当期減少額(D)		期末帳簿価額 (E=A+B-C-D)		減価償却累計額(F)		期末取得原価(G=E+F)		摘要
		うち国庫補助金等の額		うち国庫補助金等の額		うち国庫補助金等の額		うち国庫補助金等の額		うち国庫補助金等の額		うち国庫補助金等の額		うち国庫補助金等の額	
基本財産（有形固定資産）															
土地															
建物															
基本財産合計															
その他の固定資産（有形固定資産）															
土地															
建物															
車輌運搬具															
○○○															
その他の固定資産（有形固定資産）計															
その他の固定資産（無形固定資産）															
○○○															
○○○															
その他の固定資産（無形固定資産）計															
基本財産及びその他の固定資産計															
将来入金予定の償還補助金の額															
差引															

(注) 1.「うち国庫補助金等の額」については、設備資金元金償還補助金がある場合には、償還補助総額を記載した上で、国庫補助金取崩計算を行うものとする。「将来入金予定の償還補助金の額」欄では、「期首帳簿価額」「期末帳簿価額」「当期減少額」にはマイナス表示で、実際に補助金等の額に「当期増加額」の「うち国庫補助金等の額」をプラス表示することにより、「差引」欄の「期末帳簿価額」の「うち国庫補助金等の額」が資産明細表上の国庫補助金等特別積立金残高と一致することが確認できる。

2.「当期増加額」には減価償却控除前の増加額、「当期減少額」には当期減価償却額を控除した減少額を記載する。

211

2 引当金明細書　＜別紙3⑨＞

　各引当金の期首残高，当期増加額，当期減少額（目的使用とその他），期末残高を記載します。使用目的外による当期減少額は，内容と金額を注記します。

　引当金の会計処理は，第5章を参照してください。

別紙3（⑨）

引当金明細書

（自）平成　年　月　日　（至）平成　年　月　日

社会福祉法人名　　　　　　　　　　　
拠点区分　　　　　　　　　　　

（単位：円）

科目	期首残高	当期増加額	当期減少額		期末残高	摘要
			目的使用	その他		
退職給付引当金	＊＊＊	＊＊＊ （＊＊＊）	＊＊＊	＊＊＊ （＊＊＊）	＊＊＊	
計						

（注）
1．引当金明細書には、引当金の種類ごとに、期首残高、当期増加額、当期減少額及び期末残高の明細を記載する。
2．目的使用以外の要因による減少額については、その内容及び金額を注記する。
3．都道府県共済会または法人独自の退職給付制度において、職員の転職または拠点間の異動により、退職給付の支払を伴わない退職給付引当金の増加または減少が発生した場合は、当期増加額又は当期減少額（その他）の欄に括弧書きでその金額を内数として記載するものとする。

3 拠点区分資金収支明細書　＜別紙3⑩＞，拠点区分事業活動明細書　＜別紙3⑪＞

　これらの明細書は，作成しなければならない場合と省略可能な場合があります。次表にまとめていますので，参考にしてください（運用上の取り扱い25(2)ウ）。

第 7 章　附属明細書

【省略の有無】

	サービスの内容	拠点区分資金収支明細書（別紙3⑩）	拠点区分事業活動明細書（別紙3⑪）
①	介護保険サービス及び障害福祉サービスを実施する拠点	省略可能	作成する
②	子どものための教育・保育給付費，措置費による事業を実施する拠点	作成する	省略可能
③	上記以外の事業を実施する拠点	いずれか一方を作成して，残りは省略可能	
④	サービス区分が1つの拠点区分	省略可能	省略可能

　以下の左側は拠点区分資金収支明細書，右側は拠点区分事業活動明細書の勘定科目を記載しています。

別紙3⑩
○○拠点区分　資金収支明細書
（自）平成　年　月　日（至）平成　年　月　日
社会福祉法人名
（単位：円）

		勘定科目
事業活動による収支	収入	介護保険事業収入
		施設介護料収入
		介護報酬収入
		利用者負担金収入（公費）
		利用者負担金収入（一般）
		居宅介護料収入
		（介護報酬収入）
		介護報酬収入
		介護予防報酬収入
		（利用者負担金収入）
		介護負担金収入（公費）
		介護負担金収入（一般）
		介護予防負担金収入（公費）
		介護予防負担金収入（一般）
		地域密着型介護料収入
		（介護報酬収入）
		介護報酬収入
		介護予防報酬収入
		（利用者負担金収入）
		介護負担金収入（公費）
		介護負担金収入（一般）
		介護予防負担金収入（公費）

別紙3⑪
○○拠点区分　事業活動明細書
（自）平成　年　月　日（至）平成　年　月　日
社会福祉法人名
（単位：円）

		勘定科目
サービス活動増減の部	収益	介護保険事業収益
		施設介護料収益
		介護報酬収益
		利用者負担金収益（公費）
		利用者負担金収益（一般）
		居宅介護料収益
		（介護報酬収益）
		介護報酬収益
		介護予防報酬収益
		（利用者負担金収益）
		介護負担金収益（公費）
		介護負担金収益（一般）
		介護予防負担金収益（公費）
		介護予防負担金収益（一般）
		地域密着型介護料収益
		（介護報酬収益）
		介護報酬収益
		介護予防報酬収益
		（利用者負担金収益）
		介護負担金収益（公費）
		介護負担金収益（一般）
		介護予防負担金収益（公費）

213

事業活動による収支	収入	介護予防負担金収入（一般）	サービス活動増減の部	収益	介護予防負担金収益（一般）
		居宅介護支援介護料収入			居宅介護支援介護料収益
		居宅介護支援介護料収入			居宅介護支援介護料収益
		介護予防支援介護料収入			介護予防支援介護料収益
		介護予防・日常生活支援総合事業収入			介護予防・日常生活支援総合事業収益
		事業費収入			事業費収益
		事業負担金収入（公費）			事業負担金収益（公費）
		事業負担金収入（一般）			事業負担金収益（一般）
		利用者等利用料収入			利用者等利用料収益
		施設サービス利用料収入			施設サービス利用料収益
		居宅介護サービス利用料収入			居宅介護サービス利用料収益
		地域密着型介護サービス利用料収入			地域密着型介護サービス利用料収益
		食費収入（公費）			食費収益（公費）
		食費収入（一般）			食費収益（一般）
		食費収入（特定）			食費収益（特定）
		居住費収入（公費）			居住費収益（公費）
		居住費収入（一般）			居住費収益（一般）
		居住費収入（特定）			居住費収益（特定）
		介護予防・日常生活支援総合事業利用料収入			介護予防・日常生活支援総合事業利用料収益
		その他の利用料収入			その他の利用料収益
		その他の事業収入			その他の事業収益
		補助金事業収入（公費）			補助金事業収益（公費）
		補助金事業収入（一般）			補助金事業収益（一般）
		市町村特別事業収入（公費）			市町村特別事業収益（公費）
		市町村特別事業収入（一般）			市町村特別事業収益（一般）
		受託事業収入（公費）			受託事業収益（公費）
		受託事業収入（一般）			受託事業収益（一般）
		その他の事業収入			その他の事業収益
		（保険等査定減）			（保険等査定減）
		老人福祉事業収入			老人福祉事業収益
		措置事業収入			措置事業収益
		事務費収入			事務費収益
		事業費収入			事業費収益
		その他の利用料収入			その他の利用料収益
		その他の事業収入			その他の事業収益
		運営事業収入			運営事業収益
		管理費収入			管理費収益
		その他の利用料収入			その他の利用料収益
		補助金事業収入（公費）			補助金事業収益（公費）
		補助金事業収入（一般）			補助金事業収益（一般）
		その他の事業収入			その他の事業収益
		その他の事業収入			その他の事業収益
		管理費収入			管理費収益
		その他の利用料収入			その他の利用料収益
		その他の事業収入			その他の事業収益
		児童福祉事業収入			児童福祉事業収益
		措置費収入			措置費収益
		事務費収入			事務費収益

第7章　附属明細書

事業活動による収支	収入	事業費収入
		私的契約利用料収入
		その他の事業収入
		補助金事業収入（公費）
		補助金事業収入（一般）
		受託事業収入（公費）
		受託事業収入（一般）
		その他の事業収入
		保育事業収入
		施設型給付費収入
		施設型給付費収入
		利用者負担金収入
		特例施設型給付費収入
		特例施設型給付費収入
		利用者負担金収入
		地域型保育給付費収入
		地域型保育給付費収入
		利用者負担金収入
		特例地域型保育給付費収入
		特例地域型保育給付費収入
		利用者負担金収入
		委託費収入
		利用者等利用料収入
		利用者等利用料収入（公費）
		利用者等利用料収入（一般）
		その他の利用料収入
		私的契約利用料収入
		その他の事業収入
		補助金事業収入（公費）
		補助金事業収入（一般）
		受託事業収入（公費）
		受託事業収入（一般）
		その他の事業収入
		就労支援事業収入
		○○事業収入
		障害福祉サービス等事業収入
		自立支援給付費収入
		介護給付費収入
		特例介護給付費収入
		訓練等給付費収入
		特例訓練等給付費収入
		地域相談支援給付費収入
		特例地域相談支援給付費収入
		計画相談支援給付費収入
		特例計画相談支援給付費収入
		障害児施設給付費収入
		障害児通所給付費収入
		障害児入所給付費収入

サービス活動増減の部	収益	事業費収益
		私的契約利用料収益
		その他の事業収益
		補助金事業収益（公費）
		補助金事業収益（一般）
		受託事業収益（公費）
		受託事業収益（一般）
		その他の事業収益
		保育事業収益
		施設型給付費収益
		施設型給付費収益
		利用者負担金収益
		特例施設型給付費収益
		特例施設型給付費収益
		利用者負担金収益
		地域型保育給付費収益
		地域型保育給付費収益
		利用者負担金収益
		特例地域型保育給付費収益
		特例地域型保育給付費収益
		利用者負担金収益
		委託費収益
		利用者等利用料収益
		利用者等利用料収益（公費）
		利用者等利用料収益（一般）
		その他の利用料収益
		私的契約利用料収益
		その他の事業収益
		補助金事業収益（公費）
		補助金事業収益（一般）
		受託事業収益（公費）
		受託事業収益（一般）
		その他の事業収益
		就労支援事業収益
		○○事業収益
		障害福祉サービス等事業収益
		自立支援給付費収益
		介護給付費収益
		特例介護給付費収益
		訓練等給付費収益
		特例訓練等給付費収益
		地域相談支援給付費収益
		特例地域相談支援給付費収益
		計画相談支援給付費収益
		特例計画相談支援給付費収益
		障害児施設給付費収益
		障害児通所給付費収益
		障害児入所給付費収益

事業活動による収支	収入	障害児相談支援給付費収入	サービス活動増減の部	収益	障害児相談支援給付費収益
		特例障害児相談支援給付費収入			特例障害児相談支援給付費収益
		利用者負担金収入			利用者負担金収益
		補足給付費収入			補足給付費収益
		特定障害者特別給付費収入			特定障害者特別給付費収益
		特例特定障害者特別給付費収入			特例特定障害者特別給付費収益
		特定入所障害児食費等給付費収入			特定入所障害児食費等給付費収益
		特定費用収入			特定費用収益
		その他の事業収入			その他の事業収益
		補助金事業収入（公費）			補助金事業収益（公費）
		補助金事業収入（一般）			補助金事業収益（一般）
		受託事業収入（公費）			受託事業収益（公費）
		受託事業収入（一般）			受託事業収益（一般）
		その他の事業収入			その他の事業収益
		（保険等査定減）			（保険等査定減）
		生活保護事業収入			生活保護事業収益
		措置費収入			措置費収益
		事務費収入			事務費収益
		事業費収入			事業費収益
		授産事業収入			授産事業収益
		○○事業収入			○○事業収益
		利用者負担金収入			利用者負担金収益
		その他の事業収入			その他の事業収益
		補助金事業収入（公費）			補助金事業収益（公費）
		補助金事業収入（一般）			補助金事業収益（一般）
		受託事業収入（公費）			受託事業収益（公費）
		受託事業収入（一般）			受託事業収益（一般）
		その他の事業収入			その他の事業収益
		医療事業収入			医療事業収益
		入院診療収入（公費）			入院診療収益（公費）
		入院診療収入（一般）			入院診療収益（一般）
		室料差額収入			室料差額収益
		外来診療収入（公費）			外来診療収益（公費）
		外来診療収入（一般）			外来診療収益（一般）
		保健予防活動収入			保健予防活動収益
		受託検査・施設利用収入			受託検査・施設利用収益
		訪問看護療養費収入（公費）			訪問看護療養費収益（公費）
		訪問看護療養費収入（一般）			訪問看護療養費収益（一般）
		訪問看護利用料収入			訪問看護利用料収益
		訪問看護基本利用料収入			訪問看護基本利用料収益
		訪問看護その他の利用料収入			訪問看護その他の利用料収益
		その他の医療事業収入			その他の医療事業収益
		補助金事業収入（公費）			補助金事業収益（公費）
		補助金事業収入（一般）			補助金事業収益（一般）
		受託事業収入（公費）			受託事業収益（公費）
		受託事業収入（一般）			受託事業収益（一般）
		その他の医療事業収入			その他の医業収益
		（保険等査定減）			（保険等査定減）

第7章 附属明細書

事業活動による収支			サービス活動増減の部		
	収入	○○事業収入		収益	○○事業収益
		○○事業収入			○○事業収益
		その他の事業収入			その他の事業収益
		補助金事業収入（公費）			補助金事業収益（公費）
		補助金事業収入（一般）			補助金事業収益（一般）
		受託事業収入（公費）			受託事業収益（公費）
		受託事業収入（一般）			受託事業収益（一般）
		その他の事業収入			その他の事業収益
		○○収入			○○収益
		○○収入			○○収益
		借入金利息補助金収入			経常経費寄附金収益
		経常経費寄附金収入			その他の収益
		受取利息配当金収入			サービス活動収益計（1）
		その他の収入		費用	人件費
		受入研修費収入			役員報酬
		利用者等外給食費収入			職員給料
		雑収入			職員賞与
		流動資産評価益等による資金増加額			賞与引当金繰入
		有価証券売却益			非常勤職員給与
		有価証券評価益			派遣職員費
		為替差益			退職給付費用
		事業活動収入計（1）			法定福利費
	支出	人件費支出			事業費
		役員報酬支出			給食費
		職員給料支出			介護用品費
		職員賞与支出			医薬品費
		非常勤職員給与支出			診療・療養等材料費
		派遣職員費支出			保健衛生費
		退職給付支出			医療費
		法定福利費支出			被服費
		事業費支出			教養娯楽費
		給食費支出			日用品費
		介護用品費支出			保育材料費
		医薬品費支出			本人支給金
		診療・療養等材料費支出			水道光熱費
		保健衛生費支出			燃料費
		医療費支出			消耗器具備品費
		被服費支出			保険料
		教養娯楽費支出			賃借料
		日用品費支出			教育指導費
		保育材料費支出			就職支度費
		本人支給金支出			葬祭費
		水道光熱費支出			車輌費
		燃料費支出			○○費
		消耗器具備品費支出			雑費
		保険料支出			事務費
					福利厚生費

事業活動による収支	支出	賃借料支出	サービス活動増減の部	費用	職員被服費
		教育指導費支出			旅費交通費
		就職支度費支出			研修研究費
		葬祭費支出			事務消耗品費
		車輌費支出			印刷製本費
		管理費返還支出			水道光熱費
		○○費支出			燃料費
		雑支出			修繕費
		事務費支出			通信運搬費
		福利厚生費支出			会議費
		職員被服費支出			広報費
		旅費交通費支出			業務委託費
		研修研究費支出			手数料
		事務消耗品費支出			保険料
		印刷製本費支出			賃借料
		水道光熱費支出			土地・建物賃借料
		燃料費支出			租税公課
		修繕費支出			保守料
		通信運搬費支出			渉外費
		会議費支出			諸会費
		広報費支出			○○費
		業務委託費支出			雑費
		手数料支出			就労支援事業費用
		保険料支出			就労支援事業販売原価
		賃借料支出			期首製品（商品）棚卸高
		土地・建物賃借料支出			当期就労支援事業製造原価
		租税公課支出			当期就労支援事業仕入高
		保守料支出			期末製品（商品）棚卸高
		渉外費支出			就労支援事業販管費
		諸会費支出			授産事業費用
		○○費支出			○○事業費
		雑支出			○○費用
		就労支援事業支出			利用者負担軽減額
		就労支援事業販売原価支出			減価償却費
		就労支援事業販管費支出			国庫補助金等特別積立金取崩額
		授産事業支出			徴収不能額
		○○事業支出			徴収不能引当金繰入
		○○支出			その他の費用
		利用者負担軽減額			サービス活動費用計 (2)
		支払利息支出		サービス活動増減差額 (3) = (1) - (2)	
		その他の支出	サービス活動外増減の部	収益	借入金利息補助金収益
		利用者等外給食費支出			受取利息配当金収益
		雑支出			有価証券評価益
		流動資産評価損等による資金減少額			有価証券売却益
		有価証券売却損			投資有価証券評価益
		資産評価損			投資有価証券売却益
		有価証券評価損			その他のサービス活動外収益
		○○評価損			

事業活動による収支	支出	為替差損		サービス活動外増減の部	収益	受入研修費収益
		徴収不能額				利用者等外給食収益
		事業活動支出計（2）				為替差益
	事業活動資金収支差額（3）＝（1）－（2）				雑収益
施設整備等による収支	収入	施設整備等補助金収入				サービス活動外収益計（4）
		施設整備等補助金収入			費用	支払利息
		設備資金借入金元金償還補助金収入				有価証券評価損
		施設整備等寄附金収入				有価証券売却損
		施設整備等寄附金収入				投資有価証券評価損
		設備資金借入金元金償還寄附金収入				投資有価証券売却損
		設備資金借入金収入				その他のサービス活動外費用
		固定資産売却収入				利用者等外給食費
		車輌運搬具売却収入				為替差損
		器具及び備品売却収入				雑損失
		○○売却収入				サービス活動外費用計（5）
		その他の施設整備等による収入			サービス活動外増減差額（6）＝（4）－（5）
		○○収入			経常増減差額（7）＝（3）＋（6）
		施設整備等収入計（4）				
	支出	設備資金借入金元金償還支出				
		固定資産取得支出				
		土地取得支出				
		建物取得支出				
		車輌運搬具取得支出				
		器具及び備品取得支出				
		○○取得支出				
		固定資産除却・廃棄支出				
		ファイナンス・リース債務の返済支出				
		その他の施設整備等による支出				
		○○支出				
		施設整備等支出計（5）				
	施設整備等資金収支差額（6）＝（4）－（5）				
その他の活動による収支	収入	長期運営資金借入金元金償還寄附金収入				
		長期運営資金借入金収入				
		長期貸付金回収収入				
		投資有価証券売却収入				
		積立資産取崩収入				
		退職給付引当資産取崩収入				
		長期預り金積立資産取崩収入				
		○○積立資産取崩収入				
		事業区分間長期借入金収入				
		拠点区分間長期借入金収入				
		事業区分間長期貸付金回収収入				
		拠点区分間長期貸付金回収収入				
		事業区分間繰入金収入				

その他の活動による収支	収入	拠点区分間繰入金収入 サービス区分間繰入金収入 その他の活動による収入 　○○収入	
		その他の活動収入計（7）	
	支出	長期運営資金借入金元金償還支出 長期貸付金支出 投資有価証券取得支出 積立資産支出 　退職給付引当資産支出 　長期預り金積立資産支出 　○○積立資産支出 事業区分間長期貸付金支出 拠点区分間長期貸付金支出 事業区分間長期借入金返済支出 拠点区分間長期借入金返済支出 事業区分間繰入金支出 拠点区分間繰入金支出 サービス区分間繰入金支出 その他の活動による支出 　○○支出	
		その他の活動支出計（8）	
その他の活動資金収支差額（9）＝（7）－（8）			

当期資金収支差額合計（10）＝（3）＋（6）＋（9）

前期末支払資金残高（11）
当期末支払資金残高（10）＋（11）

4 積立金・積立資産明細書 ＜別紙3 ⑫＞

　積立金と積立資産の前期末残高，当期増加額，当期減少額，期末残高の各金額を記載します。

　資金管理上の理由等から積立金を計上せずに積立資産を積み立てる場合は，摘要欄にその理由を記載します。また，退職給付引当金に対応して退職給付引当資産を積み立てる場合及び長期預り金に対応して長期預り金積立資産を積み立てる場合は，摘要欄にその旨を記載します（運用上の留意事項19(1)）。

　積立金の会計処理は，第5章を参照してください。

別紙3（⑫）

積立金・積立資産明細書

(自) 平成　年　月　日　(至) 平成　年　月　日

社会福祉法人名　　　　　　　　　　
拠点区分

(単位：円)

区分	前期末残高	当期増加額	当期減少額	期末残高	摘　要
○○積立金					
○○積立金					
○○積立金					
計					

(単位：円)

区分	前期末残高	当期増加額	当期減少額	期末残高	摘　要
○○積立資産					
○○積立資産					
○○積立資産					
計					

（注）
1．積立金を計上せずに積立資産を積み立てる場合には，摘要欄にその理由を明記すること。
2．退職給付引当金に対応して退職給付引当資産を積み立てる場合及び長期預り金に対応して長期預り金積立資産を積み立てる場合には摘要欄にその旨を明記すること。

5 サービス区分間繰入金明細書 ＜別紙3 ⑬＞，サービス区分間貸付金（借入金）残高明細書 ＜別紙3 ⑭＞

サービス区分間繰入金明細書は，繰入元と繰入先，繰入金の財源，金額，使用目的等を記載します。

サービス区分間貸付金（借入金）残高明細書は，貸付サービス区分と借入サービス区分，金額，使用目的等を記載します。

この2つの明細書は，拠点区分資金収支明細書（別紙3 ⑩）を作成した拠点では，作成することになりますので留意してください（運用上の留意事項11，12）。

なお，介護保険サービス，障害福祉サービス，子どものための教育・保育給付費並びに措置費による事業の資金使途制限に関する通知において，これらの事業から本部会計への貸付金を年度内に返済する旨の規定があるにもかかわらず，年度内返済が行われていない場合は，サービス区分間貸付金（借入金）残高明細書を作成することになります（運用上の留意事項6）。

繰入金及び内部取引については，第4章の決算整理，本部会計については第2章を参照してください。

別紙3（⑬）

サービス区分間繰入金明細書

（自）平成　年　月　日（至）平成　年　月　日

社会福祉法人名
拠点区分

（単位：円）

サービス区分名		繰入金の財源（注）	金額	使用目的等
繰入元	繰入先			

（注）拠点区分資金収支明細書（別紙3（⑩））を作成した拠点においては，本明細書を作成のこと。
繰入金の財源には，措置費収入，保育所運営費収入，前期末支払資金残高等の別を記入すること。

第 7 章　附属明細書

別紙3(⑭)

サービス区分間貸付金(借入金)残高明細書

平成　年　月　日現在

社会福祉法人名
拠点区分

(単位：円)

貸付サービス区分名	借入サービス区分名	金額	使用目的等
合計			

(注) 拠点区分資金収支明細書（別紙3（⑩））を作成した拠点においては、本明細書を作成のこと。

6 就労支援事業の各明細書　＜別紙3 ⑮＞～＜別紙3 ⑱＞

就労支援事業に関する明細書は，別紙3 ⑮から⑱になります（運用上の取り扱い25(2)エ)。

(1) 就労支援事業の対象範囲

就労支援事業の範囲は次のとおりです。

①	障害者の日常生活及び社会生活を総合的に支援するための法律第5条第13項に規定する就労移行支援
②	同法施行規則第6条第10項第1号に規定する就労継続支援A型
③	同法施行規則第6条第10項第2号に規定する就労継続支援B型

また，同法第5条第6項に基づく生活介護等において，生産活動を実施する場合は就労支援事業に関する明細書を作成できます。

(2) 就労支援事業別事業活動明細書　＜別紙3 ⑮＞又は＜別紙3 ⑮-2＞

作業種別ごとに，収益・費用・増減差額を記載します。

223

別紙3(⑮)

就労支援事業別事業活動明細書

(自)平成　年　月　日　(至)平成　年　月　日

社会福祉法人名　_____
拠点区分　_____

（単位：円）

勘定科目		合計	○○作業	△△作業
収益	就労支援事業収益			
	就労支援事業活動収益計			
費用	就労支援事業販売原価			
	期首製品（商品）棚卸高			
	当期就労支援事業製造原価			
	当期就労支援事業仕入高			
	合計			
	期末製品（商品）棚卸高			
	差引			
	就労支援事業販管費			
	就労支援事業活動費用計			
就労支援事業活動増減差額				

別紙3(⑮-2)

就労支援事業別事業活動明細書（多機能型事業所等用）

(自)平成　年　月　日　(至)平成　年　月　日

社会福祉法人名　_____
拠点区分　_____

（単位：円）

勘定科目	合計	A事業所						
		就労移行支援			就労継続支援A型			就労継続支援B型		
		小計	○○作業	△△作業	小計	○○作業	△△作業	小計	○○作業	△△作業
収益　就労支援事業収益										
就労支援事業活動収益計										
費用　就労支援事業販売原価										
期首製品（商品）棚卸高										
当期就労支援事業製造原価										
当期就労支援事業仕入高										
合計										
期末製品（商品）棚卸高										
差引										
就労支援事業販管費										
就労支援事業活動費用計										
就労支援事業活動増減差額										

（３）就労支援事業製造原価明細書　＜別紙3⑯＞又は＜別紙3⑯-2＞

　製造業務に携わる利用者の賃金及び工賃を計上します。また，製造業務に携わる就労支援事業に従事する職業指導員等の給与及び退職給付費用を計上することができます。

別紙3(⑯)

就労支援事業製造原価明細書

(自)平成　年　月　日　(至)平成　年　月　日

社会福祉法人名 _____
拠点区分 _____

(単位：円)

勘定科目	合計	○○作業	△△作業
Ⅰ　材料費			
1．期首材料棚卸高			
2．当期材料仕入高			
計			
3．期末材料棚卸高			
当期材料費			
Ⅱ　労務費			
1．利用者賃金			
2．利用者工賃			
3．就労支援事業指導員等給与			
4．就労支援事業指導員等賞与引当金繰入			
5．就労支援事業指導員等退職給付費用			
6．法定福利費			
当期労務費			
Ⅲ　外注加工費			
（うち内部外注加工費）			
当期外注加工費			
Ⅳ　経費			
1．福利厚生費			
2．旅費交通費			
3．器具什器費			
4．消耗品費			
5．印刷製本費			
6．水道光熱費			
7．燃料費			
8．修繕費			
9．通信運搬費			
10．会議費			
11．損害保険料			
12．賃借料			
13．図書・教育費			
14．租税公課			
15．減価償却費			
16．国庫補助金等特別積立金取崩額（控除項目）			
17．雑費			
当期経費			
当期就労支援事業製造総費用			
期首仕掛品棚卸高			
合計			
期末仕掛品棚卸高			
当期就労支援事業製造原価			

別紙3(⑯-2)

就労支援事業製造原価明細書(多機能型事業所等用)

(自)平成　年　月　日　(至)平成　年　月　日

社会福祉法人名　　　　　　　　　　　
拠点区分　　　　　　　　　　　

(単位：円)

勘定科目	合計	A事業所							
		就労移行支援			就労継続支援A型			就労継続支援B型		
		小計	○○作業	△△作業	小計	○○作業	△△作業	小計	○○作業	△△作業
Ⅰ　材料費										
1．期首材料棚卸高										
2．当期材料仕入高										
計										
3．期末材料棚卸高										
当期材料費										
Ⅱ　労務費										
1．利用者賃金										
2．利用者工賃										
3．就労支援事業指導員等給与										
4．就労支援事業指導員等賞与引当金繰入										
5．就労支援事業指導員等退職給付費用										
6．法定福利費										
当期労務費										
Ⅲ　外注加工費										
(うち内部外注加工費)										
当期外注加工費										
Ⅳ　経費										
1．福利厚生費										
2．旅費交通費										
3．器具什器費										
4．消耗品費										
5．印刷製本費										
6．水道光熱費										
7．燃料費										
8．修繕費										
9．通信運搬費										
10．会議費										
11．損害保険料										
12．賃借料										
13．図書・教育費										
14．租税公課										
15．減価償却費										
16．国庫補助金等特別積立金取崩額（控除項目）										
17．雑費										
当期経費										
当期就労支援事業製造総費用										
期首仕掛品棚卸高										
合計										
期末仕掛品棚卸高										
当期就労支援事業製造原価										

第7章 附属明細書

(4) 就労支援事業販管費明細書 ＜別紙3⑰＞又は＜別紙3⑰-2＞

販売業務に携わる利用者の賃金及び工賃及び製品販売のために支出された費用を計上します。また、販売業務に携わる就労支援事業に従事する職業指導員等の給与及び退職給付費用を計上することができます。

別紙3(⑰)

就労支援事業販管費明細書

(自)平成　年　月　日　(至)平成　年　月　日

社会福祉法人名 ＿＿＿＿＿＿＿＿＿＿
拠点区分 ＿＿＿＿＿＿＿＿＿＿

(単位：円)

勘定科目	合計	○○作業	△△作業
1. 利用者賃金			
2. 利用者工賃			
3. 就労支援事業指導員等給与			
4. 就労支援事業指導員等賞与引当金繰入			
5. 就労支援事業指導員等退職給付費用			
6. 法定福利費			
7. 福利厚生費			
8. 旅費交通費			
9. 器具什器費			
10. 消耗品費			
11. 印刷製本費			
12. 水道光熱費			
13. 燃料費			
14. 修繕費			
15. 通信運搬費			
16. 受注活動費			
17. 会議費			
18. 損害保険料			
19. 賃借料			
20. 図書・教育費			
21. 租税公課			
22. 減価償却費			
23. 国庫補助金等特別積立金取崩額（控除項目）			
24. 徴収不能引当金繰入額			
25. 徴収不能額			
26. 雑費			
就労支援事業販管費合計			

別紙3(⑰-2)

就労支援事業販管費明細書(多機能型事業所等用)

(自)平成　年　月　日　(至)平成　年　月　日

社会福祉法人名　　　　　　　　　　
拠点区分　　　　　　　　　　　　　

(単位：円)

勘定科目	計	A事業所							
^	^	就労移行支援			就労継続支援A型			就労継続支援B型		
^	^	小計	○○作業	△△作業	小計	○○作業	△△作業	小計	○○作業	△△作業
1．利用者賃金										
2．利用者工賃										
3．就労支援事業指導員等給与										
4．就労支援事業指導員等賞与引当金繰入										
5．就労支援事業指導員等退職給付費用										
6．法定福利費										
7．福利厚生費										
8．旅費交通費										
9．器具什器費										
10．消耗品費										
11．印刷製本費										
12．水道光熱費										
13．燃料費										
14．修繕費										
15．通信運搬費										
16．受注活動費										
17．会議費										
18．損害保険料										
19．賃借料										
20．図書・教育費										
21．租税公課										
22．減価償却費										
23．国庫補助金等特別積立金取崩額（控除項目）										
24．徴収不能引当金繰入額										
25．徴収不能額										
26．雑費										
就労支援事業販管費合計										

（5）作業種別ごとの区分省略

　多種少額の生産活動を行う等の理由により，作業種別ごとに区分することが困難な場合は，作業種別ごとの区分を省略することができます。この場合，上記（2）「就労支援事業別事業活動明細書」（別紙3 ⑮又は別紙3 ⑮-2）における作業種別ごとの区分は不要です。

（6）就労支援事業明細書　＜別紙3 ⑱＞又は＜別紙3 ⑱-2＞

　サービス区分ごとに定める就労支援事業について，各就労支援事業の年間売上高が5,000万円以下であって，多種少額の生産活動を行う等の理由により，製造業務と販売業務に係る費用を区分することが困難な場合，「就労支援事業製造原価明細書」と「就労支援事業販管費明細書」の作成を省略することができます。

この場合，原価と販管費を統合した代替の明細書1つ作成すれば足ります。

また，上記（5）「作業種別ごとの区分省略」の適用もあり，作業種別ごとに区分することが困難な場合は，作業種別ごとの区分を省略することができます。

省略可能な明細書	運用上の取り扱い	代替の明細書
就労支援事業製造原価明細書	別紙3 ⑯	就労支援事業明細書 ＜別紙3 ⑱＞
就労支援事業販管費明細書	別紙3 ⑰	
就労支援事業製造原価明細書 （多機能型事業所等用）	別紙3 ⑯-2	就労支援事業明細書 （多機能型事業所等用） ＜別紙3 ⑱-2＞
就労支援事業販管費明細書 （多機能型事業所等用）	別紙3 ⑰-2	

代替の明細書「就労支援事業明細書」については，次のとおり，勘定科目を読み替える必要がありますので留意してください。

計算書	区分	読み替え前	読み替え後
資金収支計算書	小区分	就労支援事業製造原価支出	就労支援事業支出
	中区分	就労支援事業販管費支出	削除
事業活動計算書	小区分	当期就労支援事業製造原価	就労支援事業費
	中区分	就労支援事業販管費	削除

明細書	別紙	読み替え前	読み替え後
就労支援事業別事業活動明細書	別紙3 ⑮	当期就労支援事業製造原価	就労支援事業費
	別紙3 ⑮-2	就労支援事業販管費	削除

別紙3(⑱)

就労支援事業明細書

(自)平成　年　月　日　(至)平成　年　月　日

社会福祉法人名
拠点区分

(単位：円)

勘定科目	合計	○○作業	△△作業
Ⅰ　材料費 　1．期首材料棚卸高 　2．当期材料仕入高 　　　　計 　3．期末材料棚卸高 　　　当期材料費 Ⅱ　労務費 　1．利用者賃金 　2．利用者工賃 　3．就労支援事業指導員等給与 　4．就労支援事業指導員等賞与引当金繰入 　5．就労支援事業指導員等退職給付費用 　6．法定福利費 　　　当期労務費 Ⅲ　外注加工費 　(うち内部外注加工費) 　　　当期外注加工費 Ⅳ　経費 　1．福利厚生費 　2．旅費交通費 　3．器具什器費 　4．消耗品費 　5．印刷製本費 　6．水道光熱費 　7．燃料費 　8．修繕費 　9．通信運搬費 　10．受注活動費 　11．会議費 　12．損害保険料 　13．賃借料 　14．図書・教育費 　15．租税公課 　16．減価償却費 　17．国庫補助金等特別積立金取崩額（控除項目） 　18．徴収不能引当金繰入額 　19．徴収不能額 　20．雑費 　　当期経費 　　当期就労支援総事業費 　　期首仕掛品棚卸高 　　合計 　　期末仕掛品棚卸高 　　　就労支援事業費			

第7章　附属明細書

別紙3(⑱-2)

就労支援事業明細書（多機能型事業所等用）

(自)平成　年　月　日　(至)平成　年　月　日

社会福祉法人名　＿＿＿＿＿＿＿＿＿＿＿＿
拠点区分　＿＿＿＿＿＿＿＿＿＿＿＿

(単位：円)

勘定科目	合計	A事業所							
^	^	就労移行支援			就労継続支援A型			就労継続支援B型		
^	^	小計	○○作業	△△作業	小計	○○作業	△△作業	小計	○○作業	△△作業
Ⅰ　材料費										
1．期首材料棚卸高										
2．当期材料仕入高										
計										
3．期末材料棚卸高										
当期材料費										
Ⅱ　労務費										
1．利用者賃金										
2．利用者工賃										
3．就労支援事業指導員等給与										
4．就労支援事業指導員等賞与引当金繰入										
5．就労支援事業指導員等退職給付費用										
6．法定福利費										
当期労務費										
Ⅲ　外注加工費										
（うち内部外注加工費）										
当期外注加工費										
Ⅳ　経費										
1．福利厚生費										
2．旅費交通費										
3．器具什器費										
4．消耗品費										
5．印刷製本費										
6．水道光熱費										
7．燃料費										
8．修繕費										
9．通信運搬費										
10．受注活動費										
11．会議費										
12．損害保険料										
13．賃借料										
14．図書・教育費										
15．租税公課										
16．減価償却費										
17．国庫補助金等特別積立金取崩額（控除項目）										
18．徴収不能引当金繰入額										
19．徴収不能額										
20．雑費										
当期経費										
当期就労支援総事業費										
期首仕掛品棚卸高										
合計										
期末仕掛品棚卸高										
就労支援事業費										

7　授産事業費用明細書　＜別紙3 ⑲＞

（1）授産事業の対象範囲

授産事業の範囲は次のとおりです（運用上の取り扱い 25(2)オ）。

①	生活保護法（昭和25年法律第144号）第38条第5項に規定する授産施設
②	社会福祉法（昭和26年法律第45号）第2条第2項第7号に規定する授産施設

（2）授産事業費用明細書

　授産事業に関する材料費，労務費，外注加工費，経費，棚卸資産増減額の各項目を記載します。

別紙3(⑲)

授産事業費用明細書

(自)平成　年　月　日　(至)平成　年　月　日

社会福祉法人名＿＿＿＿＿＿＿＿＿＿＿＿＿＿＿＿＿＿
拠点区分＿＿＿＿＿＿＿＿＿＿＿＿＿＿

(単位：円)

勘定科目	合計	○○作業	△△作業
Ⅰ　材料費			
当期材料（商品を含む）仕入高			
材料費計(1)			
Ⅱ　労務費			
利用者工賃			
授産事業指導員等給与			
授産事業指導員等賞与引当金繰入			
授産事業指導員等退職給付費用			
法定福利費			
労務費計(2)			
Ⅲ　外注加工費			
外注加工費計(3)			
Ⅳ　経費			
福利厚生費			
旅費交通費			
器具什器費			
消耗品費			
印刷製本費			
水道光熱費			
燃料費			
修繕費			
通信運搬費			
受注活動費			
会議費			
損害保険料			
賃借料			
図書・教育費			
租税公課			
減価償却費			
国庫補助金等特別積立金取崩額（控除項目）			
徴収不能引当金繰入額			
徴収不能額			
○○費			
雑費			
経費計(4)			
Ⅴ　棚卸資産増減額(5)			
授産事業費用(6)＝(1)＋(2)＋(3)＋(4)＋(5)			

第8章
社会福祉充実計画

　ここでは，平成28年社会福祉法改正で新しく導入された社会福祉充実計画について解説します。

1　社会福祉充実計画の必要性

　社会福祉法人は，社会福祉事業や公益事業における福祉サービスの供給・確保の中心的役割を果すことのみならず，他の事業主体では対応できない様々な福祉ニーズの充足や地域社会に貢献することが求められています。これらの要望を実現するため，税金や保険料を原資とした介護報酬，措置費，委託費等が社会福祉法人の事業運営に活用されているのです。

　このような高い公益性と非営利性を有する社会福祉法人では，財務規律を確立することが強く求められています。

　たとえば，活動増減差額（利益）を分配することは当然禁止されており，収益事業の収益は社会福祉事業又は公益事業（法26条1項）に再投下する必要があります。

　しかし，保有財産の分類やその取り扱いに関するルールが必ずしも明確でなく，活動増減差額（利益）の累積額であるいわゆる内部留保（一般的に，企業会計の利益剰余金で説明される場合がある）の内容を明らかにして，その適正な活用を促す仕組みはこれまで整備されていませんでした。

　そこで，平成28年の社会福祉法人制度改革にあわせて，社会福祉充実計画（法55条の2）を明文化したのです。

2 社会福祉充実計画の策定の流れ

1 手続の流れ

社会福祉充実計画は，様々な算定を行う複雑な制度となっていますが，原則として，次の流れに沿って策定します。

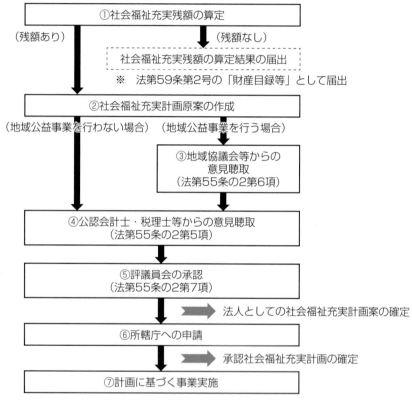

(出典)「社会福祉法第55条の2の規程に基づく社会福祉充実計画の承認等について」
厚生労働省

上記④の意見聴取は，監事監査の終了後などの決算が明確となった段階で行います。また，社会福祉充実残額の算定は，毎年度行わなければならないものであり，社会福祉充実残額が生じた場合における社会福祉充実計画を策定するときは，これら一連の作業を決算時期に並行して行う必要があります。

2 社会福祉充実残額の内容

　平成29年4月1日以降の毎年度，貸借対照表の資産の部に計上した額から負債の部に計上した額を控除した額が事業継続に必要な財産額（「控除対象財産」）を上回るかどうかを算定します。

　これを上回る財産額（「社会福祉充実残額」）がある場合は，社会福祉充実残額を財源として，既存の社会福祉事業若しくは公益事業の充実又は新規事業の実施に関する計画（「社会福祉充実計画」）を策定し，これに基づく事業（「社会福祉充実事業」）を実施しなければなりません。

　社会福祉充実残額は，税金や保険料などの公的資金によるものである以上，社会福祉法人がその貴重な財産を地域住民に改めて還元するとともに，社会福祉充実計画の策定プロセスを通じて，その使途について説明責任を果たす必要があるのです。

　社会福祉充実残額の計算方法については，以下に概要を示しています。詳細については，厚生労働省公表「社会福祉法第55条の2の規定に基づく社会福祉充実計画の承認等について」（雇児発0124第1号，社援発0124第1号，老発0124第1号，平成29年1月24日），「「社会福祉充実計画の承認等に関するQ&A（vol.2）」について」（平成29年4月25日）を参照してください。

3 社会福祉充実残額の算定式

　社会福祉充実残額は，活用可能な財産から控除対象財産を差し引いて算定します。控除対象財産は，以下の計算式②〜④のとおり，3つに分けます。

計算式

社会福祉充実残額 ＝ ①活用可能な財産
　　　　　　　　　－（②社会福祉法に基づく事業に活用している不動産等
　　　　　　　　　＋ ③再取得に必要な財産＋④必要な運転資金）

　上記の計算過程で1円未満の端数が生じる場合は，切り捨てます。最終的な計算の結果で1万円未満の端数が生じる場合は，これを切り捨てます。

このため，社会福祉充実残額が０円以下である場合には，社会福祉充実計画の策定は不要となりますが，１万円以上である場合は，原則として社会福祉充実計画を策定して，当該計画に基づいて社会福祉充実事業を行います。

なお，上記計算式における各種指標については，独立行政法人福祉医療機構「社会福祉法人の財務諸表等電子開示システム」(ワムネット)によるデータ等を踏まえ，毎年度検証を行い，その結果，必要に応じて見直しを行います。今後の動向に留意してください。

1 活用可能な財産

次の計算式で求めます。金額は，法人単位貸借対照表の計上額を使用します。

> 【計算式】
> 活用可能な財産 ＝ ①資産の部合計 － ②負債の部合計 － ③基本金
> 　　　　　　　　－ ④国庫補助金等特別積立金

この計算式を別の角度から考えると，法人単位貸借対照表の「その他の積立金」と「次期繰越活動増減差額」の合計額と同じになります。

なお，計算結果が０以下となる場合は，社会福祉充実残額が生じないことが明らかであることから，これ以降の計算は不要です。

2 社会福祉法に基づく事業に活用している不動産等

> 【計算式】
> 社会福祉法に基づく事業に活用している不動産等
> 　＝ ①財産目録により特定した事業対象不動産等に係る貸借対照表価額の合計額
> 　－ ②対応基本金 － ③国庫補助金特別積立金 － ④対応負債

(1) 基本的な考え方

「社会福祉法に基づく事業に活用している不動産等」として控除対象とな

る財産は，法人が実施している社会福祉事業等について，直接又は間接的に供与されている財産であって，当該財産がなければ事業の実施に直ちに影響を及ぼし得るものをいいます。

一方，法人が実施する社会福祉事業等の実施に直ちに影響を及ぼさない財産については，控除対象とはなりません。

この基本的な考え方に基づいて，具体的な算定については，原則として次表のとおり判定します。

(◎：控除対象となるもの，○：社会福祉事業等の用に供されるものに限り，控除対象となるもの，—：控除対象とはならないもの)

<資産の部>			控除対象の判別	理由・留意事項等
大区分	中区分	勘定科目の内容		
流動資産	現金預金	現金（硬貨，小切手，紙幣，郵便為替証書，郵便振替貯金払出証書，官公庁の支払通知書等）及び預貯金（当座預金，普通預金，定期預金，郵便貯金，金銭信託等）をいう。	—	最終的な使途目的が不明確な財産となることから控除対象とはならない。
	有価証券	国債，地方債，株式，社債，証券投資信託の受益証券などのうち時価の変動により利益を得ることを目的とする有価証券をいう。	—	
	事業未収金	事業収益に対する未収入金をいう。	—	
	未収金	事業収益以外の収益に対する未収入金をいう。	—	
	未収補助金	施設整備，設備整備及び事業に係る補助金等の未収額をいう。	◎	社会福祉事業等の用に供されることが明らかに見込まれることから，控除対象となる。
	未収収益	一定の契約に従い，継続して役務の提供を行う場合，すでに提供した役務に対していまだその対価の支払を受けていないものをいう。	—	最終的な使途目的が不明確な財産となることから控除対象とはならない。

流動資産	受取手形	事業の取引先との通常の取引に基づいて発生した手形債権（金融手形を除く）をいう。	—	
	貯蔵品	消耗品等で未使用の物品をいう。業種の特性に応じ小区分を設けることができる。	○	社会福祉事業等の用に供されるものに限り，控除対象となる。
	医薬品	医薬品の棚卸高をいう。	◎	社会福祉事業等の用に供されることが明らかに見込まれることから，控除対象となる。
	診療・療養費等材料	診療・療養費等材料の棚卸高をいう。	◎	
	給食用材料	給食用材料の棚卸高をいう。	◎	
	商品・製品	売買又は製造する物品の販売を目的として所有するものをいう。	◎	
	仕掛品	製品製造又は受託加工のために現に仕掛中のものをいう。	◎	
	原材料	製品製造又は受託加工の目的で消費される物品で，消費されていないものをいう。	◎	
	立替金	一時的に立替払いをした場合の債権額をいう。	—	最終的な使途目的が不明確な財産となることから控除対象とはならない。
	前払金	物品等の購入代金及び役務提供の対価の一部又は全部の前払額をいう。	○	社会福祉事業等の用に供されるものに限り，控除対象となる。
	前払費用	一定の契約に従い，継続して役務の提供を受ける場合，いまだ提供されていない役務に対し支払われた対価をいう。	◎	費用化されるため，控除対象となる。
	1年以内回収予定長期貸付金	長期貸付金のうち貸借対照表日の翌日から起算して1年以内に入金の期限が到来するものをいう。	◎	社会福祉事業等の用に供されることが明らかに見込まれることから，控除対象となる。

第8章 社会福祉充実計画

流動資産	1年以内回収予定事業区分間長期貸付金	事業区分間長期貸付金のうち貸借対照表日の翌日から起算して1年以内に入金の期限が到来するものをいう。		法人全体の貸借対照表には計上されない。
	1年以内回収予定拠点区分間長期貸付金	拠点区分間長期貸付金のうち貸借対照表日の翌日から起算して1年以内に入金の期限が到来するものをいう。		
	短期貸付金	生計困窮者に対して無利子又は低利で資金を融通する事業，法人が職員の質の向上や福利厚生の一環として行う奨学金貸付等，貸借対照表日の翌日から起算して1年以内に入金の期限が到来するものをいう。	◎	社会福祉事業等の用に供されることが明らかに見込まれることから，控除対象となる。
	事業区分間貸付金	他の事業区分への貸付額で，貸借対照表日の翌日から起算して1年以内に入金の期限が到来するものをいう。		法人全体の貸借対照表には計上されない。
	拠点区分間貸付金	同一事業区分内における他の拠点区分への貸付額で，貸借対照表日の翌日から起算して1年以内に入金の期限が到来するものをいう。		
	仮払金	処理すべき科目又は金額が確定しない場合の支出額を一時的に処理する科目をいう。	○	社会福祉事業等の用に供されるものに限り，控除対象となる。
	その他の流動資産	上記に属さない債権等であって，貸借対照表日の翌日から起算して1年以内に入金の期限が到来するものをいう。ただし，金額の大きいものについては独立の勘定科目を設けて処理することが望ましい。	○	
	徴収不能引当金	未収金や受取手形について回収不能額を見積もったときの引当金をいう。		資産から控除済。

239

固定資産（基本財産）	土地	基本財産に帰属する土地をいう。	◎	社会福祉事業等の用に供されることが明らかに見込まれることから，控除対象となる。
	建物	基本財産に帰属する建物及び建物付属設備をいう。	◎	
	定期預金	定款等に定められた基本財産として保有する定期預金をいう。	○	法人設立時に必要とされたものに限り，控除対象となる。（注1）
	投資有価証券	定款等に定められた基本財産として保有する有価証券をいう。	○	
固定資産（その他の固定資産）	土地	基本財産以外に帰属する土地をいう。	○	社会福祉事業等の用に供されるものに限り，控除対象となる。（注2）
	建物	基本財産以外に帰属する建物及び建物付属設備をいう。	○	
	構築物	建物以外の土地に固着している建造物をいう。	○	社会福祉事業等の用に供されるものに限り，控除対象となる。
	機械及び装置	機械及び装置をいう。	○	
	車輌運搬具	送迎用バス，乗用車，入浴車等をいう。	○	
	器具及び備品	器具及び備品をいう。	○	
	建設仮勘定	有形固定資産の建設，拡張，改造などの工事が完了し稼働するまでに発生する請負前渡金，建設用材料部品の買入代金等をいう。	◎	社会福祉事業等の用に供されることが明らかに見込まれることから，控除対象となる。
	有形リース資産	有形固定資産のうちリースに係る資産をいう。	○	社会福祉事業等の用に供されるものに限り，控除対象となる。
	権利	法律上又は契約上の権利をいう。	○	
	ソフトウェア	コンピュータソフトウェアに係る費用で，外部から購入した場合の取得に要する費用ないしは制作費用のうち研究開発費に該当しないものをいう。	○	
	無形リース資産	無形固定資産のうちリースに係る資産をいう。	○	

第 8 章　社会福祉充実計画

固定資産（その他の固定資産）	投資有価証券	長期的に所有する有価証券で基本財産に属さないものをいう。	—	最終的な使途目的が不明確な財産となることから控除対象とはならない。
	長期貸付金	生計困窮者に対して無利子又は低利で資金を融通する事業，法人が職員の質の向上や福利厚生の一環として行う奨学金貸付等，貸借対照表日の翌日から起算して入金の期限が1年を超えて到来するものをいう。	◎	社会福祉事業等の用に供されることが明らかに見込まれることから，控除対象となる。
	事業区分間長期貸付金	他の事業区分への貸付金で貸借対照表日の翌日から起算して入金の期限が1年を超えて到来するものをいう。	／	法人全体の貸借対照表には計上されない。
	拠点区分間長期貸付金	同一事業区分内における他の拠点区分への貸付金で貸借対照表日の翌日から起算して入金の期限が1年を超えて到来するものをいう。	／	
	退職給付引当資産	退職金の支払に充てるために退職給付引当金に対応して積み立てた現金預金等をいう。	／	負債から控除済。
	長期預り金積立資産	長期預り金（注：ケアハウス等における入居者からの管理費等）に対応して積み立てた現金預金等をいう。	／	
	○○積立資産	将来における特定の目的のために積み立てた現金預金等をいう。なお，積立資産の目的を示す名称を付した科目で記載する。	—	使途目的の定めのない財産であることから控除対象とはならない。（注3）ただし，障害者総合支援法に基づく就労支援事業による工賃変動積立資産については，この限りではない。
	差入保証金	賃貸用不動産に入居する際に賃貸人に差し入れる保証金をいう。	◎	社会福祉事業等の用に供されることが明らかに見込まれることから，控除対象となる。

241

長期前払費用	時の経過に依存する継続的な役務の享受取引に対する前払分で貸借対照表日の翌日から起算して1年を超えて費用化される未経過分の金額をいう。	◎	費用化されるため，控除対象となる。
その他の固定資産	上記に属さない債権等であって，貸借対照表日の翌日から起算して入金の期限が1年を超えて到来するものをいう。ただし，金額の大きいものについては独立の勘定科目を設けて処理することが望ましい。	○	社会福祉事業等の用に供されるものに限り，控除対象となる。

注1　基本財産のうち，土地・建物を除く定期預金及び投資有価証券については，法人設立時に必要とされた基本財産（社会福祉施設等を経営する法人にあっては，100万円又は1,000万円，社会福祉施設等を経営しない法人にあっては，1億円又は所轄庁が認めた額など，「社会福祉法人の認可について」（平成12年12月1日付け障発第890号，社援発第2618号，老発第794号，児発第908号）等に基づき必要とされた額に限る）の範囲内で控除対象となる。

注2　現に社会福祉事業等に活用していない土地・建物については，原則として控除対象とはならないが，社会福祉充実残額の算定を行う会計年度の翌会計年度に，具体的な活用方策が明らかな場合（翌会計年度中に社会福祉事業等に活用する建物の建設に着工する場合であって，事業開始は翌々会計年度以降となるような場合を含む）については，この限りではない。

　　なお，土地・建物を翌々会計年度以降に活用する場合にあっては，社会福祉充実計画において，具体的な活用方策を記載することにより，当該土地・建物を保有し，活用することが可能である。

注3　国や自治体からの補助を受け，又は寄付者等の第三者から使途・目的が明確に特定されている寄付等の拠出を受け，設置された積立資産等については，控除対象となる。

注4　損害保険金又は賠償金を受け，これを原資として建物等の現状復旧を行うための財産については，当該保険金又は賠償金の範囲で控除対象となる。

（出典）「社会福祉法第55条の2の規程に基づく社会福祉充実計画の承認等について」
　　　　厚生労働省

（2）対応基本金及び国庫補助金等特別積立金の調整

　控除対象財産の財源に関して，基本金及び国庫補助金等特別積立金により賄われている場合は，上記「**1** 活用可能な財産」の算定時，既に基本金及び国庫補助金等特別積立金を控除していることから，二重の控除を排除するため，当該控除対象財産額から差し引く調整を行います。

　対応基本金には，基本金明細書（運用上の取り扱い 別紙3⑥）に記載される第1号基本金及び第2号基本金に係る当期末残高の合計額となります。

（3）対応負債の調整

　控除対象財産の財源に関して，借入金（負債）により賄われている場合，上記「**1** 活用可能な財産」の算定時，既に負債全額を控除していることから，二重の控除を排除するため，当該控除対象財産額から負債分を差し引く調整を行います。

　調整は，貸借対照表における以下の4つの科目の合計額（控除対象財産に明らかに対応しない負債は除く）を計算して，「社会福祉法に基づく事業に活用している不動産等」の合計額から差し引きます。

	貸借対照表の負債の部	
	大科目	中科目
①	流動負債	1年以内返済予定設備資金借入金
②		1年以内返済予定リース債務
③	固定負債	設備資金借入金
④		リース債務

　※　対応負債＝　①　＋　②　＋　③　＋　④

　なお，上記「（2）対応基本金及び国庫補助金等特別積立金の調整」及び「（3）対応負債の調整」の調整の結果，「社会福祉法に基づく事業に活用している不動産等」の額が0未満の場合，当該調整結果にかかわらず，「社会福祉法に基づく事業に活用している不動産等」の額は0とします。

（4）財産目録の記載方法

　財産目録は，運用上の取り扱い「別紙4」に基づいて作成します。記載内容は，原則としてすべての資産と負債について，名称・数量・金額等を詳細に表示しますが，これらの価値が特定できるような内容であれば足ります。たとえば，車輌番号や預金口座番号は任意の記載となります。

　なお，平成28年改正の社会福祉法により，財産目録は社会福祉充実計画と密接に関連することになったため，次の「別紙4」の記載例のように作成することが大切です。

財　産　目　録　(記載例)

平成　　年　　月　　日現在

(単位：円)　　　→算定シートで判定 (財産目録を構成しない)

(単位：円)

貸借対照表科目	場所・物量等	取得年度	使用目的等	取得価額	減価償却累計額	貸借対照表価額	控除対象	控除対象額
Ⅰ　資産の部								
1　流動資産								
現金預金								
現金	現金手許有高	—	運転資金として	—	—	×××	×	
普通預金	○○銀行○○支店他	—	運転資金として	—	—	×××	×	
	小計					×××		
事業未収金		—	○月分介護報酬等	—	—	×××	×	
…………			…………					
	流動資産合計					×××		
2　固定資産								
(1)　基本財産								
土地	(A拠点)○○市○○町1-1-1	—	第1種社会福祉事業である，○○施設等に使用している	—	—	×××	○	
	(B拠点)○○市○○町2-2-2	—	第2種社会福祉事業である，▲▲施設等に使用している	—	—	×××	○	
	小計					×××		
建物	(A拠点)○○市○○町1-1-1	19××年度	第1種社会福祉事業である，○○施設等に使用している	×××	×××	×××	○	
	(B拠点)○○市○○町2-2-2	19××年度	第2種社会福祉事業である，▲▲施設等に使用している	×××	×××	×××	○	
	小計					×××		
定期預金	○○銀行○○支店他	—	寄附者により○○事業に使用することが指定されている	—	—	×××	○	
投資有価証券	第○回利付国債他	—	特段の指定がない	—	—	×××	×	
…………	…………		…………			………		
	基本財産合計					×××		
(2)　その他の固定資産								
土地	(C拠点)○○市○○町3-3-3	—	5年後に開設する○○事業のための用地	—	—	×××	×	
	(本部拠点)○○市○○町4-4-4	—	本部として使用している	—	—	×××	○	

第8章 社会福祉充実計画

			小計			×××	
建物	（D拠点）○○市○○町5-5-5	20××年度	第2種社会福祉事業である，訪問介護事業所に使用している	×××	×××	×××	○
車輌運搬具	○○他3台	―	利用者送迎用	×××	×××	×××	○
○○積立資産	定期預金 ○○銀行○○支店他	―	将来における○○の目的のために積み立てている定期預金	―	―	×××	×
…………	…………	―	…………	―	―	………	
		その他の固定資産合計				×××	
		固定資産合計				×××	
		資産合計				×××	
Ⅱ 負債の部							
1 流動負債							
短期運営資金	借入金○○銀行○○支店他	―			―	×××	
事業未払金	○月分水道光熱費他	―			―	×××	
職員預り金	○月分源泉所得税他	―			―	×××	
…………	…………					………	
		流動負債合計				×××	
2 固定負債							
設備資金借入金	独立行政法人福祉医療機構他	―			―	×××	
長期運営資金借入金	○○銀行○○支店他	―			―	×××	
	…………					………	
		固定負債合計				×××	
		負債合計				×××	
		差引純資産				×××	

（出典）社会福祉法第55条の2の規程に基づく社会福祉充実計画の承認等について（厚生労働省）

3 再取得に必要な財産

以下の計算式により求めます。

> **計算式**
>
> 再取得に必要な財産 ＝ ①将来の建替に必要な費用（※1）
> 　　　　　　　　　　＋ ②建替までの間の大規模修繕に必要な費用（※2）
> 　　　　　　　　　　＋ ③設備・車両等の更新に必要な費用（※3）
>
> ※1
> ①将来の建替に必要な費用
> 　＝（建物に係る減価償却累計額×建設単価等上昇率）
> 　　× 一般的な自己資金比率
>
> ※2
> 建替までの間の大規模修繕に必要な費用
> 　＝（建物に係る減価償却累計額×一般的な大規模修繕費用割合）
> 　　－ 過去の大規模修繕に係る実績額
>
> ※3
> 設備・車両等の更新に必要な費用
> 　＝ 減価償却の対象となる建物以外の固定資産（財産目録で特定したものに限る）に係る減価償却累計額の合計額

（1）基本的な考え方

　社会福祉施設等の「再取得に必要な財産」は，現在事業に活用している建物・設備等と同等のものを将来的に更新することを前提として計算します。

　ただし，建物については，建設当時からの建設資材や労務費の変動等を考慮した建設単価等上昇率を勘案したうえで必要額を控除します。

　また，建替費用は，補助金，借入金，自己資金（寄附金を含む）により構成されますが，当該自己資金相当額は，基本的には毎年度計上される減価償却費相当額が財源となることが想定されます。このため，建物の建替に必要な財産の算定は，直近の補助金や借入金の水準を勘案した一般的な自己資金比率を設定し，これに減価償却累計額を乗じて得た額を基本とします。

　当該財産は，建物の経過年数に応じて必要な財産額を算定する必要があるため，独立した建物単位で算定し，これらを法人全体で合算します。

（2）減価償却累計額

減価償却累計額は，社会福祉充実残額を算定する各会計年度末において，既に計上された減価償却費の累計額になります。減価償却期間満了後の額ではありませんので留意してください。

また，減価償却累計額は，建物の建設時からの経過年数に応じて異なるため，独立した建物単位で算定し，それぞれ以下の（3）「建設単価等上昇率に」及び（4）「一般的な自己資金比率」に掲げる割合を乗じます。

なお，建物に係る減価償却の計算にあたって必要となる耐用年数については，原則として，「減価償却資産の耐用年数等に関する省令」（昭和40年大蔵省令第15号）に基づきます。

（3）建設単価等上昇率

国土交通省公表の「建設工事費デフレーター」による上昇率又は次の計算式による割合のいずれか高い割合により算定します。

計算式

$$\frac{別に定める1m^2 当たりの建設等単価}{当該建物の建設時における1m^2 当たりの建設単価（※）}$$

$$※ \left(\frac{当該建物の建設時の取得価額}{当該建物の建設時における延べ床面積} \right)$$

（小数点第4位を四捨五入）

上昇率は，「社会福祉充実計画の承認等に係る事務処理基準に基づく別に定める単価等について」（社援基発0124第1号，平成29年1月24日）の別表を参照してください。別に定める1m^{2}当たりの建設等単価は，25万円です。

（4）一般的な自己資金比率

一般的な自己資金比率については，「22％」を乗じて算定します。ただし，現に社会福祉事業等に活用している建物について，建設時における自己資金比率が一般的な自己資金比率を上回る場合には，次の計算式により得た割合とすることができます。

> **計算式**
>
> $$\frac{当該建物の建設に係る自己資金額}{当該建物の建設時の取得価額}$$
>
> （小数点第4位を四捨五入）

　また，既存建物を取得した場合については，当該建物の取得時における自己資金比率が，一般的な自己資金比率以下である場合にあっては一般的な自己資金比率と，一般的な自己資金比率を上回る場合にあっては当該建物の取得時における自己資金比率とすることができます。

（5）大規模修繕に必要な費用

　大規模修繕に必要な費用は，原則として独立した建物ごとの減価償却累計額に，「30％」を乗じた額から，過去の大規模修繕に係る実績額を控除し，これらを法人全体で合算して得た額（当該計算の結果が0未満となる場合については，0とする）で計算します。

　ただし，これまでの大規模修繕に係る実績額が不明な場合は，例外的に以下の計算式による金額とすることができます。

> **計算式**
>
> 建物に係る減価償却累計額 × 別に定める割合（30％）
> $$\times \left(\frac{建物に係る貸借対照表価額}{建物に係る貸借対照表価額 ＋ 建物に係る減価償却累計額}\right)$$

（6）設備・車両等の更新に必要な費用

　設備・車両等の更新に必要な費用は，上記「**2** 社会福祉法に基づく事業に活用している不動産等」において，財産目録で特定した建物以外の固定資産に係る減価償却累計額の合計額となります。

4 必要な運転資金

(1) 必要な運転資金の基本的な考え方

必要な運転資金は、賞与の支給や突発的な建物の補修工事等の緊急的な支出等に備えるための最低限の手元流動資金を留保するために、必要額を控除することになります。

(2) 年間事業活動支出の3月分

必要な運転資金は、年間事業活動支出の3月分であり、具体的に法人単位資金収支計算書「事業活動による収支」のうち、「事業活動支出（計）」に12分の3を掛け算した額となります。

> **計算式**
>
> 法人単位資金収支計算書の「事業活動支出（計）」× $\dfrac{3}{12}$

4 特例，書類保存，事務処理の簡素化

1 主として施設・事業所の経営を目的としていない法人等の特例

主として施設・事業所の経営を目的としていない法人等であって、現に社会福祉事業等の用に供している土地・建物を所有していない、又は当該土地・建物の価額が著しく低い場合の控除対象財産については、特例的な取扱いがあります。

具体的に、将来的な事業用土地・建物の取得も考慮して、「3 社会福祉充実残額の算定式」における計算にかかわらず、年間事業活動支出全額を控除することができます。この場合、「3 再取得に必要な財産」及び「4 必要な運転資金」の算定結果については控除しません。

なお、著しく低い場合の判定は、次の計算によります。

> **判定式**
> （**3** 再取得に必要な財産 ＋ **4** 必要な運転資金）
> ＜ 年間の事業活動支出（法人単位資金収支計算書）

　この判定式における「年間の事業活動支出（法人単位資金収支計算書）」については，上記，「**4** 必要な運転資金」で計算した「年間事業活動支出の3月分」ではなく，「年間事業活動支出」になるので留意してください。

2 書類の保存

　社会福祉充実残額の計算過程に関する書類は，毎年度における最初の日から10年間保存します。
　ただし，社会福祉充実計画を策定する場合は，当該計画の実施期間における各年度の当該書類は，計画の実施期間の満了の日から10年間保存します。

3 事務処理の簡素化

　上記のとおり，社会福祉充実残額の算定は複雑な計算過程から導き出されることになります。実務上は，計算書類などの各数値を用いて算定することになりますが，事務処理の簡素化を図る観点から，電子開示システムにおける「社会福祉充実残額算定シート」を活用することが適切です。

4 経理規程

　社会福祉充実計画は，経理規程に条文を設ける必要があります。経理規程の具体例は，以下のモデル経理規程を参照してください。

【モデル経理規程の一部（第13章「社会福祉充実計画」）】

> （社会福祉充実残額の計算）
> 第78条　社会福祉法55条の2第1項に定める方法により毎会計年度において社会福祉充実残額の有無を計算しなければならない。

(社会福祉充実計画の作成)
第79条 社会福祉充実残額がある場合には、社会福祉法55条の2第1項に定める方法により社会福祉充実計画を作成し、所轄庁に提出し承認を受けるものとする。

5 社会福祉充実計画の記載例

社会福祉充実残額の算定の結果、「残額あり」となった場合、上記、「2 社会福祉充実計画の策定の流れ」で示したフロー「②社会福祉充実計画原案の作成」以下に進みます。

本書では、下記に社会福祉充実計画の記載例を示します。「社会福祉充実計画の承認等に係る事務処理基準」の内容とあわせて実務上の参考にしてください。

(別紙1−参考②)
平成29年度〜平成33年度　社会福祉法人社会・援護会　社会福祉充実計画（記載例）

1. 基本的事項

法人名	社会福祉法人社会・援護会	法人番号	0123456789123
法人代表者氏名	福祉　太郎		
法人の主たる所在地	東京都千代田区霞が関1-2-2		
連絡先	03-3595-2616		
地域住民その他の関係者への意見聴取年月日	平成29年6月10日		
公認会計士、税理士等の意見聴取年月日	平成29年6月13日		
評議員会の承認年月日	平成29年6月29日		

会計年度別の社会福祉充実残額の推移(単位:千円)	残額総額(平成28年度末現在)	1か年度目(平成29年度末現在)	2か年度目(平成30年度末現在)	3か年度目(平成31年度末現在)	4か年度目(平成32年度末現在)	5か年度目(平成33年度末現在)	合計	社会福祉充実事業未充当額
	100,000千円	76,000千円	57,000千円	38,000千円	19,000千円	0千円		0千円
うち社会福祉充実事業費(単位:千円)		▲24,000千円	▲19,000千円	▲19,000千円	▲19,000千円	▲19,000千円	▲100,000千円	
本計画の対象期間	平成29年8月1日~平成34年3月31日							

2. 事業計画

実施時期	事業名	事業種別	既存・新規の別	事業概要	施設整備の有無	事業費
1か年度目	職員育成事業	社会福祉事業	既存	当法人の職員の資質向上を図るため,全国団体が実施する研修の受講費用を補助する。	無	5,000千円
	単身高齢者のくらしの安心確保事業	地域公益事業	新規	当法人の訪問介護員が要介護認定を受けていない単身高齢者宅を週に2回訪問し,社協等と連携しながら,日常生活上の見守りや相談支援,生活援助を行う。	無	19,000千円
	小計					24,000千円
2か年度目	職員育成事業	社会福祉事業	既存	当法人の職員の資質向上を図るため,全国団体が実施する研修の受講費用を補助する。	無	5,000千円
	単身高齢者のくらしの安心確保事業	地域公益事業	新規	当法人の訪問介護員が要介護認定を受けていない単身高齢者宅を週に2回訪問し,社協等と連携しながら,日常生活上の見守りや相談支援,生活援助を行う。	無	14,000千円
	小計					19,000千円

3か年度目	職員育成事業	社会福祉事業	既存	当法人の職員の資質向上を図るため，全国団体が実施する研修の受講費用を補助する。	無	5,000千円
	単身高齢者のくらしの安心確保事業	地域公益事業	新規	当法人の訪問介護員が要介護認定を受けていない単身高齢者宅を週に2回訪問し，社協等と連携しながら，日常生活上の見守りや相談支援，生活援助を行う。	無	14,000千円
	小計					19,000千円
4か年度目	職員育成事業	社会福祉事業	既存	当法人の職員の資質向上を図るため，全国団体が実施する研修の受講費用を補助する。	無	5,000千円
	単身高齢者のくらしの安心確保事業	地域公益事業	新規	当法人の訪問介護員が要介護認定を受けていない単身高齢者宅を週に2回訪問し，社協等と連携しながら，日常生活上の見守りや相談支援，生活援助を行う。	無	14,000千円
	小計					19,000千円
5か年度目	職員育成事業	社会福祉事業	既存	当法人の職員の資質向上を図るため，全国団体が実施する研修の受講費用を補助する。	無	5,000千円
	単身高齢者のくらしの安心確保事業	地域公益事業	新規	当法人の訪問介護員が要介護認定を受けていない単身高齢者宅を週に2回訪問し，社協等と連携しながら，日常生活上の見守りや相談支援，生活援助を行う。	無	14,000千円
	小計					19,000千円
合計						100,000千円

※　欄が不足する場合は適宜追加すること。

3. 社会福祉充実残額の使途に関する検討結果

検討順	検討結果
① 社会福祉事業及び公益事業（小規模事業）	重度利用者の増加を踏まえ，職員の資質向上を図る必要性があるため，職員の資格取得を支援する取組を行うこととした。
② 地域公益事業	当法人が行う地域包括支援センターなどに寄せられる住民の意見の中で，孤立死防止の観点から，日常生活上の見守りや生活支援に対するニーズが強かったため，こうした支援を行う取組を行うこととした。
③ ①及び②以外の公益事業	①及び②の取組を実施する結果，残額は生じないため，実施はしない。

4. 資金計画

事業名	事業費内訳		1か年度目	2か年度目	3か年度目	4か年度目	5か年度目	合計
職員育成事業	計画の実施期間における事業費合計		5,000千円	5,000千円	5,000千円	5,000千円	5,000千円	25,000千円
	財源構成	社会福祉充実残額	5,000千円	5,000千円	5,000千円	5,000千円	5,000千円	25,000千円
		補助金						
		借入金						
		事業収益						
		その他						

事業名	事業費内訳		1か年度目	2か年度目	3か年度目	4か年度目	5か年度目	合計
単身高齢者のくらしの安心確保事業	計画の実施期間における事業費合計		19,000千円	14,000千円	14,000千円	14,000千円	14,000千円	75,000千円
	財源構成	社会福祉充実残額	19,000千円	14,000千円	14,000千円	14,000千円	14,000千円	75,000千円
		補助金						
		借入金						
		事業収益						
		その他						

※ 本計画において複数の事業を行う場合は，2．事業計画に記載する事業の種類ごとに「資金計画」を作成すること。

5. 事業の詳細

事業名	職員育成事業		
主な対象者	当法人に在籍5年以上の職員		
想定される対象者数	50人		
事業の実施地域	―		
事業の実施時期	平成29年8月1日～平成34年3月31日		
事業内容	当法人の職員の資質向上を図るため、全国団体が実施する研修の受講費用を補助する。		
事業の実施スケジュール	1か年度目	職員10人を対象に費用助成を実施。	
	2か年度目	職員10人を対象に費用助成を実施。	
	3か年度目	職員10人を対象に費用助成を実施。	
	4か年度目	職員10人を対象に費用助成を実施。	
	5か年度目	職員10人を対象に費用助成を実施。	
事業費積算（概算）	50万円×職員10人（単年度）×5か年＝2,500万円		
	合計	25,000千円（うち社会福祉充実残額充当額25,000千円）	
地域協議会等の意見とその反映状況	―		

事業名	単身高齢者のくらしの安心確保事業	
主な対象者	千代田区内在住の介護保険サービスを受けていない単身高齢者	
想定される対象者数	1,000人	
事業の実施地域	千代田区内	
事業の実施時期	平成29年8月1日～平成34年3月31日	
事業内容	当法人の訪問介護員が要介護認定を受けていない単身高齢者宅を週に2回訪問し、社協等と連携しながら、日常生活上の見守りや相談支援、生活援助を行う。	
事業の実施スケジュール	1か年度目	・社協等と連携し、事業の実施体制、対象者の要件等を検討。 ・事業の利用希望者の募集
	2か年度目	・利用者に対する支援の実施
	3か年度目	・利用者に対する支援の実施
	4か年度目	・利用者に対する支援の実施
	5か年度目	・利用者に対する支援の実施 ・地域支援事業等へのつなぎ

事業費積算（概算）	人件費 800 万円（単年度）×5 か年＝4,000 万円 旅費 200 万円（単年度）×5 か年＝1,000 万円 賃料 100 万円（単年度）×5 か年＝500 万円 光熱水費 20 万円（単年度）×5 か年＝100 万円 その他事業費 280 万円（単年度）×5 か年＝1,400 万円 初度設備購入費 500 万円	
	合計	75,000 千円（うち社会福祉充実残額充当額 75,000 千円）
地域協議会等の意見と その反映状況	単身高齢者に対する必要な支援として，ゴミ出しや買物など，日常生活上の生活援助に対するニーズが強かったため，事業内容に反映した。	

※ 本計画において複数の事業を行う場合は，2. 事業計画に記載する事業の種類ごとに「事業の詳細」を作成すること。

6. 社会福祉充実残額の全額を活用しない又は計画の実施期間が 5 か年度を超える理由

（出典）社会福祉法第 55 条の 2 の規程に基づく社会福祉充実計画の承認等について（厚生労働省）

第9章
社会福祉法人の税務

　最終章は，社会福祉法人の税務について解説します。税法は，社会福祉法人の公益性や社会的な影響を考慮して，様々な税制上の優遇措置を設けています。本書では，税務の基本的な論点について取り上げます。

　まずは，我が国の平成29年度の歳入と歳出，社会福祉予算を考えます。一般会計歳入は97.4兆円であり，このうち所得税は17.9兆円（歳入合計97.4兆円の18.4％），法人税は12.3兆円（同12.7％），消費税は17.1兆円（同17.6％）の規模となっています。

　他方，一般会計歳出のうち社会保障費の予算は，32.4兆円（歳出合計97.4兆円の33.3％）を占めています。このうち，生活扶助等社会福祉費は4.0兆円（社会保障費32.4兆円の12.3％）の規模となっています（「平成29年度社会保障関係予算のポイント」，財務省HP参照）。

1　納税義務

1　法人税の納税義務

　一般的な法人は，各事業年度の所得に対して法人税が課されますが（法法5条），社会福祉法人は法人税法上の公益法人等に該当するため（法法2条6号），収益事業を除いて法人税は課税されません（法法7条）。

　収益事業を営む場合は，一般の営利企業との税負担の公平を図る観点から，収益事業から生ずる所得に対しては課税されます。

　なお，国税庁公表「平成28事務年度　法人税等の調査事績の概要」（平成29年11月）によると，社会福祉法人における収益事業に該当する事業を行う法人数は平成27事務年度で2,087件，平成28事務年度で2,204件となっ

ています。社会福祉法人数は約2万法人であるため（平成29年版厚生労働白書「社会福祉法人数の推移」、第1章参照），１０％程度が収益事業を行っていると思われます。

2 その他の納税義務

社会福祉事業は，公共性が高く社会に貢献しているため，税制面では広い範囲で優遇措置を設けています。

以下，税目別に社会福祉法人の税務の概要について解説します。

2 法人税法上の収益事業

1 34業種

収益事業は，販売業，製造業その他の政令で定める事業で，継続して事業場を設けて行われるものをいい（法法2条13号），次の34業種が限定列挙されています（法令5条1項各号，法基通15-1-1以下）。

事業種目	事業例示・留意点等
1　物品販売業	動植物，その他通常物品といわないものの販売業を含みます。
2　不動産販売業	固定資産としての土地のうち，収益事業の用に供されていたものを売却した場合は，その収益事業の付随行為として課税対象となります。ただし，譲渡した土地が相当期間（おおむね10年以上）保有したものである場合には，収益事業に含めないことができます。
3　金銭貸付業	貸付先が不特定又は多数の者である金銭の貸付けに限られず，利子収入のほか手形の割引も含みます。
4　物品貸付業	動植物，その他通常物品といわないものの貸付業を含みます。
5　不動産貸付業	店舗の一画を他の者に継続的に使用させるいわゆるケース貸し及び広告等のために建物その他の建造物の屋上，壁面を他の者に使用させる行為を含みます。 　職員への社宅貸付けのように，その貸付けが福利厚生の一環として行われるものは該当しません。
6　製造業	物品の加工修理業を含みます。
7　通信業	放送業を含みます。

8	運送業	運送取扱業を含みます。
9	倉庫業	寄託を受けた物品を保管する業を含みます。
10	請負業	事務処理の委託を受ける業を含みます。法令の規定に基づき国又は地方公共団体の事務処理を委託された法人の行うその委託に係るもので，一定の要件を備えるものは除かれます。
11	印刷業	印刷業のほか，他から得るコピー代も含みます。 特定の資格要件を要する者を会員とする法人が，会報その他これに準ずる出版物を主として会員に配布するためのものは除かれます。
12	出版業	公益法人等又は人格のない社団等の出版物が，収益事業に該当する場合において，出版物の対価が会費等の名目で徴収されていると認められるときは，下記のように取り扱います。 ① 会員から出版物の代価を徴収しないで別に会費を徴収している場合には，その会費のうち当該出版物の代価相当額を出版業に係る収益とします。 ② 会員以外の者に配布した出版物について代価を徴収しないで会費等の名目で金銭を収受している場合には，その収受した金額を出版業に係る収益とします。
13	写真業	写真撮影などを行う事業をいいます。
14	席貸業	不特定又は多数の者の娯楽遊興又は慰安の用に供するための席貸業の他すべての席貸業をいいます。
15	旅館業	下宿営業のほか，旅館業法による旅館業の許可を受けないで宿泊させ，宿泊料を受ける事業も含まれます。ただし，宿泊施設の利用が，関連した者による利用で，1泊1,000円（2食付1,500円）以下のものは除かれます。
16	料理店業その他の飲食店業	飲食物の提供を行う事業をいいます。
17	周旋業	不動産仲介，職業紹介所，結婚相談所等を行う事業をいいます。
18	代理業	保険代理店，旅行代理店等を行う事業をいいます。
19	仲立業	商品売買，金融等の仲介又は斡旋等を行う事業をいいます。
20	問屋業	商品売買などの取次ぎを行う事業をいいます。
21	鉱業	鉱物の採掘を行う事業をいいます。
22	土石採取業	土石の採取を行う事業をいいます。
23	浴場業	サウナ風呂，砂湯等の特殊浴場を含みます。
24	理容業	理容サービスの提供を行う事業をいいます。
25	美容業	美容サービスの提供を行う事業をいいます。

26 興行業	慈善興行を除く，映画・演劇・演芸・舞踊・舞踏・音楽・スポーツ見せ物等の興行が該当します。
27 遊技所業	野球場，テニスコートなどを運営する事業をいいます。
28 遊覧所業	遊園地，庭園などの運営を行う事業をいいます。
29 医療保健業	私立大学病院，日本赤十字社など一部除外があります。
30 技芸教授に関する業	洋裁・和裁・編物・手芸・料理・理容・美容・茶道・生花・着物着付け・演劇・演芸・舞踊・舞踏・音楽・絵画・書道・写真・工芸・デザイン・自動車の操縦等の教授，学力試験に備えるためや学校教育の補習のための学力の教授（通信教育を含む）等が該当します。ただし，学校教育法に規定する学校等で行われる教授等や国家資格に関する試験事業・登録事業で一定の要件を満たすものは除かれます。
31 駐車場業	駐車場の貸付けを行う事業をいいます。
32 信用保証業	信用保証協会等の特例の法令に基づき行われるものと保証料が低額（年2％以下）のものは除かれます。
33 無体財産権提供業	その有する工業所有権その他の技術に関する権利又は著作権の譲渡又は提供を行う事業（国又は地方公共団体に対して行われる無体財産権等を除く）
34 労働者派遣業	自己の雇用する者その他の者を，他の者の指揮命令を受けて，他の者のために他の者の行う事業に従事させる事業をいいます。

2 課税所得に対する法人税

(1) 法人税率

　平成24年4月1日から平成31年3月31日までの間に開始する各事業年度の税率は，課税所得年800万円超は19％となり，課税所得年800万円までについては軽減税率の適用により，15％となります（法法66条3項，措法42条の3の2）。

　なお，平成31年4月1日以降の税率については，今後の税制改正の動向に留意してください。

法人税率	
所得基準	法人税率（平成31年3月31日まで）
年800万円以下の部分	15％
年800万円超の部分	19％

（2）欠損金の繰越控除

　青色申告書を提出した法人では，欠損金は9年間繰越控除ができます。ただし，平成28年度税制改正により，平成30年4月1日以後に開始する事業年度において生ずる欠損金額の繰越期間は10年です（法法57条）。

　近年は，欠損金の繰越控除できる期間の改正が継続して行われていますので，今後の税制改正の動向に留意してください。

（3）欠損金の繰戻し還付

　青色申告である確定申告書を提出する法人は，欠損金額が生じた場合，欠損金額をその事業年度開始の日前1年以内に開始したいずれかの事業年度に繰り戻して，法人税額の還付を請求することができます（法法80条）。

　ただし，この制度は，①解散等の事実が生じた場合の欠損金額及び②中小企業者等の平成21年2月1日以後に終了する各事業年度において生じた欠損金額を除き適用が停止されています（措法66条の13）。

3 収益事業の判定

（1）判定方法

　社会福祉法人における事業のうち，収益事業に該当するか否かの判定は，前述34業種のいずれかに含まれるのか検討する必要があります。社会福祉法人の事業対象の範囲は広く，画一的に判定することは難しいため，実務上は個々の事業単位で判断することになります。本書では，一般的な収益事業の判定について解説します。

（2）継続して行われるもの

　収益事業は，法人税法第2条第13号で「販売業，製造業その他の政令で定める事業で，継続して事業場を設けて行われるものをいう」と規定していますが，「継続して」の意味について考えてみます。

　継続とは，各事業年度の全期間を通じて行われるものに限定されず，事業の性質に応じて継続性を判断することとなり，法人税法基本通達では以下の

内容を例示しています。

【継続して行われるもの（法基通15-1-5）】

> ① 土地の造成及び分譲，全集又は事典の出版等のように，通常一の事業計画に基づく事業の遂行に相当期間を要するもの
> ② 海水浴場における席貸し等又は縁日における物品販売のように，通常相当期間にわたって継続して行われるもの又は定期的に，若しくは不定期に反復して行われるもの

また，収益事業とこれに類似する収益事業ではない事業を行っている場合，継続性の判断は，これらの事業が全体として継続して行われているかどうかを勘案して判定します。たとえば，法人所有の施設において社会福祉事業として使用し，稀に一部を外部へ貸している場合（席貸業），施設が全体として継続使用しているのであれば席貸業も継続していると判断します。

（3）事業場を設けて行われるもの

次に，法人税法第2条第13号の「事業場を設けて行われるものをいう」の意味について考えてみます。

事業場とは，事業を行うための物的施設を示していると考えられます。店舗や工場，事務所等の事業活動の拠点となる一定の場所を設けてその事業を行うもの以外に，必要に応じて随時その事業活動のための場所を設け，又は既存の施設を利用してその事業活動を行うものが含まれます（法基通15-1-4）。

移動販売，移動演劇興行等のようにその事業活動を行う場所が転々と移動するものであっても，「事業場を設けて行われるもの」に該当します。

また，施設を必要としない請負業や代理業は，事務手続を行う等の行為によって事業場と認定されます。法人が委託契約，組合契約，信託契約を締結して他の者に事業を行わせている場合は，当該事業は法人自ら収益事業を行っているものとして取り扱うことになります（法基通15-1-2）。

(4) 収益事業に含まないもの

社会福祉法人が行う収益事業のうち、①その事業に従事する職員の半数以上が次に掲げる者で占めており、かつ、②その事業がこれらの者の生活の保護に寄与している場合は、収益事業に該当しません（法令5条2項2号）。

収益事業から除く事業（2要件を満たす場合）	
職員	根拠法令等
身体障害者	身体障害者福祉法第4条
生活保護者	生活保護法
知的障害者	児童相談所、知的障害者福祉法第9条第6項
精神障害者	精神保健及び精神障害者福祉に関する法律第45条第2項
年齢65歳以上	―
児童を扶養している配偶者のない女子、寡婦	母子及び父子並びに寡婦福祉法

(5) 介護保険事業における収益事業

介護保険法における介護サービス事業は、医療保健業に該当しますが、社会福祉法人が行う場合は収益事業に該当しません（法令5条1項29号ロ）。

ただし、次の3事業は収益事業に該当します。介護保険法（平成9年法律第123号、平成12年4月1日）施行における課税庁への照会による回答結果で示されています（「介護サービス事業に係る法人税法上の取扱いについて（法令解釈通達）」課法2-6、平成12年6月8日）。

介護サービス事業のうち収益事業に該当する事業	
事業内容	業種
福祉用具貸与	物品貸付業（法令5条1項4号）
特定福祉用具販売	物品販売業（法令5条1項1号）
住宅改修	請負業（法令5条1項10号）

（6）物品販売業

　法人が自己の栽培，採取，捕獲，飼育，繁殖，養殖等で取得した農産物等（畜産物，林産物又は水産物を含む）は，そのまま又は加工を加えた上で直接不特定又は多数の者に販売するときは収益事業に該当します。ただし，農産物等を出荷のために最小限必要とされる簡易な加工を加えたものを含み，特定の集荷業者等に売り渡すだけのときは該当しません。

　また，法人等がその会員等に対して有償で物品の頒布を行っている場合であっても，当該物品の頒布が当該物品の用途，頒布価額等からみて専ら会員等からその事業規模等に応じて会費を徴収する手段として行われているものであると認められるときは，当該物品の頒布は，物品販売業に該当しません。

　物品販売業の対象となるものには，動植物のほか，郵便切手，収入印紙，物品引換券等が含まれますが，有価証券及び手形は含まれません（法基通15-1-9）。

　なお，福祉施設内において，施設利用者の利便性のために物品等を販売する場合は収益事業に該当しないと考えられます。

（7）出版業

　書籍・雑誌等の出版は，出版業に該当します（法令5条1項12号）。ただし，会報等を専らその会員に配布するもの，会員以外の者から対価を受けないで配布しているものは収益事業になりません（法基通15-1-35）。なお，会報等を会員以外に有料で多数販売し，広告収入を得ているときは収益事業に該当する場合があります。

　また，出版業を行う法人において，出版業務に関係する講演会の開催や出版物に掲載する広告の引受けは付随事業となるため，収益事業に該当します（法基通15-1-6（1））。

（8）不動産貸付業

　社会福祉法第2条第3項第8号における事業（生計困難者のために，無料又は低額な料金で，簡易住宅を貸し付け，又は宿泊所その他の施設を利用させる事業）

として行う不動産の貸付けは，収益事業に該当しません（法令5条1項5号ハ）。

　住宅用土地の貸付業で収益事業に該当しないものの要件として，法人税法施行規則第4条では，「貸付業の貸付けの対価の額のうち，当該事業年度の貸付期間に係る収入金額の合計額が，当該貸付けに係る土地に課される固定資産税額及び都市計画税額で当該貸付期間に係るものの合計額に3を乗じて計算した金額以下であることとする」と規定しています。これは，3倍以下の地代であれば課税しないとする内容のものです。

(9) 席貸業

　社会福祉法第2条第1項に規定する社会福祉事業として行われる席貸業，国又は地方公共団体の用に供するための席貸業は収益事業に該当しません（法令5条1項14号ロ(1)(2)）。また，社会福祉事業の業務に関連して行う席貸業で，当該法人の職員他これに準ずる者の用に供するためのもののうちその利用の対価の額が実費の範囲を超えないものは収益事業に該当しません（法令5条1項14号ロ(4)，法基通15-1-38の3）。

(10) 興行業

　次に掲げる興行に該当する場合は，所轄税務署長の確認を受けたものは収益事業に該当しません（法基通15-1-53）。

①	催物に係る純益の金額の全額が教育，社会福祉等のために支出されるもので，かつ，当該催物に参加し又は関係するものが何らの報酬も受けないいわゆる慈善興行
②	学生，生徒，児童その他催物に参加することを業としない者を参加者又は出演者等とする興行（その興行収入の相当部分を企業の広告宣伝のための支出に依存するものについては，これにより剰余金の生じないものに限るものとし，その他の興行については，その興行のために直接要する会場費，人件費その他の経費の額を賄う程度の低廉な入場料によるものに限る）

(11) 実費弁償による事務処理の受託等

　社会福祉法人が請負業（事務受託の性質を有する業務）を行う場合において，①法令の規定，行政官庁の指導又は当該業務に関する規則，規約若しくは契

約に基づき実費弁償（委託者から受け取る金額が当該業務のために必要な費用の額を超えないこと）により行われるものであり，かつ，②一定の期間（おおむね5年以内の期間）を限って所轄税務署長等の確認を受けたときは，収益事業に該当しません（法基通15-1-28）。

この判定に関しては，国税庁ホームページに判定表が公表されており，また申請様式が掲載されていますので参照してください。

4 収益事業からの寄附（みなし寄附）

収益事業の資産から収益事業以外の事業に支出した金額は，収益事業からの寄附金とみなします（みなし寄附金）。この場合，次のうち多い金額まで寄附金の損金算入が認められます（法令73条1項3号ロ）。

> **計算式（みなし寄附金の額）**
> 以下のうち，いずれか大きい金額が損金算入限度額となる。
> ① 当期の収益事業の所得金額（みなし寄附金の繰入れ前）× $\frac{50}{100}$
> ② 200万円 × $\frac{当期の月数}{12}$

上記は，損金算入限度額を求めている式です。所得金額が200万円までの場合は，所得の全額を非収益事業へ繰入支出することにより所得金額はゼロとなるため，法人税，地方法人税，法人住民税，法人事業税，地方法人特別税は発生しません。

社会福祉法人で収益事業を行うことが認められているのは，収益事業で獲得した資金は社会福祉事業へ充当することが目的であるため，このような税制上の優遇措置を設けているのです。

5 収益事業に区分した固定資産の処分

社会福祉法人が収益事業を行っている場合，その事業に付随して行う行為は収益事業に含みます（法令5条1項，法基通15-1-6）。

収益事業に区分する固定資産を売却した場合は，原則として収益事業の付

随行為になりますが，以下の2点に係る損益については，収益事業の計算に含めないことができます（法基通15-2-10）。

①	相当期間にわたり固定資産として保有していた土地，建物又は構築物について，譲渡，除却その他の処分をした場合における損益
②	収益事業の全部又は一部を廃止により，当該事業に属する固定資産について，譲渡，除却その他の処分をした場合における損益

なお，上記①「相当期間」とは，おおむね10年以上であると考えられます。

6 収益事業を行う場合の区分経理

社会福祉法人において収益事業を行う場合は，収益事業から生ずる所得の経理と収益事業以外から生ずる所得の経理を区分しなければなりません（法令6条）。これについては，収益，費用に関する経理のみならず，資産，負債に関する経理も求められています。ただし，一の資産の明確な区分が困難な場合は，区分経理せずに当該資産から生ずる費用の額のうち，収益事業に係る部分を当該収益事業に係る費用として経理します。（法基通15-2-1）。

なお，本部と各施設又は施設間で施設・設備を共用している場合は，共通経費（保険料，水道光熱費，減価償却費等）が多いため，これらの共通経費は合理的な基準で配賦します（法基通15-2-5）。

7 申告・提出

収益事業を行う法人は，決算日の翌日から2カ月内に法人税申告書を所轄税務署へ提出しなければなりません（法法74条1項）。

収益事業を行わない法人は，法人税申告書は提出しませんが，年間の収入金額の合計額が8,000万円以下の場合を除き，原則として決算日の翌日から4カ月以内に，その事業年度の収支計算書を所轄税務署へ提出しなければなりません（措法68条の6，措令39条の37，措規22条の22）。

この場合，「公益法人等の損益計算書等の提出書」に収支計算書を添付して提出します。

3 消費税

1 消費税の概要

(1) 消費税の性質

消費税は，国内における商品販売やサービスの提供等，消費に対して税負担を求める間接税です。消費税の特徴は，販売価格に上乗せされ，最終的には消費者が負担することになりますが，納税は事業者が行います。

国内で課税対象となる取引を行う場合は，当該取引が収益事業に該当するかどうかにかかわらず，消費税の納税義務者になります。

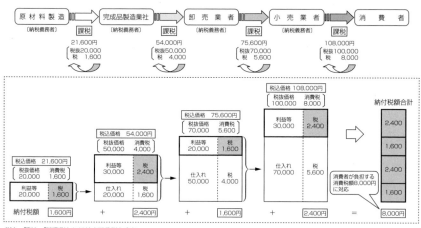

(注)「税」，「消費税」には地方消費税を含む。

(出典) 財務省ホームページ

(2) 納税義務者

消費税の納税義務者は，国内において課税資産の譲渡等を行った事業者です（消法5条）。社会福祉法人は事業者に該当するため，納税義務者となります。

ただし，課税期間に係る基準期間の課税売上高が1,000万円以下の事業者については，その課税期間中に国内において行った課税資産の譲渡等につき，納税義務は免除されます（消法9条）。

基準期間は、課税期間の納税義務を判定するものであり、その事業年度の前々事業年度となります。

たとえば、平成 29 年度（平成 29 年 4 月 1 日から 30 年 3 月 31 日まで）における納税義務を判定する場合は、その 2 年前、すなわち、平成 27 年度（平成 27 年 4 月 1 日から 28 年 3 月 31 日まで）の事業年度で行います。

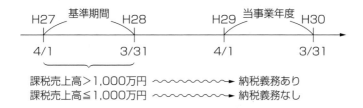

(3) 課税の対象

消費税の課税対象は、次の要件を満たした場合です（消法 4 条）。

	課税の要件
①	国内において行うものであること
②	事業者が事業として行うものであること
③	対価を得て行うものであること
④	資産の譲渡，資産の貸付け，役務の提供を行うものであること

社会福祉法人では、上記③「対価性」の有無に注意を要します。対価を得ることは、資産の譲渡等に対して反対給付を受けることであり、たとえば、補助金や寄附金は一般的に反対給付を伴わないため、対価性がないと判断できます。このため、補助金及び寄附金は原則として課税対象にはなりません。

また、社会福祉事業では、たとえば、介護保険サービスにおける事業地域外の利用者に対して介護サービスを提供するときの交通費、特別な食事の提供は対価性があると考えられ、課税の要件を満たすことがあります。

(4) 税額

消費税の納付税額は、預かった消費税から支払った消費税を控除した金額

です。税率は，消費税率（国税分）6.3％，地方消費税率（地方税分）1.7％，あわせて8％です（消法29条）。

なお，平成31年10月1以後は，消費税率（国税分）は7.8％，地方消費税率（地方税分）2.2％，あわせて10％へ変更が予定されています。

区分	平成31年9月30日まで	平成31年10月1日以降	
		標準税率	軽減税率
消費税率（国税分）	6.3％	7.8％	6.24％
地方消費税率（地方税分）	1.7％ （消費税額×$\frac{17}{63}$）	2.2％ （消費税額×$\frac{22}{78}$）	1.76％ （消費税額×$\frac{22}{78}$）
合計	8.0％	10.0％	8.0％

計算式

納付税額 ＝ 課税売上に係る消費税額（課税標準額 × 6.3％）
　　　　 － 課税仕入れ等に係る消費税額
　　　　※別途1.7％の地方税を含め8％の税率

(5) 軽減税率

平成31年10月1日からの消費税率の引き上げと同時に軽減税率が導入されます。軽減税率の対象は，飲食料品（酒類・外食を除く）及び新聞（定期購読のみ）に適用される予定です。

飲食料品は，食品表示法に規定する食品（酒類を除く）が軽減税率の対象であり，一定の一体資産を含みます。外食やケータリング等は，軽減税率の対象外です。

新聞は，一定の題号を用い，政治，経済，社会，文化等に関する一般社会的事実を掲載する週2回以上発行されるもの（定期購読契約に基づく）が軽減税率の対象です。

軽減税率の詳細な内容や今後の動向については，国税庁ホームページを参照してください。

2 取引の区分

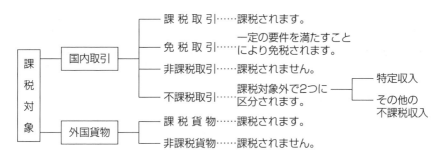

(1) 不課税取引

　課税の対象とならない取引は，課税対象外取引（不課税取引）に分類します。国，地方公共団体からの補助金，対価性のない寄附金，無償の取引（みなし譲渡を除く）などが該当します。

　また，社会福祉法人では，会費や所属団体の負担金等の金銭の授受を受ける取引がありますが，これら役務提供等との間に明白な対価関係の判定が困難なものは，資産の譲渡等の対価に該当しないことになります。ただし，その会費等を支払う事業者側がその支払を課税仕入れに該当しないこととしている場合に限ります（消基通 5-5-3）。

　なお，以下の点は留意が必要です。

	会費等の留意点
①	通常の業務運営のために経常的に要する費用をその構成員に分担させ，その団体の存立を図るというようないわゆる通常会費については，資産の譲渡等の対価に該当しません。
②	名目が会費等とされている場合であっても，それが実質的に出版物の購読料，映画・演劇等の入場料，職員研修の受講料又は施設の利用料等と認められるときは，その会費等は，資産の譲渡等の対価に該当します。
③	資産の譲渡等の対価に該当するかどうかの判定が困難な会費，組合費等について，この通達を適用して資産の譲渡等の対価に該当しないものとする場合には，同業者団体，組合等は，その旨をその構成員に通知します。

(2) 非課税取引

　消費税は，国内において事業者が事業として対価を得て行う取引を課税の対象としています。しかし，これらの取引であっても消費に負担を求める税としての性格から，課税の対象としてなじまないものや社会政策的配慮から非課税取引を定めています（消法6条，消法別表第一参照）。

　非課税取引は，以下のとおり限定列挙しています。

	非課税取引の限定列挙
取引の性格から課税になじまないもの	① 土地の譲渡及び貸付け
	② 有価証券等の譲渡
	③ 支払手段の譲渡
	④ 預貯金の利子及び保険料を対価とする役務の提供等
	⑤ 日本郵便株式会社などが行う郵便切手類の譲渡，印紙・証紙の譲渡
	⑥ 商品券，プリペイドカードなどの物品切手等の譲渡
	⑦ 国等が行う一定の事務に係る役務の提供
	⑧ 外国為替業務に係る役務の提供
社会政策的配慮によるもの	⑨ 社会保険医療の給付等
	⑩ 介護保険サービスの提供
	⑪ 社会福祉事業等によるサービスの提供
	⑫ 助産
	⑬ 火葬料や埋葬料を対価とする役務の提供
	⑭ 一定の身体障害者用物品の譲渡や貸付け
	⑮ 学校教育
	⑯ 教科用図書の譲渡
	⑰ 住宅の貸付け

(3) 免税取引

　輸出免税として輸出取引，国際通信，国際運輸等の輸出類似取引（消法7条1項），輸出物品販売場における商品販売取引として所轄税務署長の承認を得た外国人旅行者への商品販売所における商品販売は免税となります（消

法8条，消令18条1〜3項）。

　社会福祉法人では，免税取引の例は少ないと思いますが，海外と取引のある法人では留意する必要があります。

3 課税・非課税の区分

　社会福祉法人は様々な事業を行っているため，画一的な判断は難しく，課税・非課税の取引区分はそれぞれの事業に応じて個別に判断します。区分については，専門家に相談のうえ決定することが望ましいです。

　本書では，次項以下に代表的な取引について解説します。

4 社会福祉事業の非課税取引

　社会福祉事業は，次の場合は非課税取引になります（消法別表第一7号ロ，消令14条の3，消基通6-7-5）。

① 社会福祉法に規定する第1種社会福祉法事業
② 社会福祉法に規定する第2種社会福祉法事業
③ 更生保護事業法に規定する更生保護事業
④ ①〜③に類するもので一定のもの（児童福祉法に規定する児童福祉施設等）

(1) 第1種社会福祉事業

　社会福祉法に規定する第1種社会福祉事業における非課税取引は次のとおりです（消基通6-7-5(1)）。

① 生活保護法に規定する事業
② 児童福祉法に規定する事業
③ 老人福祉法に規定する事業
④ 障害者の日常生活及び社会生活を総合的に支援するための法律に規定する事業
⑤ 売春防止法に規定する事業
⑥ 授産施設を経営する事業及び生計困難者に対して無利子又は低利で資金を融通する事業

273

（2）第2種社会福祉事業

社会福祉法に規定する第2種社会福祉事業における非課税取引は次のとおりです（消基通6-7-5（2））。

① 生計困難者に対する事業
② 生活困窮者自立支援法に規定する事業
③ 児童福祉法に規定する事業
④ 就学前の子どもに関する教育，保育等の総合的な提供の推進に関する法律（平成18年法律第77号）に規定する幼保連携型認定こども園を経営する事業
⑤ 母子及び父子並びに寡婦福祉法に規定する事業
⑥ 老人福祉法に規定する事業
⑦ 障害者の日常生活及び社会生活を総合的に支援するための法律に規定する事業
⑧ 身体障害者福祉法に規定する事業
⑨ 知的障害者福祉法に規定する事業
⑩ 生計困難者のために，無料又は低額な料金で，簡易住宅を貸し付け，又は宿泊所その他の施設を利用させる事業
⑪ 生計困難者のために，無料又は低額な料金で診療を行う事業
⑫ 生計困難者に対して，無料又は低額な費用で介護保険法に規定する介護老人保健施設を利用させる事業
⑬ 隣保事業
⑭ 福祉サービス利用援助事業
⑮ 第1種社会福祉事業及び第2種社会福祉事業の事業に関する連絡又は助成を行う事業

（3）社会福祉事業及び更生保護事業法に類するもので一定の事業

上記以外に，消費税法施行令第14条の3において非課税取引の規定があります。以下の内容を参考にしてください。

① 児童福祉法に規定する児童福祉施設を経営する事業として行われる資産の譲渡等及び保育所を経営する事業に類する事業として行われる資産の譲渡等として厚生労働大臣が財務大臣と協議して指定するもの，治療等，一時保護
② 障害者の日常生活及び社会生活を総合的に支援するための法律に規定に基づき，独立行政法人国立重度知的障害者総合施設のぞみの園が設置する施設において行う援護

③ 介護保険法に規定する包括的支援事業で老人介護支援センターを経営する事業に類する事業として厚生労働大臣が財務大臣と協議して指定されたもの
④ 子ども・子育て支援法の規定する施設型給付費，特例施設型給付費，地域型保育給付費又は特例地域型保育給付費の支給に係る事業として行われる資産の譲渡等
⑤ ①～④以外に，老人福祉法に規定する老人居宅生活支援事業，障害者の日常生活及び社会生活を総合的に支援するための法律に規定する障害福祉サービス事業（居宅介護，重度訪問介護，同行援護，行動援護，短期入所及び共同生活援助に係るもの）その他これらに類する事業として行われる資産の譲渡等のうち，国又は地方公共団体の施策に基づきその要する費用が国又は地方公共団体により負担されるものとして厚生労働大臣が財務大臣と協議して指定するもの

5 介護保険サービスの課税・非課税区分

　介護保険法の規定により，介護サービスは原則として非課税になります。消費税法では，以下を非課税取引と規定しています（消法別表第一7号イ，消基通6-7-1）。

① 介護保険法の規定に基づく居宅介護サービス費の支給に係る居宅サービス（訪問介護，訪問入浴介護その他の政令で定めるものに限る）
② 施設介護サービス費の支給に係る施設サービス（政令で定めるものを除く）
③ その他これらに類するものとして政令で定めるもの

　消費税法では，介護保険法の規定により要介護被保険者に対して支給される介護サービス費に対応する部分の居宅サービス及び施設サービスのみが非課税取引に該当するのではなく，同法に規定する居宅サービス及び施設サービスとして提供されるサービスの全部が非課税取引に該当します。すなわち，消費税法の非課税の範囲と介護保険法の保険給付額の範囲が異なっているのです。

　このため，次の介護保険サービスは非課税取引になります（消基通6-7-2）。

① 介護保険法第43条に規定する居宅介護サービス費等に係る支給限度額を超えて同法第41条に規定する指定居宅サービス事業者が提供する指定居宅サービス
② 介護保険法第41条第1項又は同法第48条第1項の規定において介護保険給付の対象から除かれる日常生活に要する費用として，介護保険法施行規則第61条又は同規則第79条に定める費用に係る資産の譲渡等

なお，利用者の自己選定により，一定の範囲を超える利用料や交通費等は課税対象となります。たとえば，事業区域外の利用者に対する介護サービス提供における交通費や送迎費，特別な食事の提供などです。

　国税庁の質疑応答事例「居宅サービスにおける利用者負担の交通費等の費用の取扱い」において，課税と非課税の回答が記載されています（下記参照）。

　介護保険法は，居宅サービスの種類の区分に応じて，居宅介護サービス費の給付対象から除外し，利用者の全額負担としています。このため，サービス内容により，消費税の取扱いが異なるのです。

サービス種類	内容	判定
訪問介護	通常の事業実施地域以外の地域の居宅において訪問介護を行う場合の交通費	課税
訪問入浴介護	通常の事業実施地域以外の地域の居宅において訪問入浴介護を行う場合の交通費	課税
	利用者の選定により提供される特別な浴槽水等の費用	課税
訪問看護及び訪問リハビリテーション	通常の事業実施地域以外の地域の居宅において訪問看護等を行う場合の交通費	課税
居宅療養管理指導	居宅療養管理指導の提供に要する交通費	課税
通所介護及び通所リハビリテーション	通常の事業実施地域以外の地域に居住する利用者に対して行う送迎に要する費用	課税
	通常要する時間を超える通所介護であって利用者の選定に係るものの提供に伴い必要となる費用の範囲内において，居宅介護サービス費用基準額を超える費用	非課税
	食材料費	非課税
	おむつ代	非課税
	その他（指定）通所介護又は（指定）通所リハビリテーションにおいて提供される便宜のうち，日常生活においても通常必要となるものに係る費用であって，その利用者に負担させることが適当と認められるもの	非課税
短期入所生活介護及び短期入所療養介護	（通常の）食事の提供に要する費用	非課税
	滞在に要する費用	非課税

	利用者が選定する特別な居室（療養室）等の提供を行ったことに伴い必要となる費用	課税
	利用者が選定する特別な食事の提供を行ったことに伴い必要となる費用	課税
	送迎に要する費用	課税
	理美容代	非課税
	その他短期入所生活介護又は短期入所療養介護において提供される便宜のうち，日常生活においても通常必要となるものに係る費用であって，その利用者に負担させることが適当と認められるもの	非課税
特定施設入居者生活介護	利用者の選定により提供される介護その他の日常生活上の便宜に要する費用	課税
	おむつ代	非課税
	その他特定施設入居者生活介護において提供される便宜のうち，日常生活においても通常必要となるものに係る費用であって，その利用者に負担させることが適当と認められるもの	非課税

6 その他の事業における課税・非課税取引

（1）生産活動

　生産活動は，就業能力の限られている者（要援護者）の自立，自活，社会復帰のための訓練や職業供与等を行うことをいいます。障害者福祉施設における生産活動の作業による資産の譲渡等は，課税取引になります。

　また，これらの活動を通じて作成された物品販売，サービスの提供等は課税取引になります（消法別表第一7号ロ，消基通6-7-6）。

（2）委託事業

　社会福祉法人が受託を受ける収入は課税取引になりますが，地方公共団体から社会福祉施設の経営委託を受けており，消費税法別表第一7号ロに規定する社会福祉事業としての資産の譲渡等に該当するときは非課税取引になります（消基通6-7-9）。

　なお，当該業務の一部を受託した場合は，課税取引になると思われるため，

留意してください。

(3) 福祉用具

　介護保険法の規定により、居宅要介護者又は居宅要支援者が福祉用具の貸与・購入した場合に、費用の一部が介護保険により支給される場合であっても、当該福祉用具の貸付け又は譲渡については、「非課税となる介護保険に係る資産の譲渡等」（消法別表第一7号イ）に規定する資産の譲渡等に該当しません。

　ただし、当該福祉用具が「身体障害者用物品の譲渡等」（消法別表第一10号）に規定する身体障害者用物品に該当するときは、非課税取引になります（消基通6-7-3）。

　消費税法施行令第14条の4（身体障害者用物品の範囲等）では、次のとおり規定しています。指定の内容は、厚生労働省告示を参照してください。

身体障害者用物品の範囲等
①	消費税法別表第一第10号に規定する政令で定めるものは、義肢、盲人安全つえ、義眼、点字器、人工喉頭、車椅子その他の物品で、身体障害者の使用に供するための特殊な性状、構造又は機能を有する物品として厚生労働大臣が財務大臣と協議して指定するものとする。
②	消費税法別表第一第10号に規定する政令で定める資産の譲渡等は、同号に規定する身体障害者用物品の譲渡、貸付け及び製作の請負並びに同号に規定する身体障害者用物品の修理のうち厚生労働大臣が財務大臣と協議して指定するものとする。

7 仕入控除税額

(1) 課税仕入れの原則

　消費税の納付税額は、課税期間中の課税売上げ等に係る消費税額からその課税期間中の課税仕入れ等に係る消費税額（仕入控除税額）を控除して計算します。

　課税仕入れは、事業のために他の者から資産の購入や借り受けを行うこと、又は役務の提供を受けることをいい、費用（支出）の多くは課税仕入れに該当します。給与等を対価とする役務提供は、課税仕入れに該当しません。

課税仕入れ等に係る消費税等の控除を行う場合は，帳簿や請求書等を保存しなければなりません（消法30条7項，消令50条）。

（2）課税売上割合

消費税の仕入控除税額は，課税売上げに対応する課税仕入れ等の税額を控除するものであり，具体的には次の課税売上割合に応じて計算します（消法30条6項，消令48条）。

> **計算式**
>
> 課税売上割合 ＝ $\dfrac{課税期間中の課税売上高（税抜き）^{※1}}{課税期間中の総売上高（税抜き）^{※2}}$
>
> ※1 課税期間中の課税売上高（税抜き）は，①課税売上高（税抜き），②免税売上高の合計額（課税資産の譲渡等の対価の額）をいいます。
>
> ※2 課税期間中の総売上高（税抜き）は，①課税売上高（税抜き），②免税売上高，③非課税売上の合計額（資産の譲渡等の対価の額）をいいます。このうち，③非課税売上は，貸付金，預金，売掛金その他の金銭債権（資産の譲渡等の対価として取得したものを除く）及び特定の有価証券等の対価の額は，その譲渡対価の額の5％です。

（3）仕入控除税額の計算方法

課税売上割合の計算の結果，次のいずれかに該当するか判定を行い，仕入控除税額を計算します。

① 「課税売上高が5億円以下」かつ「課税売上割合が95％以上」の場合（95％基準）

課税仕入れ等の税額は全額控除します（消法30条6項）。

> **計算式**
>
> 仕入控除税額 ＝ 課税仕入れ等に係る支払対価の額（税込）× $\dfrac{6.3}{108}$

② 「課税売上高が5億円超」又は「課税売上割合が95％未満」の場合

次のいずれかの方式により計算します（消法30条2項）。

ア．個別対応方式

課税期間中の課税仕入れ等に係る消費税額のすべてを次の3点に区分します（消法30条2項1号）。

> ⅰ．課税売上げにのみ要する課税仕入れ等に係るもの（課税売上対応）
> ⅱ．非課税売上げにのみ要する課税仕入れ等に係るもの（非課税売上対応）
> ⅲ．課税売上げと非課税売上げに共通して要する課税仕入れ等に係るもの（共通対応）

個別対応方式は，上記3点に区分したうえで，次の計算式により仕入控除税額を求めます。個別対応方式は，上記3点に区分経理している場合に認められる計算方法です。

計算式　個別対応方式
仕入控除税額 ＝ ⅰ ＋（ⅲ × 課税売上割合）

イ．一括比例配分方式

課税期間中の課税仕入れ等に係る消費税額に関して，上記ア「個別対応方式」の適用条件である3つに区分経理していない場合や簡便的に計算したい場合は，この方法を選択することができます。

課税期間中の課税売上げに係る消費税額から控除する仕入控除税額は，次の算式によって計算します（消法30条2項2号）。

なお，一括比例配分方式を選択した場合は，2年間以上継続適用した後でなければ個別対応方式に変更することはできません（消法30条5項）。

計算式　一括比例配分方式
仕入控除税額 ＝ 課税仕入れ等に係る消費税額（ⅰ＋ⅱ＋ⅲ）× 課税売上割合

8 特定収入

（1）特定収入の意義

社会福祉法人では，一般の事業者とは異なり，補助金，会費，寄附金等の

対価性のない収入を「特定収入」と定義して，仕入控除税額から控除する調整を行います（消法60条4項）。

通常の消費税の納付額は，「課税売上げ等に係る消費税額」から「課税仕入れ等に係る消費税額（仕入控除税額）」を控除するのですが，社会福祉法人は特定収入の占める割合が多いため，「課税仕入れ等に係る消費税額（仕入控除税額）」を一部調整することが求められています。

消費税法は，多段階累積控除（多段階の課税制度）を採用しているため，対価性のない特定収入を原資とする課税仕入れは，「課税売上げ等に係る消費税額」から控除するべきものではないと考えているのです。

（2）特定収入の範囲

資産の譲渡等の対価以外の収入で，次のようなもの以外の収入をいいます（消令75条1項）。

	特定収入から除く対価性のない収入
①	借入金及び債券の発行に係る収入で，法令によりその返済又は償還のため補助金，負担金等の交付を受けることが規定されているもの以外のもの
②	出資金
③	預金，貯金及び預り金
④	貸付回収金
⑤	返還金及び還付金
⑥	法令又は交付要綱等において，特定支出のためにのみ使用することとされている収入
⑦	国，地方公共団体が合理的な方法により資産の譲渡等の対価以外の収入の使途を明らかにした文書において，特定支出のためにのみ使用することとされている収入

※ 上記⑥「特定支出」は，課税仕入れに係る支出，課税貨物の引取りに係る支出又は通常の借入金等の返済金若しくは償還金に係る支出のいずれにも該当しない支出をいい，例えば，給与，利子，土地購入費，特殊な借入金等の返済などが該当します。

上記表は，特定収入から除く対価性のない収入の一覧表です。したがって，特定収入に該当するものは次のとおりです。

	特 定 収 入 の 例
①	租税
②	補助金
③	交付金
④	寄附金
⑤	出資に係る配当金
⑥	保険金
⑦	損害賠償金
⑧	資産の譲渡等の対価に当たらない負担金，他会計からの繰入金，会費等，喜捨金（お布施，戒名料，玉串料など）

（3）特定収入割合の計算式

　原則的な方法で仕入控除税額を計算する場合，特定収入が一定の割合（5％）を超えるときは，通常の計算方法で求めた仕入控除税額から調整額を控除します。特定収入割合は以下の方法で求めます（消令75条3項）。

計算式

$$特定収入割合 = \frac{特定収入の合計額}{課税売上高（税抜き）＋ 免税売上高 ＋ 非課税売上高 ＋ 国外売上高 ＋ 特定収入の合計額}$$

（4）5％を超える特定収入割合の調整

　特定収入割合の結果，特定収入割合が5％を超えるときは，控除対象仕入税額から特定収入に係る調整額を控除して，納付税額を計算します。

　以下の方法によって計算した特定収入に係る課税仕入れ等の消費税額を控除します。

　ただし，簡易課税制度（後述参照）を採用している場合，特定収入割合が5％以下である場合は，調整計算は必要ありません。

> **計算式**
>
> 納付税額 ＝ 課税期間中の課税標準額に対する消費税額
> 　　　　　－（調整前の仕入控除税額
> 　　　　　－ 課税期間中の特定収入に係る課税仕入れ等の税額）

① 「課税売上高が5億円以下」かつ「課税売上割合が95％以上」の場合

次のA及びBの合計額が，特定収入に係る課税仕入れ等の消費税額となります（消令75条4項1号）。

> **計算式**
>
> A. 特定収入のうち課税仕入れにのみ使途が特定されている部分の金額
> 　　 × $\dfrac{6.3}{108}$
> B. （調整前の仕入控除税額 － A）× 調整割合
> C. A ＋ B ＝ 特定収入に係る課税仕入れ等の税額

> **計算式**
>
> 調整割合 ＝
> $\dfrac{\text{法令等において課税仕入れにのみ使途が特定されている特定収入以外の特定収入の合計額（使途不特定の特定収入）}}{\text{課税売上高（税抜）＋ 免税売上高 ＋ 非課税売上高 ＋ 国外売上高 ＋ 使途不特定の特定収入}}$

② 「課税売上高が5億円超」又は「課税売上割合が95％未満」で個別対応方式を適用している場合

次のAからCまでの合計額が，特定収入に係る課税仕入れ等の消費税額となります（消令75条4項2号）。

> **計算式**
>
> A. 特定収入のうち課税資産の譲渡等にのみ要する課税仕入れにのみ使途が特定されている部分の金額 $\times \dfrac{6.3}{108}$
> B. 特定収入のうち課税資産の譲渡等とその他の資産の譲渡等に共通して要する課税仕入れにのみ使途が特定されている部分の金額 $\times \dfrac{6.3}{108}$ × 課税売上割合
> C. (調整前の仕入控除税額 − A − B) × 調整割合
> D. A + B + C = 特定収入に係る課税仕入れ等の税額

③ 「課税売上高が5億円超」又は「課税売上割合が95％未満」で<u>一括比例配分方式</u>を適用している場合

　次のA及びBの合計額が、特定収入に係る課税仕入れ等の消費税額となります（消令75条4項3号）。

> **計算式**
>
> A. 特定収入のうち課税仕入れにのみ使途が特定されている部分の金額 $\times \dfrac{6.3}{108}$ × 課税売上割合
> B. (調整前の仕入控除税額 − A) × 調整割合
> C. A + B = 特定収入に係る課税仕入れ等の税額

(5) 全体図

　次頁に特定収入がある場合とない場合に区分した全体図を示します。

第9章 社会福祉法人の税務

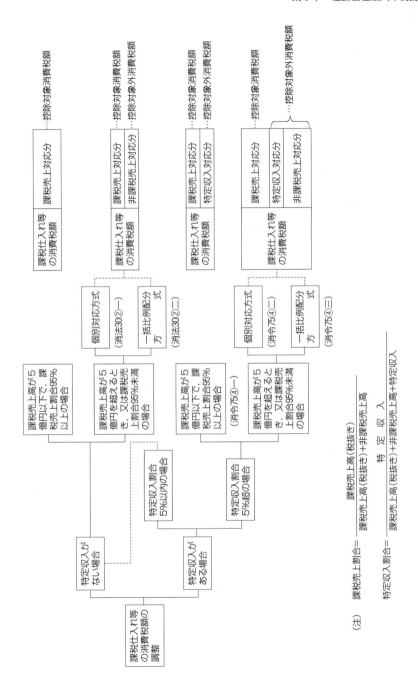

9 簡易課税制度

(1) 簡易課税制度の概要

基準期間における課税売上高が5,000万円以下の法人は，簡便的な方法で納付税額を計算することができます。簡易課税制度の適用を受ける場合，事前に「簡易課税制度選択届出書」を所轄税務署へ提出する必要があります（消法37条1項，消規17条1項）。

簡易課税の適用条件
① 基準期間における課税売上高が5,000万円以下
② 簡易課税制度選択届出書の提出

(2) 計算方法

簡易課税制度は，実際の課税仕入れ等の税額を計算することなく仕入控除税額を行うことができるため，消費税の計算の簡略化を図ることができます。

計算方法は，仕入控除税額を課税売上高に対する税額の一定割合とするというものであり，この一定割合を「みなし仕入率」といいます。

事業内容に応じて，下表の卸売業，小売業，製造業等，その他の事業，サービス業，不動産業の6つに区分し，それぞれの区分ごとに定められた「みなし仕入率」を適用します。

なお，平成27年4月1日以後の開始する課税期間から，簡易課税制度は従前の5区分から6区分に改正されました。従前の第四種事業のうち，金融業及び保険業を第五種事業とし，みなし仕入率は50％（従前は60％）になり，従前の第五種事業のうち，不動産業を第六種事業とし，みなし仕入率は40％（従前は50％）へ変更になっています（消令57条）。

> **計算式**
> 仕入控除税額 ＝ 課税標準額に対する消費税額 × みなし仕入率

みなし仕入率の区分

事業区分	事業内容	該当例	みなし仕入率
第一種	卸売業	他の者から購入した商品をその性質，形状を変更しないで他の事業者に対して販売する事業	90％
第二種	小売業	他の者から購入した商品をその性質，形状を変更しないで販売する事業で第一種事業以外のもの	80％
第三種	製造業等	農業，林業，漁業，鉱業，建設業，製造業（製造小売業を含む），電気業，ガス業，熱供給業及び水道業をいい，第一種事業，第二種事業に該当するもの及び加工賃その他これに類する料金を対価とする役務の提供を除く	70％
第四種	その他の事業	第一種事業から第六種事業以外の事業をいい，具体的には，飲食店業など	60％
第五種	サービス業等	運輸通信業，金融・保険業，サービス業（飲食店業に該当する事業を除く）をいい，第一種事業から第三種事業までの事業を除く	50％
第六種	不動産業	日本標準産業分類の大分類の区分が不動産業	40％

　社会福祉法人の事業の場合，課税対象の福祉用具販売収入やバザー収入は第二種となり，野菜やパンの製造販売，福祉用具の製造販売などの製造事業は第三種，喫茶店などの飲食事業は第四種，福祉用具の貸与や自動販売機収入は第五種，施設の貸付けは第六種に該当すると考えられます。

（3）届出書の効力

　簡易課税制度選択届出書を提出した法人は，「簡易課税制度選択不適用届出書」を提出しない限り，簡易課税の効力は存続しています。このため，基準期間における課税売上高が5,000万円超となり，簡易課税の適用を受けられない事業年度があった場合，その後基準期間における課税売上高が5,000万円以下となった課税期間では，簡易課税制度が適用されます。すなわち，「簡易課税制度選択不適用届出書」を提出しない限り，簡易課税制度を選択していることになるのです（消法37条5項，消規17条2・3項）。

　また，簡易課税制度選択届出書を提出した場合，2年間は継続適用となり

ます（消法 37 条 6 項）。

10 免税事業者・簡易課税制度判定表

　以下は免税事業者・簡易課税制度選択の判定表です。課税期間が 1 年である事業者を前提としているため，事業年度が 1 年に満たない場合は，「基準期間の課税売上高」を 1 年分に換算して判定します。

▶ 免税事業者，簡易課税制度判定表

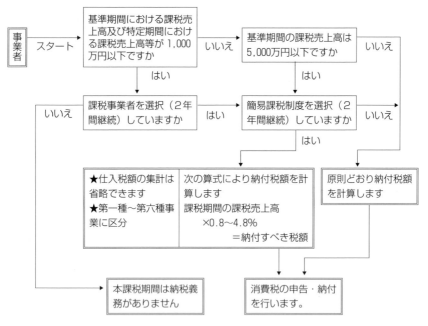

4　源泉所得税

1　源泉所得税の概要

　所得税法では，納税者の所得に対する税額を自主的に申告する申告納税制度を適用しています。これは，約 4,000 万人の給与所得者を対象に正確かつ効率的に税務行政を実施するために設けられた課税技術上の制度です。ま

た，納税者は給与から天引きされるため，法人等の所属組織がいわば納付代行することになり，自ら納税に赴くことはなく負担軽減の効果が見込めます。

2 源泉徴収義務

　職員に給与等を支給している社会福祉法人は，源泉徴収義務者になります（所法183条1項）。法人税の収益事業を行っているか否かは問いません。
　社会福祉法人における主な源泉税は，給与所得，退職所得，支払報酬です。本書では，この3点について解説します。
　なお，所得税は毎年税制改正があるため，国税庁公表の源泉税の手引きや専門書などを参考に改正論点の確認を行う必要があります。

(1) 給与所得

　給与所得は，雇用契約に基づく労働の対価として支給するものであり，毎月支給する給与及び臨時的に支給する賞与が該当します（所法28条1項）。
　該当者は，最初に給与等の支払を受ける日の前日までに源泉徴収義務者である法人へ「給与所得者の扶養控除等（異動）申告書」を提出します（所法194条1項）。この書類は，所轄税務署及び市区町村長から提出を求められた場合のみ提出するものであり，通常は源泉徴収義務者である法人で保管します。
　給与所得の源泉税額の計算は，国税庁公表「源泉徴収税額表」に基づきます。
　「給与所得者の扶養控除等（異動）申告書」の提出があった者の計算は，「源泉徴収税額表」の月額表の扶養親族者の人数及び該当する給与額（甲欄）の金額を使用します（所法185条1項1号）。賞与については，「賞与に対する源泉徴収税額の算出率の表」の該当箇所で計算します（所法186条）。
　「給与所得者の扶養控除等（異動）申告書」の提出がない者は，乙欄の該当する金額で計算します（所法185条1項2号）。
　労働した日ごとに支払われる給与等（丙欄）は，「源泉徴収税額表」の日額表の該当箇所で計算します（所法185条1項3号）。

（2）退職所得

退職所得は，職員の退職における一時的な支給をいいます（所法30条1項）。
「退職所得の受給に関する申告書」の提出を受けている場合，退職者の勤続年数を考慮して次の計算式で控除額を求めます。

勤続年数	退職所得控除額
20年以下	40万円 × 勤続年数（80万円に満たない場合は80万円）
20年超	800万円 ＋ 70万円 ×（勤続年数 － 20年）

退職所得控除額は，勤続年数が20年までの場合は1年あたり40万円となり，勤続年数21年以降は1年あたり70万へ増額します。勤続年数が長い職員ほど，退職所得控除額が増加することになります。

また，退職所得については，退職後の生活の原資としての性質も有していると考えられるため，退職所得の金額から上記で求めた退職所得控除額を差し引いた後，2分の1を乗じた金額が課税退職所得金額になります（役員等勤続年数が5年以下である人が支払を受ける退職金のうち，その役員等勤続年数に対応する退職金として支払を受けるものについては，平成25年分以後は退職金の額から退職所得控除額を差し引いた額が退職所得の金額になり，上記の2分の1の適用はありません）。

課税退職所得金額に対して，所得税の速算表に基づく税率を乗じて控除額を考慮した後の金額が源泉税になります。

他方，「退職所得の受給に関する申告書」の提出を受けていない場合は，退職手当等の支給額に20.42％（0.42％の復興所得税含む）の税率を乗じて計算した所得税及び復興特別所得税の額が源泉税になります（所法201条）。

なお，退職所得については，長期の欠勤や2か所以上から退職金を受けている場合等，一定の制限規定が設けられています（所令69条以下参照）。退職者の個々の状況に応じて計算が異なる場合がありますので，注意が必要です。詳細については，国税庁ホームページ等を参照してください。

（3）報酬，料金等の源泉徴収

顧問弁護士・公認会計士・税理士・社会保険労務士等へ支払う報酬，法人における講演料，技芸・スポーツ等の教授・指導における報酬は源泉徴収の対象になります。この場合の税率は10％です（復興所得税を含めると10.21％）。

ただし，同一人に100万円を超える支払を行う場合，超えた額については20％の税率となります（復興所得税を含めると20.42％）。

報酬，料金等の源泉徴収に該当するかの判断は，所得税法第204条，所得税基本通達204-1以降が参考になります。

（4）納付

源泉税は，原則として徴収した日の翌月10日が納期限であり，それまでに所轄税務署へ納付する必要があります（所法183条1項，199条，204条1項）。

ただし，給与等を支給する人員が常時10名未満の法人の場合，納期の特例を受けることができます（所法216条）。この制度は，1月から6月までの源泉所得税を7月10日までに納付し，7月から12月までの源泉所得税は翌年1月20日までに納付するものです（年2回納付）。

納期の特例を受ける場合は，事前に「源泉所得税の納期の特例の承認に関する申請書」を所轄税務署へ提出して承認を受けます。納期の特例の条件を満たす場合は，事務作業の効率化を図ることができます。

なお，納期の特例の要件を満たさなくなった場合は，「源泉所得税の納期の特例の要件に該当しなくなったことの届出書」を所轄税務署へ提出する必要があります（所法218条）。

3 復興特別所得税

「東日本大震災からの復興のための施策を実施するために必要な財源の確保に関する特別措置法」（平成23年法律第117号）が平成23年12月2日に公布され，平成25年1月1日施行しました。

この法律の第28条は，源泉徴収義務者である法人は，平成25年1月1日から平成49年12月31日までの間に生ずる所得について，源泉所得税を徴収する際に復興特別所得税（税率2.1％）を併せて徴収し，その合計額を所轄税務署に納付すると規定しています。

　実務では，源泉徴収の対象となる支払金額等に対して，所得税と復興特別所得税の合計税率（所得税率×102.1％）を乗じて計算した金額を徴収し，1枚の所得税徴収高計算書（納付書）で納付します

> **計算式**
>
> （所得税及び復興特別所得税の源泉徴収税額）
> 　源泉徴収すべき所得税及び復興特別所得税の額
> 　　＝ 支払金額等 × 合計税率（所得税率 × 102.1％）

　所得税率と102.1％，合計税率の関係をまとめると次表のとおりです。

所得税率（％）	5	7	10	15	16	18	20
合計税率（％）	5.105	7.147	10.21	15.315	16.336	18.378	20.42

4 年末調整

（1）年末調整の意義

　源泉徴収義務者である法人は，役員・職員への給与支払時，所得税及び復興特別所得税の源泉徴収を行っています。各月の給与に対する源泉徴収は，概算によるものであるため，1年間の給与から源泉徴収した所得税及び復興特別所得税の合計額は，その人の1年間に納めるべき税額と一致しません。このため，1年間に源泉徴収をした所得税及び復興特別所得税の合計額と1年間に納めるべき所得税及び復興特別所得税額を一致させる必要があり，この手続きを年末調整といいます（所法190条）。

（2）年末調整の対象者

　年末調整は，年末調整を行う時までに「給与所得者の扶養控除等申告書」を提出している者に対して行います。

ただし，給与の収入金額が2,000万円を超える人は，年末調整の対象になりません。該当者は翌年3月15日までに個人で確定申告する必要があります。

また，①災害減免法の規定により，その年の給与に対する所得税及び復興特別所得税の源泉徴収について徴収猶予や還付を受けた人，②2か所以上から給与の支給を受けている人は（原則として従たる給与分）年末調整の対象者にはなりません。

年末調整の対象となる給与は，年末調整をする法人等が支払う給与だけではなく，年の中途で就職した者（中途採用者）が転職前の法人等（前職先）で給与の受け取りがあり，前職先で「給与所得者の扶養控除等申告書」を提出している場合は，前職先の給与を含めて年末調整を行うことになります。

(3) 手続

年末調整は，1月1日から12月31日までの間に支払うことが確定した給与であり，実際に支払ったかに関係なく未払給与もその年の年末調整に含めます。このため，前年に未払になっている給与を今年になって支払った場合の給与は，その年の年末調整の対象の給与には含まれません。

以下は，年末調整の手続の概要になります。詳細は，国税庁公表「年末調整のしかた」を参照してください。

	年末調整のしかた
①	その年の1月1日から12月31日までの間に支払うべきことが確定した給与の合計額から給与所得控除後の給与の額を求める（「年末調整等のための給与所得控除後の給与等の金額の表」による）。
②	給与所得控除後の給与の額から，扶養控除，基礎控除等の所得控除を差し引く。
③	①（給与所得控除後の給与の額）から②（所得控除）を差し引いた金額（1,000円未満切捨て）に対して，該当する所得税の税率を乗じて税額を求める。
④	年末調整で住宅借入金等特別控除を行う人は，当該控除額を③（税額）から差し引く。

⑤	③（税額）から④（控除額）を差し引いた税額に対して，復興所得税率を含めた102.1％をかけた税額（100円未満切捨て）が，その人が1年間に納めるべき所得税及び復興特別所得税となる。
⑥	⑤と源泉徴収を行った所得税及び復興特別所得税の合計額が1年間に納めるべき所得税及び復興特別所得税額を比較して，多い場合には，その差額の税額を還付する。逆に，源泉徴収をした所得税及び復興特別所得税の合計額が1年間に納めるべき所得税及び復興特別所得税額より少ない場合には，その差額の税額を徴収する。

なお，中途採用者については，前職先からの支給された給与の額及び源泉徴収税額などは，源泉徴収票に基づいて確認する必要があります。法人の総務・給与担当者は，中途採用者の入職時に源泉徴収票の提出を依頼します。

（4）年の途中で行う年末調整対象者

年末調整は，その年（12月31日まで）における給与等について行いますが，次の5つのいずれかに当てはまる人は，年の途中で年末調整を行います。年の途中で退職した人で，次の5つ以外の人は年末調整の対象となりません。

年の途中で行う年末調整	
①	海外支店等に転勤したことにより非居住者となった人
②	死亡によって退職した人
③	著しい心身の障害のために退職した人（退職した後に再就職して給与を受け取る見込みのある人は除く）
④	12月に支給されるべき給与等の支払を受けた後に退職した人
⑤	いわゆるパートタイマーとして働いている人などが退職した場合で，本年中に支払を受ける給与の総額が103万円以下である人（退職後その年に他の勤務先から給与の支払を受ける見込みのある人は除く）

5 法定調書

（1）法定調書の意義

法定調書は，①「所得税法」，②「相続税法」，③「租税特別措置法」，④「内国税の適正な課税の確保を図るための国外送金等に係る調書の提出等に関する法律」の規定により提出が義務づけられているものであり，59種類あります（平成29年現在）。

社会福祉法人では，主に給与所得の源泉徴収票，退職所得の源泉徴収票，報酬・料金の支払調書を作成することになると考えられます。

（2）給与所得の源泉徴収票

給与所得の源泉徴収票は，給与等を支払ったすべての人について作成・交付します。ただし，税務署に提出するものは，次のものに限られています（所法226条1項）。

① 年末調整をしているとき

以下の場合，税務署へ提出する必要があります（所規93条2項）。

	年末調整をしたもの
ア	その年中の給与等の支払金額が500万円を超えるとき
イ	役員については，給与等の支払金額が150万円を超えるとき
ウ	弁護士・司法書士・税理士等については，その年中の給与等の支払金額が250万円を超えるとき

なお，ウの弁護士等に対する支払については，給与等として支払っている場合の要件であり，報酬として支払う場合は，「報酬，料金，契約金及び賞金の支払調書」を提出することになります。

② 年末調整をしていないとき

以下の場合，税務署へ提出する必要があります。

	年末調整をしなかったもの
ア	「給与所得者の扶養控除等申告書」を提出しなかった者で，給与所得の源泉徴収税額表の月額表又は日額表の乙欄又は丙欄の適用者は，その年中の給与等の支払金額が50万円を超えるとき
イ	「給与所得者の扶養控除等申告書」を提出した者で，その年中に退職した者や，災害により被害を受けたため給与所得に対する所得税及び復興特別所得税の源泉徴収の猶予を受けた者は，その年中の給与等の支払金額が250万円を超えるもの（法人役員については，50万円を超えるもの）
ウ	「給与所得者の扶養控除等申告書」を提出した者で，その年中の主たる給与等の金額が2,000万円を超えたため，年末調整をしなかったもの

（3）退職所得の源泉徴収票

　退職所得の源泉徴収票は、退職手当・一時恩給その他これらの性質を有する給与の支払確定した退職手当等について、すべての受給者分を作成して交付します（所法226条2項）。

　死亡退職により退職手当等を支払った場合は、相続税法の規定による「退職手当金等受給者別支払調書」を提出することになるため、退職所得の源泉徴収票は提出しません（相法59条1項2号、相規30条2項）。

　税務署と市区町村へ提出するのは、法人の役員に対するものです。役員以外の職員の分は提出する必要はありません（所規94条2項）。

　税務署への提出時期は、原則として退職の日以後1月以内です（所法226条2項）。市区町村の提出先は、受給者のその年の1月1日現在の住所地の市区町村です。

　なお、「退職所得の源泉徴収票」と「特別徴収票」は、提出範囲にかかわらず、退職後1カ月以内にすべての受給者に交付しなければなりませんが、受給者に交付する「退職所得の源泉徴収票」と「特別徴収票」とは1枚で両方を兼ねる仕組みになっています。

　税務署へ提出する「退職所得の源泉徴収票」は、原則1枚提出します。ただし、租税条約等により日本と自動的情報交換を行うことができる各国等に住所がある者の分については、同じものを2枚提出します。

（4）提出期限

　法定調書は、支払確定した日の属する年の翌年1月31日までに所轄税務署へ提出します。法定調書の提出時、「給与所得の源泉徴収票等の法定調書合計表」を作成し、添付する必要があります（所法226条、所規別表第五、別表第六）。

　また、「給与支払報告書」及び退職所得に係る「特別徴収票」は、支払確定した日の属する年の翌年1月31日までそれぞれの市区町村に提出します。「給与支払報告書」を市区町村へ提出するときは、「給与支払報告書（総括表）」を添付して提出します。

5　地方税

　税は，大きく区分すると国が課税する国税と地方（道府県又は市町村）が課税する地方税があり，このうち，地方税は道府県税と市町村税に分かれ，それぞれ普通税と目的税があります。

　地方税は，地方税法の規定に基づくものであり，総務省の所轄になります。地方団体は，地方税法の範囲内で条例を制定することにより，自主的な税率を設けることができる課税自主権の権利があります（地法3条）。

　また，地方税法では，「道府県税」及び「市町村税」と規定されており，「都道府県税」「市区町村税」の名称は使用していません。そこで，東京都及び特別区（東京都23区）では，「道府県税」及び「市町村税」をそれぞれ準用することになり，「道府県税」は「都税」，「市町村税」は「特別区税」と読み替えることになります（地法1条2項）。

　社会福祉法人では，地方税が非課税となる制度が複数あります。

1 法人住民税

　法人住民税は，市町村に支払う市町村民税と，都道府県に支払う道府県民税の2種類あり，東京都の場合は両者をあわせて都民税として課税されます。それぞれに「法人税割」と「均等割」があります。

　法人税割は，法人税額を基準に計算します。均等割は，資本金額と従業員の人数に基づいて計算します。法人税割の税率と均等割の税額は，市町村や都道府県ごとに決められています。

（1）均等割

　社会福祉法人において収益事業を行わない場合は，均等割は非課税になります（地法25条1項2号）。

　収益事業を行う場合，均等割の課税標準は道府県民税が年額2万円（地法52条1項1号イ），市町村民税が年額5万円（地法312条1項1号イ），合計7万円です。東京都の場合は都民税7万円です（地法734条3項）。

（2）法人税割

　法人税割は，法人税額を課税標準としているため，社会福祉法人において収益事業を行わない場合，法人税割は非課税になります。

　収益事業を行う場合，法人税割の標準税率は道府県民税が 3.2％（地法 51 条 1 項），市町村民税が 9.7％（地法 314 条の 4 第 1 項），計 12.9％です（平成 31 年 9 月 30 日まで）。

法人住民税（収益事業あり）				
項目	道府県民税	市町村民税	合計
均等割（年額）	2 万円	5 万円	7 万円
法人税割（税率）	3.2％	9.7％	12.9％

　なお，法人が行う収益事業から生じた所得金額の 90％以上を法人が行う社会福祉事業に充てているときは非課税になります（地令 7 条の 4，地令 47 条，地令 57 条の 2）。収益事業から獲得した資金は，社会福祉事業へ繰り入れることが通常であるため，収益事業を行う法人であっても法人住民税は非課税になるのです。

2 法人事業税

（1）法人事業税の納税義務

　法人事業税は，都道府県において事務所（事業所）を設けて事業を行う場合に納税義務が生じる税金であり，①所得割，②付加価値割，③資本割，④収入割の 4 種類あります（地法 72 条の 12）。

　社会福祉法人における法人事業税は，収益事業についてのみ課税されるため（地法 72 条の 5 第 1 項 2 号），①「所得割」のみ該当することになります。

（2）法人事業税の税率

　税率は，地方税法に規定する標準税率に基づいて都道府県の条例の定めによります。所得割の標準税率は，各事業年度の所得の金額に対して，①「年 400 万円以下」，②「年 400 万円超年 800 万円以下」，③「年 800 万円超」

の3区分に応じた税率を適用します。所得金額の少ない法人は，低い税率が適用されることになります。

また，適用税率は，法人の種類で異なります。社会福祉法人の場合は，次のとおり平成31年9月30日（開始事業年度）を境に税率が増加することになります。平成31年10月1日以後に開始する事業年度は，地方法人特別税の廃止と法人事業税の復元の影響によるものです。

各事業年度の所得の金額 （開始年度）	平成28年4月1日から 平成31年9月30日まで	平成31年10月1日以後
年400万円以下	3.4％	5.0％
年400万円超 年800万円以下	5.1％	7.3％
年800万円超	6.7％	9.6％

（3）所得割の計算

法人事業税の所得割の課税標準は，各事業年度の所得の金額であり，一定の税率を乗じて計算します。

各事業年度の所得の金額は，原則として法人税の計算における各事業年度の所得の金額と同じです。

> **計算式**
> 所得割額 ＝ 各事業年度の所得の金額 × 税率

3 不動産取得税

不動産取得税は，土地や建物の購入や建築などにより不動産を取得したときに，登記の有無にかかわらず課税するものであり，個人，法人を問いません（地法73条各号）。税額は，「取得した不動産の価格（課税標準額）×税率」です。

社会福祉法人の場合，社会福祉事業の用に供するために取得した不動産は非課税となります（地法73条の4第1項4号）。

非課税の適用を受けるときは,「不動産取得税非課税申告書」等を都道府県事務所へ提出することになります。手続の詳細は,各都道府県事務所の指示に従ってください。

4 固定資産税

固定資産税は,毎年1月1日(賦課期日)現在の土地,家屋,償却資産の所有者に課税するものであり,固定資産の価格を基準に算定した税額を固定資産の所在する市町村に納付します。

納税義務者は,毎年1月1日(賦課期日)現在の土地,家屋又は償却資産の所有者として,固定資産課税台帳に登録されている者です。

社会福祉法人の場合,社会福祉事業の用に供するために取得した固定資産は非課税となります(地法348条2項各号,地令49条参照)。

非課税の認定を受けるためには,「固定資産税非課税証明書」等の証明書を提出します。東京都の場合,固定資産税・都市計画税非課税申告書,履歴事項証明書,財産目録,設置認可書,確認通知書等の提出が必要です(東京都主税局ホームページ「固定資産税(償却資産税)」参照)。

固定資産税の非課税の範囲(地法348条2項各号:一部抜粋)	
条文	内容
9号	社会福祉法人が設置する幼稚園において直接保育の用に供する固定資産
9号の2	社会福祉法人が設置する看護師,准看護師,歯科衛生士その他政令で定める医療関係者の養成所において直接教育の用に供する固定資産
10号	生活保護法第38条第1項に規定する保護施設の用に供する固定資産で政令で定めるもの
10号の2	児童福祉法第6条の3第10項に規定する小規模保育事業の用に供する固定資産
10号の3	児童福祉法第7条第1項に規定する児童福祉施設の用に供する固定資産で政令で定めるもの(次号に該当するものを除く)
10号の4	就学前の子どもに関する教育,保育等の総合的な提供の推進に関する法律第2条第6項に規定する認定こども園の用に供する固定資産
10号の5	老人福祉法第5条の3に規定する老人福祉施設の用に供する固定資産で政令で定めるもの

10号の6	障害者の日常生活及び社会生活を総合的に支援するための法律第5条11項に規定する障害者支援施設の用に供する固定資産
10号の7	第10号から前号までに掲げる固定資産のほか、社会福祉法人その他政令で定める者が社会福祉法第二条第一項に規定する社会福祉事業（同条第三項第一号の二に掲げる事業を除く）の用に供する固定資産で政令で定めるもの

5 事業所税

事業所税は、指定都市等における都市環境の整備及び改善に関する事業に要する費用に充てるため課される税金です（地法701条の30）。

社会福祉法人では、収益事業以外の事業は非課税です（地法701条の34第2項）。また、社会福祉事業の用に供する施設で、政令で定めるものは非課税となります（地法701条の34第3項10号）。

6 印紙税

1 課税文書

印紙税は、印紙税法で定められた課税文書（契約書や手形、領収書等）に課税するものであり、以下の3点すべてに該当する文書をいいます。

課税文書の要件	
①	印紙税法別表第一（課税物件表）に掲げられている20種類の文書により証明されるべき事項（課税事項）が記載されていること
②	当事者の間において課税事項を証明する目的で作成された文書であること
③	印紙税法第5条（非課税文書）の規定により印紙税を課税しないこととされている非課税文書でないこと

2 20種類の課税物件

上記①「印紙税法別表第一（課税物件表）」は以下のとおりです（印法2条）。

	20種類の課税物件
①	A. 不動産・鉱業権・無体財産権・船舶若しくは航空機又は営業の譲渡に関する契約書 B. 地上権又は土地の賃借権の設定又は譲渡に関する契約書 C. 消費貸借に関する契約書 D. 運送に関する契約書（用船契約書を含む。）
②	請負に関する契約書
③	約束手形又は為替手形
④	株券，出資証券若しくは社債券又は投資信託，貸付信託，特定目的信託若しくは受益証券発行信託の受益証券
⑤	合併契約書又は吸収分割契約書若しくは新設分割計画書
⑥	定款
⑦	継続的取引の基本となる契約書（契約期間の記載のあるもののうち，当該契約期間が3月以内であり，かつ，更新に関する定めのないものを除く。）
⑧	預貯金証書
⑨	貨物引換証，倉庫証券又は船荷証券
⑩	保険証券
⑪	信用状
⑫	信託行為に関する契約書
⑬	債務の保証に関する契約書（主たる債務の契約書に併記するものを除く。）
⑭	金銭又は有価証券の寄託に関する契約書
⑮	債権譲渡又は債務引受けに関する契約書
⑯	配当金領収証又は配当金振込通知書
⑰	A. 売上代金に係る金銭又は有価証券の受取書， B. 金銭又は有価証券の受取書でAに掲げる受取書以外のもの
⑱	預貯金通帳，信託行為に関する通帳，銀行若しくは無尽会社の作成する掛金通帳，生命保険会社の作成する保険料通帳又は生命共済の掛金通帳
⑲	第1号，第2号，第14号又は第17号に掲げる文書により証されるべき事項を付け込んで証明する目的をもつて作成する通帳（前号に掲げる通帳を除く。）
⑳	判取帳

　課税文書の作成者は，印紙税相当額の収入印紙を課税文書に貼り付ける方法により印紙税を納付します。印紙税額は次項を参照してください。

3 印紙税額

　課税物件に該当する場合，印紙税法別表第一「課税物件表」に基づいて印紙税額を納付します。

　上記 20 種類の課税物件のうち，主な印紙税額は次のとおりです。

文書の種類	印紙税額（1 通又は 1 冊につき）
①不動産等に関する契約書	記載された契約金額が 1 万円未満：非課税 1 万円以上 10 万円以下：200 円 10 万円を超え 50 万円以下：400 円 50 万円を超え 100 万円以下：1 千円 100 万円を超え 500 万円以下：2 千円 500 万円を超え 1 千万円以下：1 万円 1 千万円を超え 5 千万円以下：2 万円 5 千万円を超え 1 億円以下：6 万円 1 億円を超え 5 億円以下：10 万円 5 億円を超え 10 億円以下：20 万円 10 億円を超え 50 億円以下：40 万円 50 億円を超えるもの：60 万円 契約金額の記載のないもの：200 円
②請負に関する契約書	記載された契約金額が 1 万円未満：非課税 1 万円以上 100 万円以下：200 円 100 万円を超え 200 万円以下：400 円 200 万円を超え 300 万円以下：1 千円 300 万円を超え 500 万円以下：2 千円 500 万円を超え 1 千万円以下：1 万円 1 千万円を超え 5 千万円以下：2 万円 5 千万円を超え 1 億円以下：6 万円 1 億円を超え 5 億円以下：10 万円 5 億円を超え 10 億円以下：20 万円 10 億円を超え 50 億円以下：40 万円 50 億円を超えるもの：60 万円 契約金額の記載のないもの：200 円
⑦継続的取引の基本となる契約書	4 千円
⑰売上代金に係る金銭又は有価証券の受取書	記載された受取金額が 5 万円未満：非課税 5 万円以上 100 万円以下：200 円

	100万円を超え200万円以下：400円
	200万円を超え300万円以下：600円
	300万円を超え500万円以下：1千円
	500万円を超え1千万円以下：2千円
	1千万円を超え2千万円以下：4千円
	2千万円を超え3千万円以下：6千円
	3千万円を超え5千万円以下：1万円
	5千万円を超え1億円以下：2万円
	1億円を超え2億円以下：4万円
	2億円を超え3億円以下：6万円
	3億円を超え5億円以下：10万円
	5億円を超え10億円以下：15万円
	10億円を超えるもの：20万円
	受取金額の記載のないもの：200円

4 非課税文書

印紙税法第5条では，非課税文書について次のとおり明文化しています。

非課税文書	
A	別表第一の非課税物件の欄に掲げる文書
B	国，地方公共団体又は別表第二に掲げる者が作成した文書
C	別表第三の上欄に掲げる文書で，同表の下欄に掲げる者が作成したもの

(1) 請負に関する契約書

業務委託契約を継続する場合，上記②「請負に関する契約書」と上記⑦「継続的取引の基本となる契約書」との関係を考える必要があります。
「継続的取引の基本となる契約書」は，印紙税法施行令第26条「継続的取引の基本となる契約書の範囲」において，5項目の要件を設けています。

このうち，1号では「営業者の間において，売買，売買の委託，運送，運送取扱い又は請負に関する2以上の取引を継続して行うため作成される契約書（以下省略）」と規定しています。

しかし，社会福祉法人は「営業者」には該当しません（印基通別表第一第17号文書22参照）。そのため，継続的取引の基本となる契約書の要件を満た

さないことになります。

以上より，業務委託契約を継続する場合については，「請負に関する契約書」に該当します。

(2) 定款

社会福祉法人の定款は，非課税になります。「定款は，会社の設立のときに作成される定款の原本に限るものとする。」と規定しているためです（印法別表第一第6号文書）。

(3) 売上代金に係る金銭又は有価証券の受取書

社会福祉法人は「営業者」に該当しないため，非課税になります。

7 登録免許税

登録免許税は，不動産，船舶，航空機，会社，人の資格などについての登記や登録，特許，免許，許可，認可，認定，指定及び技能証明について課税するものです。

社会福祉法人では，社会福祉事業の用に供する土地・建物の登録免許税は非課税となります（登録免許税法4条2項，別表第三の10）。ただし，都道府県又は市区町村の発行する非課税証明書の添付が必要です。

8 寄附税制

社会福祉法人に対する寄附金等については，税法上の優遇措置を設けています。社会福祉法人等の公益法人の公益性の観点から，寄附を行う者の税を軽減し，公益法人等への寄附促進を図っています。

1 法人が行う寄附

法人が支出した寄附金のうち一定限度額を超える部分の金額は，法人税の

所得の計算上，損金の額に算入されません（法法37条1項）。

ただし，国又は地方公共団体に対する寄附金や財務大臣が指定した寄附金（指定寄附金）については，損金算入の特例があります（法法37条3項）。

また，特定公益増進法人等に対する寄附金は，損金算入限度額の特例が認められています（法法37条4項）。

（1）指定寄附金

法人が行った寄附が指定寄附金に該当する場合，その全額が損金に算入されます。

指定寄附金は，公益社団法人，公益財団法人その他公益を目的とする事業を行う法人又は団体に対する寄附金のうち，以下に掲げる要件を満たすと認められるものとして政令で定めるところにより財務大臣が指定したものの額をいいます（法法37条3項2号）。

指定寄附金の要件	
①	広く一般に募集されること
②	教育又は科学の振興，文化の向上，社会福祉への貢献その他公益の増進に寄与するための支出で緊急を要するものに充てられることが確実であること

ここでいう財務大臣の指定とは，以下の審査に基づいて行います（法令76条，所令216条1項）。なお，指定したとき，財務大臣は告示します（法法37条11項，所令216条2項）。たとえば，国宝の修復やオリンピックの開催，赤い羽根の募金などが該当します。

指定寄附金の審査	
①	寄附金を募集しようとする法人又は団体の行う事業の内容及び寄附金の使途
②	寄附金の募集の目的及び目標額並びにその募集の区域及び対象
③	寄附金の募集期間
④	募集した寄附金の管理の方法
⑤	寄附金の募集に要する経費
⑥	その他当該指定のために必要な事項

（２）特定公益増進法人

　特定公益増進法人は，公共法人，公益法人等その他特別の法律により設立された法人のうち，教育又は科学の振興，文化の向上，社会福祉への貢献その他公益の増進に著しく寄与するものとして政令で定めるものに対する当該法人の主たる目的である業務に関連する寄附金の額をいいます（法法37条4項）。

　社会福祉法人は，特定公益増進法人に該当します（法令77条1項5号）。

　法人が支出した寄附金のうち，特定公益増進法人に対する寄附金は，一般の寄附金の損金算入限度額とは別枠扱いとなります。ただし，特定公益増進法人の主たる目的である業務に関連する寄附金に限定されます。

　損金算入限度額は，下記の計算によります（法法37条4項，法令77条の2）。

> **計算式**
>
> 【特定公益増進法人の損金算入限度額の計算】
>
> ① 資本金基準額 ＝ 期末資本金等の額 × $\dfrac{\text{事業年度の月数}}{12}$ × $\dfrac{3.75}{1,000}$
>
> ② 所得基準額 ＝ 各事業年度の所得の金額 × $\dfrac{6.25}{100}$
>
> ③ 損金算入限度額 ＝ （① ＋ ②） × $\dfrac{1}{2}$

　なお，社会福祉法人等の公益法人は，組織の性質上，寄附を行う法人ではないため，特定公益増進法人に対して寄附金を支出してもこの特例適用はありません（法法37条4項）。

　この場合，次項の「一般寄附金」として取り扱いますが，本章「2．法人税法上の収益事業」で述べたとおり，収益事業からの寄附（みなし寄附金）の優遇措置制度が設けられています。

（３）一般寄附金

　上記（1）「指定寄附金」及び（2）「特定公益増進法人」に対する寄附金に該当しない寄附金については，「損金算入限度額」以内の金額に限り，損

金の額に算入されます（法法37条1項）。

損金算入限度額の計算は，法人の種類に応じて異なりますが，社会福祉法人の場合は次のとおり算定します（法令73条1項）。

> **計算式**
>
> 以下のうち，いずれか大きい金額が損金算入限度額となる
> ① 当期の収益事業の所得金額 $\times \dfrac{50}{100}$
> ② 200万円 $\times \dfrac{当期の月数}{12}$

（4）法人の確定申告

寄附金控除は，別表14「寄附金の損金算入に関する明細書」に記載し，確定申告を行います。詳細は，専門家へ相談してください。

2 個人が行う寄附

個人が社会福祉法人等の公益法人に対して特定寄附金を支出した場合，その個人のその寄附をした年分の所得税の計算上，所得控除（寄附金控除）を受けることができます（所法78条1項）。

（1）特定寄附金の範囲

所得控除の対象は，次のとおりです

	寄附金控除の対象（所法78条2項各号）
1号	国又は地方公共団体に対する寄附金（その寄附をした者がその寄附によって設けられた設備を専属的に利用することその他特別の利益がその寄附をした者に及ぶと認められるものを除く）

2号	公益社団法人，公益財団法人その他公益を目的とする事業を行う法人又は団体に対する寄附金（当該法人の設立のためにされる寄附金その他の当該法人の設立前においてされる寄附金で政令で定めるものを含む）のうち，次に掲げる要件を満たすと認められるものとして政令で定めるところにより財務大臣が指定したもの イ　広く一般に募集されること。 ロ　教育又は科学の振興，文化の向上，社会福祉への貢献その他公益の増進に寄与するための支出で緊急を要するものに充てられることが確実であること。
3号	別表第一に掲げる法人その他特別の法律により設立された法人のうち，教育又は科学の振興，文化の向上，社会福祉への貢献その他公益の増進に著しく寄与するものとして政令で定めるものに対する当該法人の主たる目的である業務に関連する寄附金（前二号に規定する寄附金に該当するものを除く）

また，上記3号は，次の法人をいいます。

	公益の増進に著しく寄与する法人の範囲（所令217条）
1号	独立行政法人
1号の2	地方独立行政法人
2号	自動車安全運転センター，日本司法支援センター，日本私立学校振興・共済事業団及び日本赤十字社
3号	公益社団法人及び公益財団法人
4号	私立学校法第3条（定義）に規定する学校法人
5号	社会福祉法人
6号	更生保護法人

上記5号のとおり，社会福祉法人に対する寄附は特定寄附金の対象になります。

（2）所得控除の計算

個人が行った特定寄附金は，その個人のその支出した年分の所得金額から控除される対象となり，次の算式により計算した金額が寄附金控除となります（所法78条）。

> **計算式**
>
> 寄附金の所得控除 ＝「（※1）」－ 2,000円
>
> （※1）以下のうち，いずれか少ない金額
> 　① 特定寄附金の合計額
> 　② 所得金額 × 40％

（3）税額控除

　一定の要件を満たした社会福祉法人等に対して特定寄附金を支出した場合，上記（2）所得控除に代えて，次の金額を所得税額から控除することができます（措法41条の18の3第1項）。

> **計算式**
>
> 税額控除 ＝（特定寄附金の合計額 － 2,000円）× 40％
>
> 　※　控除対象額は，所得税額の25％が限度となる

　なお，ここでいう一定の要件は，次の2点のうち，いずれかを満たす必要があります。

> ① 3,000円以上の寄附金を支出した者が，平均して年に100人以上いること
> ② 経常収入金額に占める寄附金等収入の割合が，5分の1以上であること

　要件の詳細については，厚生労働省公表「税額控除に係る証明事務（申請の手引）」，国税庁ホームページを参照してください。

（4）個人の確定申告

　寄附をした個人が寄附金控除の適用を受ける場合，社会福祉法人から証明書の写しの交付を受領し，所得税の確定申告書提出の際に添付する必要があります（措法41条の18の3第2項）。

　本年の確定申告分は，翌年3月15日までに所轄税務署へ提出します。

3 共同募金会

共同募金会（法113条）に対して法人がする寄附金は，指定寄附金になります（大蔵省告示第154号，昭和40年4月）。

このため，共同募金会への寄附は，税制上は国・地方公共団体への寄附と同様に取り扱い，その全額を損金算入することができます。

また，個人がする寄附金については所得控除又は税額控除が選択できます。

共同募金会の概要は，第1章「3．社会福祉法人の意義」を参照してください。

4 譲渡所得の特例

(1) 譲渡所得の原則

個人が法人に対して，土地や建物などの譲渡所得の基因となる財産や山林を寄附した場合は，時価により譲渡があったものして，個人に対して譲渡所得等の課税が行われます（所法59条1項）。

(2) 譲渡所得の非課税

個人が国や地方公共団体に対して，譲渡所得の基因となる財産や山林を寄附した場合は，その寄附はなかったものとみなします。

社会福祉法人の場合，個人から譲渡所得の基因となる財産や山林の寄附を受けたときは，<u>一定の要件</u>を満たすものとして国税庁長官の承認を受けたときは当該寄附に基づく譲渡所得等が非課税になります（措法40条1項）。

(3) 特例の要件

上記(2)の「一定の要件」は，次のとおりです（措令25条の17第5項）。

①	寄附が，教育又は科学の振興，文化の向上，社会福祉への貢献その他公益の増進に著しく寄与すること。
②	寄附した財産が，その寄附のあった日から2年を経過する日までの期間内に，当該公益法人等の当該贈与又は遺贈に係る公益目的事業の用に直接供され，又は供される見込みであること。

③ 公益法人等に対して寄附をすることにより，当該寄附をした者の所得に係る所得税の負担を不当に減少させ，又は寄附をした者の親族その他これらの者と相続税法第64条第1項に規定する特別の関係がある者の相続税若しくは贈与税の負担を<u>不当に減少させる結果とならないと認められること</u>。

　上記①「公益の増進に著しく寄与する」の判定は，下記「租税特別措置法第40条第1項後段の規定による譲渡所得等の非課税の取扱いについて（法令解釈通達）」12の要件に基づきます。

公益の増進に著しく寄与するかどうかの判定	
判定基準	内容
公益目的事業の規模	当該贈与又は遺贈を受けた公益法人等の当該贈与又は遺贈に係る公益目的事業が，その事業の内容に応じ，その公益目的事業を行う地域又は分野において社会的存在として認識される程度の規模を有すること。 　この場合において，例えば，次のイからヌまでに掲げる事業がその公益法人等の主たる目的として行われているときは，当該事業は，社会的存在として認識される程度の規模を有するものに該当するものとして取り扱う。 （一部省略） □　社会福祉法第2条第2項各号及び第3項各号（定義）に規定する事業
公益の分配	当該贈与又は遺贈を受けた公益法人等の事業の遂行により与えられる公益が，それを必要とする者の現在又は将来における勤務先，職業などにより制限されることなく，公益を必要とするすべての者（やむを得ない場合においてはこれらの者から公平に選出された者）に与えられるなど公益の分配が適正に行われること。
事業の営利性	当該公益法人等の当該贈与又は遺贈に係る公益目的事業について，その公益の対価がその事業の遂行に直接必要な経費と比べて過大でないことその他当該公益目的事業の運営が営利企業的に行われている事実がないこと。
法令の遵守等	当該公益法人等の事業の運営につき，法令に違反する事実その他公益に反する事実がないこと。

　また，上記③「不当に減少させる結果とならないと認められること」とは，下記の要件を満たしている場合に該当します（措令25条の17第6項各号）。

	「不当に減少させる結果とならないと認められること」の要件
①	社会福祉法人等の運営組織が適正であるとともに、その定款等において、その役員等のうち親族等特殊関係者の数がそれぞれの役員等の数のうちに占める割合は、いずれも3分の1以下とする旨の定めがあること
②	社会福祉法人等に財産の寄附をする者、その社会福祉法人等の役員等又はこれらの者の特殊関係者に対し、施設の利用、金銭の貸付け、資産の譲渡、給与の支給、役員等の選任その他財産の運用及び事業の運営に関して特別の利益を与えないこと
③	社会福祉法人等の定款等において、その法人が解散した場合にその残余財産が国、地方公共団体又は他の公益法人等に帰属する旨の定めがあること
④	社会福祉法人等につき公益に反する事実がないこと
⑤	社会福祉法人等が当該寄附により株式の取得をした場合には、当該取得により社会福祉法人等の有することとなる当該株式の発行法人の株式がその発行済株式の総数の2分の1を超えることとならないこと

(4) 承認手続

　個人が社会福祉法人等に財産の寄附を行った場合、譲渡所得等の非課税について国税庁長官の承認を受けようとするときは、財産の寄附のあった日から4カ月以内（ただし寄附が11月16日から12月31日までの間に行われた場合は、寄附した年分の所得税の確定申告書の提出期限まで）に寄附を行った者の納税地の所轄税務署長を経由して、「租税特別措置法第40条の規定による承認申請書」を提出しなければなりません（措令25条の17第1項）。

　この申請書の提出があった場合、所轄税務署は概要を調査し、国税局、国税庁の審議を経て内容の審査を行い、承認されます。

5 相続財産の贈与の特例

(1) 特例の概要

　租税特別措置法では、相続又は遺贈により財産を取得した者がその相続又は遺贈により取得した財産を国、地方公共団体又は公益社団法人若しくは公益財団法人その他の公益を目的とする事業を行う法人に贈与した場合、その贈与した財産には相続税を課税しないとする制度を設けています（措法70条）。

(2) 特例の適用要件

この制度の適用を受けるためには，以下の要件を満たす必要があるとされています。

① 贈与をした財産は，相続又は遺贈により取得した財産であること

相続又は遺贈により取得した財産には，相続税法の規定により相続又は遺贈により取得したものみなされる生命保険金，退職手当金等の財産も含まれますが，相続開始前3年以内に被相続人から贈与により取得した財産で，相続税法の規定によりその価額が相続税の課税価格に加算されるもの，並びに相続時精算課税の適用を受ける財産で相続税法の規定により相続税の課税価格に加算されるもの及び相続又は遺贈により取得したとみなされるものは含みません（措通70-1-5）。

② 贈与は，相続税の申告書の提出期限までに行われること

相続税の申告書の提出後において，相続財産法人から分与を受けた財産について相続税の修正申告書を提出しなければならない場合は，その申告書の提出期限（相法31条2項）までとされています（措法70条1項）。

また，相続税の申告書の提出期限後において支給額の確定があった退職手当金等（相法3条1項2号）について相続税の期限後申告書又は修正申告書を提出する場合は，その提出のときまでとして取り扱われます（措通70-1-5）。

③ 贈与の相手方は，国，地方公共団体，教育若しくは科学の振興，文化の向上，社会福祉への貢献その他公益の増進に著しく寄与する特定の公益法人又は認定NPO法人であること

社会福祉法人は適用の対象になります（措令40条の3参照）

(3) 特例の適用除外

次の場合は特例の適用はできません。

① 贈与によって，贈与者又はその親族その他これらの者と特別な関係にある者の相続税又は贈与税の負担が不当に減少する結果となると認められる場合

租税特別措置法第70条第1項では,「不当に減少する結果となると認められる場合」と規定しています。これは,上記「**4** 譲渡所得の特例」「(3) 特例の要件」の【「不当に減少させる結果とならないと認められること」の要件】と同様の内容になります(相令33条3項参照)。

② 公益の用に供されていない場合

財産の贈与を受けた法人が,その贈与があった日から2年を経過した日までに,特定の公益法人に該当しないこととなった場合,又は贈与により取得した財産が同日においてなおその公益を目的とする事業の用に供されていない場合は適用されません(措法70条2項,10項)。

この場合は,その2年を経過した日の翌日から4カ月以内に相続税の修正申告書を提出しなければなりません(措法70条6項,7項,10項)。

9 土地収用法

1 制度概要

この制度は,道路,河川,空港,学校,公園などの公共事業のために土地を必要とする場合,土地収用法の手続に基づいて土地所有者や関係人に適正な補償をした上で土地を取得(収用)することができるものです。

土地収用制度により公共事業に必要な土地を取得するためには,土地収用法の規定に基づいて,国土交通大臣又は都道府県知事の事業認定を受けることが必要です。その後,収用委員会の決裁により補償金の額等を決定し,土地を取得することが可能になります。

土地収用制度の対象となる事業は,土地収用法第3条において,「土地を収用し,又は使用することができる公共の利益となる事業」と定めています。

社会福祉法人では,「社会福祉法による社会福祉事業若しくは更生保護事業法による更生保護事業の用に供する施設又は職業能力開発促進法による公共職業能力開発施設若しくは職業能力開発総合大学校」(土地収用法3条23号)と規定しているため,社会福祉事業のための土地の収用については,土地収用制度の適用を受けることができます。

2 収用等の課税の特例

　公共事業の用に供するために資産を収用等された者に対しては，資産の譲渡が公益の要請により所有者の意思に関係なく行われるということに着目して，その資産の譲渡による所得についての税負担を軽減する課税の特例制度が設けられています。

(1) 代替資産を取得した場合等の課税の特例等

　収用等に伴い資産の対価補償金等で代替資産を取得した場合は，その代替資産の取得に要した費用に相当する金額についての譲渡所得の課税を繰り延べることができます（措法33条）。

　資産の収用等に伴い，対価補償金に代えて収用等の資産と同種の他の資産を取得した場合は，収用等の資産の譲渡はなかったものとして譲渡所得の課税を繰り延べることができます（措法33条の2）。

(2) 譲渡所得等の特別控除

　資産の収用に伴い，上記（1）「代替資産を取得した場合等の課税の特例等」の特例を受けない場合は，収用等の資産の譲渡所得の金額から最大5,000万円まで特別控除できる制度があります（措法33条の4）。

　特別控除制度は，買取り等の申出があった日から6カ月を経過した日までに収用等が行われることが要件とされています。

　なお，これらの制度は所得税の特例になりますが，法人税についても同様の特例があります（措法64条，64条の2，65条，65条の2）。

3 特掲事業の適用

　事業のための土地等の買取りに係る収用等の課税の特例の適用は，その事業における土地収用法の事業認定を受けているものに限定されません。

　土地収用法第3条に掲げる施設のうち，その施行場所や区域が制約されるもの及びその事業の公益性が極めて高く，その事業の早急な施行を必要とする特定のものについては，特掲事業（措規14条5項3号イ）の適用があり

ます。

　これは，土地収用法の規定による事業認定を受けない場合でも収用等の課税の特例を受けることができる制度です。事業認定は，手続に時間を要するため，迅速性を考慮して特掲事業の適用を受けることができます。

　社会福祉法人では，土地収用法第3条第23号のうち，特掲事業として次の施設が示されています。

収用等に伴い代替資産を取得した場合の課税の特例（措規14条5項3号イ）	
①	社会福祉法人の設置に係る社会福祉法第2条第3項第4号に規定する老人デイサービスセンター及び老人短期入所施設並びに同項第4号の2に規定する障害福祉サービス事業の用に供する施設，地域活動支援センター及び福祉ホーム並びに同法第62条第1項に規定する社会福祉施設）並びに児童福祉法第43条に規定する児童発達支援センター
②	社会福祉法人の設置に係る幼保連携型認定こども園（就学前の子どもに関する教育，保育等の総合的な提供の推進に関する法律第2条第7項に規定する幼保連携型認定こども園をいう。以下同じ）
③	社会福祉法人の設置に係る保育所（児童福祉法第39条第1項に規定する保育所をいう）
④	社会福祉法人の設置に係る小規模保育事業の用に供する施設（児童福祉法第6条の3第10項に規定する小規模保育事業の用に供する同項第1号に規定する施設のうち利用定員が10人以上であるものをいう）

4 税務署との事前協議

　土地収用法の規定による事業認定を受けた場合，又は特掲事業に該当する土地を買い取る場合において，その土地等の所有者が収用等の課税の特例の適用を受けるときは，次の手続を行います。

　はじめに，土地売買契約を締結する以前（実務上は1カ月以上前）に，買取り等を予定している資産の所在地を所轄する税務署との間で事前協議を行い，その後は税務署長の確認を得てから契約等を締結します。

　なお，前述の譲渡所得等の特別控除の特例については，買取り等の申し出があった日から6か月以内の譲渡等に限られていますので留意する必要があります。

10 税制比較

1 米国における公益団体課税

　米国においては，公益団体又は非営利団体（ExemptOrganization）に対する収益事業課税について，1950年から全国的に統一しました。同年，連邦議会に提出された租税教書（taxmessage）に端を発したものです。

　内国歳入法（RevenueAct1950）によれば，同法501条（C）に該当する場合は，内国歳入庁（IRS, InternalRevenueService）に非課税団体認可申請を提出し，その許可を受けなければなりません。前記501条（C）においては，第1号から第23号にわたってその範囲を規定していますが，わが国の公益法人のような制度はなく，各州での法制によっているため，その内容ごとに非課税団体承認条件に該当するかどうかをチェックされます。

　収益事業に係る所得税は，その事業を列挙する方式ではなく，非関連事業所得（unrelatedbusinessincome）であるかどうかによって免税資格を与える仕組みになっています。本来の公益目的に実質的な関連性（relatedness）を有する場合の事業所得は，非課税となります。要はその事業が本来の公益活動と直接関連があり，かつ，501条の所定の要件を満たすことです。

　その反面，非関連所得として課税対象となるものは，①本来の事業目的と実質的関連がない，②事業又は取引を営んでいる，③継続して営まれていること，いずれの要件を有するものとされています。なお，ボランティア活動の一環として団体のために営まれる事業に関して，原則として無報酬で労務を提出している場合でも，関連事業として免税扱いとされています（財務省規則等で詳細に定めています）。すなわち，わが国のように収益事業の範囲を列挙するという規定より，本来の事業活動のために関連する事業であるかどうかによって判断するのです。

2 公益法人等の課税の比較

　以下は，公益法人の課税関係をまとめた表になります（「公益法人などに対する課税に関する資料」，財務省HP）。

　社会福祉法人は，他の公益法人等と同様，公益性の観点から税制上の優遇措置を受けることができます。

	公益社団法人 公益財団法人	学校法人 更生保護法人 社会福祉法人	宗教法人 独立行政法人 日本赤十字社等	認定NPO法人 仮認定NPO法人 (注6)	非営利型の 一般社団法人 一般財団法人(注1) NPO法人	一般社団法人 一般財団法人
根拠法	公益社団法人及び公益財団法人の認定等に関する法律	私立学校法 更生保護法 社会福祉法	宗教法人法 独立行政法人通則法 日本赤十字社法等	特定非営利活動促進法	一般社団法人及び一般財団法人に関する法律(法人税法) 特定非営利活動促進法	一般社団法人及び一般財団法人に関する法律
課税対象	収益事業から生じた所得にのみ課税 ただし、公益目的事業に該当するものは非課税	収益事業から生じた所得にのみ課税	収益事業から生じた所得にのみ課税	収益事業から生じた所得にのみ課税	収益事業から生じた所得にのみ課税	全ての所得に対して課税
みなし寄附金(注2) ※損金算入限度額	あり ※次のいずれか多い金額 ①所得金額の50% ②みなし寄附金額のうち公益目的事業の実施に必要な金額	あり ※次のいずれか多い金額 ①所得金額の50% ②年200万円	あり ※所得金額の20%	あり (注3) (仮認定NPO法人(注6)は適用なし) ※次のいずれか多い金額 ①所得金額の50% ②年200万円	なし	なし
法人税率 (所得年800万円までの税率)(注4)	㉘㉙ 23.4%、㉚〜23.2% (15%)	19% (15%)	19% (15%)	㉘㉙ 23.4%、㉚〜23.2% (15%)	㉘㉙ 23.4%、㉚〜23.2% (15%)	㉘㉙ 23.4%、㉚〜23.2% (15%)
寄附者に対する優遇(注5)	あり	あり	あり (宗教法人等を除く)	あり	—	—

(注1) 非営利型の一般社団法人・一般財団法人：①非営利性が徹底された法人、②共益的活動を目的とする法人
(注2) 収益事業に属する資産のうちから収益事業以外の事業（公益社団法人及び公益財団法人にあっては「公益目的事業」、認定NPO法人にあっては「特定非営利活動事業」）のために支出した金額について寄附金の額とみなして、寄附金の損金算入限度額の範囲内で損金算入
(注3) 国税庁長官の認定の有効期間内にある法人で、特定非営利活動促進法の規定に基づく所轄庁の認定を受けていない法人は所得金額の20%
(注4) 平成24年4月1日から平成31年3月31日までの間に開始する各事業年度に適用される税率
(注5) 特定公益増進法人に対する寄附金については、一般寄附金の損金算入限度額とは別に、特別損金算入限度額まで損金算入
　一般寄附金の損金算入限度額：（資本金等の額の0.25%＋所得金額の2.5%）×1/4
　特別損金算入限度額：（資本金等の額の0.375%＋所得金額の6.25%）×1/2
(注6) 特定非営利活動促進法の一部を改正する法律（平成28年法律第70号）の施行（平成29年4月1日）に伴い、「仮認定NPO法人」の名称は「特例認定NPO法人」に改正

(出典) 財務省ホームページ

資料　社会福祉法人会計基準

平成 28 年厚生労働省令第 79 号

社会福祉法（昭和 26 年法律第 45 号）第 44 条第 1 項及び第 3 項の規定に基づき，社会福祉法人会計基準を次のように定める。

第 1 章　総則

(社会福祉法人会計の基準)

第 1 条　社会福祉法人は，この省令で定めるところに従い，会計処理を行い，会計帳簿，計算書類（貸借対照表及び収支計算書をいう。以下同じ。），その附属明細書及び財産目録を作成しなければならない。

2　社会福祉法人は，この省令に定めるもののほか，一般に公正妥当と認められる社会福祉法人会計の慣行を斟酌しなければならない。

3　この省令の規定は，社会福祉法人が行う全ての事業に関する会計に適用する。

(会計原則)

第 2 条　社会福祉法人は，次に掲げる原則に従って，会計処理を行い，計算書類及びその附属明細書（以下「計算関係書類」という。）並びに財産目録を作成しなければならない。

一　計算書類は，資金収支及び純資産の増減の状況並びに資産，負債及び純資産の状態に関する真実な内容を明瞭に表示すること。

二　計算書類は，正規の簿記の原則に従って正しく記帳された会計帳簿に基づいて作成すること。

三　採用する会計処理の原則及び手続並びに計算書類の表示方法については，毎会計年度継続して適用し，みだりにこれを変更しないこと。

四　重要性の乏しいものについては，会計処理の原則及び手続並びに計算書類の表示方法の適用に際して，本来の厳密な方法によらず，他の簡便な方法によることができること。

(総額表示)

第 2 条の 2　計算関係書類及び財産目録に記載する金額は，原則として総額をもって表示しなければならない。

（金額の表示の単位）
第2条の3　計算関係書類及び財産目録に記載する金額は，1円単位をもって表示するものとする。

第2章　会計帳簿

（会計帳簿の作成）
第3条　社会福祉法（昭和26年法律第45号。以下「法」という。）第45条の24第1項の規定により社会福祉法人が作成すべき会計帳簿に付すべき資産，負債及び純資産の価額その他会計帳簿の作成に関する事項については，この章の定めるところによる。
2　会計帳簿は，書面又は電磁的記録をもって作成しなければならない。

（資産の評価）
第4条　資産については，次項から第6項までの場合を除き，会計帳簿にその取得価額を付さなければならない。ただし，受贈又は交換によって取得した資産については，その取得時における公正な評価額を付すものとする。
2　有形固定資産及び無形固定資産については，会計年度の末日（会計年度の末日以外の日において評価すべき場合にあっては，その日。以下この条及び次条第2項において同じ。）において，相当の償却をしなければならない。
3　会計年度の末日における時価がその時の取得原価より著しく低い資産については，当該資産の時価がその時の取得原価まで回復すると認められる場合を除き，時価を付さなければならない。ただし，使用価値を算定することができる有形固定資産又は無形固定資産であって，当該資産の使用価値が時価を超えるものについては，取得価額から減価償却累計額を控除した価額を超えない限りにおいて，使用価値を付することができる。
4　受取手形，未収金，貸付金等の債権については，徴収不能のおそれがあるときは，会計年度の末日においてその時に徴収することができないと見込まれる額を控除しなければならない。
5　満期保有目的の債券（満期まで所有する意図をもって保有する債券をいう。第29条第1項第11号において同じ。）以外の有価証券のうち市場価格のあるものについては，会計年度の末日においてその時の時価を付さなければならない。
6　棚卸資産については，会計年度の末日における時価がその時の取得原価より低いときは，時価を付さなければならない。

（負債の評価）
第5条　負債については，次項の場合を除き，会計帳簿に債務額を付さなければならない。
2　次に掲げるもののほか，引当金については，会計年度の末日において，将来の費用の発生に備えて，その合理的な見積額のうち当該会計年度の負担に属する金額を費用として繰り入れることにより計上した額を付さなければならない。
　一　賞与引当金
　二　退職給付引当金

（純資産）
第6条　基本金には，社会福祉法人が事業開始等に当たって財源として受け入れた寄附金の額を計上するものとする。
2　国庫補助金等特別積立金には，社会福祉法人が施設及び設備の整備のために国，地方公共団体等から受領した補助金，助成金，交付金等（第22条第4項において「国庫補助金等」という。）の額を計上するものとする。
3　その他の積立金には，将来の特定の目的の費用又は損失の発生に備えるため，社会福祉法人が理事会の議決に基づき事業活動計算書の当期末繰越活動増減差額から積立金として積み立てた額を計上するものとする。

第3章　計算関係書類
第1節　総則

（成立の日の貸借対照表）
第7条　法第45条の27第1項の規定により作成すべき貸借対照表は，社会福祉法人の成立の日における会計帳簿に基づき作成される次条第1項第1号イからニまでに掲げるものとする。
2　社会福祉法人は，次の各号に掲げる場合には，前項の規定にかかわらず，当該各号に定める書類の作成を省略することができる。
　一　事業区分（法第2条第1項に規定する社会福祉事業又は法第26条第1項に規定する公益事業若しくは収益事業の区分をいう。以下同じ。）が法第2条第1項に規定する社会福祉事業のみである場合　次条第1項第1号ロ
　二　拠点区分（社会福祉法人がその行う事業の会計管理の実態を勘案して設ける区分をいう。以下同じ。）の数が1である場合　次条第1項第1号ロ，ハ及びニ
　三　事業区分において拠点区分の数が1である場合　次条第1項第1号ハ

（各会計年度に係る計算書類）
第7条の2　法第45条の27第2項の規定により作成すべき各会計年度に係る計算書類は，当該会計年度に係る会計帳簿に基づき作成される次に掲げるものとする。
　一　次に掲げる貸借対照表
　　イ　法人単位貸借対照表
　　ロ　貸借対照表内訳表
　　ハ　事業区分貸借対照表内訳表
　　ニ　拠点区分貸借対照表
　二　次に掲げる収支計算書
　　イ　次に掲げる資金収支計算書
　　　（1）　法人単位資金収支計算書
　　　（2）　資金収支内訳表
　　　（3）　事業区分資金収支内訳表
　　　（4）　拠点区分資金収支計算書
　　ロ　次に掲げる事業活動計算書
　　　（1）　法人単位事業活動計算書
　　　（2）　事業活動内訳表
　　　（3）　事業区分事業活動内訳表
　　　（4）　拠点区分事業活動計算書
2　社会福祉法人は，次の各号に掲げる場合には，前項の規定にかかわらず，当該各号に定める計算書類の作成を省略することができる。
　一　事業区分が法第2条第1項に規定する社会福祉事業のみである場合　前項第1号ロ並びに第2号イ（2）及びロ（2）
　二　拠点区分の数が1である場合　前項第1号ロ及びハ並びに第2号イ（2）及び（3）並びにロ（2）及び（3）
　三　事業区分において拠点区分の数が1である場合　前項第1号ハ並びに第2号イ（3）及びロ（3）
第8条　削除
第9条　削除
（会計の区分）
第10条　社会福祉法人は，計算書類の作成に関して，事業区分及び拠点区分を設けなければならない。
2　拠点区分には，サービス区分（社会福祉法人がその行う事業の内容に応じて設け

る区分をいう。以下同じ。）を設けなければならない。

(内部取引)
第11条　社会福祉法人は，計算書類の作成に関して，内部取引の相殺消去をするものとする。

第2節　資金収支計算書

(資金収支計算書の内容)
第12条　資金収支計算書は，当該会計年度における全ての支払資金の増加及び減少の状況を明瞭に表示するものでなければならない。

(資金収支計算書の資金の範囲)
第13条　支払資金は，流動資産及び流動負債（経常的な取引以外の取引によって生じた債権又は債務のうち貸借対照表日の翌日から起算して1年以内に入金又は支払の期限が到来するものとして固定資産又は固定負債から振り替えられた流動資産又は流動負債，引当金及び棚卸資産（貯蔵品を除く。）を除く。）とし，支払資金残高は，当該流動資産と流動負債との差額とする。

(資金収支計算の方法)
第14条　資金収支計算は，当該会計年度における支払資金の増加及び減少に基づいて行うものとする。
2　資金収支計算を行うに当たっては，事業区分，拠点区分又はサービス区分ごとに，複数の区分に共通する収入及び支出を合理的な基準に基づいて当該区分に配分するものとする。

(資金収支計算書の区分)
第15条　資金収支計算書は，次に掲げる収支に区分するものとする。
　一　事業活動による収支
　二　施設整備等による収支
　三　その他の活動による収支

(資金収支計算書の構成)
第16条　前条第1号に掲げる収支には，経常的な事業活動による収入（受取利息配当金収入を含む。）及び支出（支払利息支出を含む。）を記載し，同号に掲げる収支の収入から支出を控除した額を事業活動資金収支差額として記載するものとする。
2　前条第2号に掲げる収支には，固定資産の取得に係る支出及び売却に係る収入，施設整備等補助金収入，施設整備等寄附金収入，設備資金借入金収入，設備資金借入金元金償還支出その他施設整備等に係る収入及び支出を記載し，同号に掲げる収支の収入から支出を控除した額を施設整備等資金収支差額として記載するものとする。

3　前条第3号に掲げる収支には，長期運営資金の借入れ及び返済，積立資産の積立て及び取崩し，投資有価証券の購入及び売却等資金の運用に係る収入（受取利息配当金収入を除く。）及び支出（支払利息支出を除く。）並びに同条第1号及び第2号に掲げる収支に属さない収入及び支出を記載し，同条第3号に掲げる収支の収入から支出を控除した額をその他の活動資金収支額として記載するものとする。

4　資金収支計算書には，第1項の事業活動資金収支差額，第2項の施設整備等資金収支差額及び前項のその他の活動資金収支差額を合計した額を当期資金収支差額合計として記載し，これに前期末支払資金残高を加算した額を当期末支払資金残高として記載するものとする。

5　法人単位資金収支計算書及び拠点区分資金収支計算書には，当該会計年度の決算の額を予算の額と対比して記載するものとする。

6　前項の場合において，決算の額と予算の額とに著しい差異がある勘定科目については，その理由を備考欄に記載するものとする。

（資金収支計算書の種類及び様式）

第17条　法人単位資金収支計算書は，法人全体について表示するものとする。

2　資金収支内訳表及び事業区分資金収支内訳表は，事業区分の情報を表示するものとする。

3　拠点区分資金収支計算書は，拠点区分別の情報を表示するものとする。

4　第1項から前項までの様式は，第1号第一様式から第四様式までのとおりとする。

（資金収支計算書の勘定科目）

第18条　資金収支計算書に記載する勘定科目は，別表第一のとおりとする。

第3節　事業活動計算書

（事業活動計算書の内容）

第19条　事業活動計算書は，当該会計年度における全ての純資産の増減の内容を明瞭に表示するものでなければならない。

（事業活動計算の方法）

第20条　事業活動計算は，当該会計年度における純資産の増減に基づいて行うものとする。

2　事業活動計算を行うに当たっては，事業区分，拠点区分又はサービス区分ごとに，複数の区分に共通する収益及び費用を合理的な基準に基づいて当該区分に配分するものとする。

（事業活動計算書の区分）

第21条　事業活動計算書は，次に掲げる部に区分するものとする。

一　サービス活動増減の部
二　サービス活動外増減の部
三　特別増減の部
四　繰越活動増減差額の部

（事業活動計算書の構成）
第22条　前条第１号に掲げる部には，サービス活動による収益及び費用を記載し，同号に掲げる部の収益から費用を控除した額をサービス活動増減差額として記載するものとする。この場合において，サービス活動による費用には，減価償却費等の控除項目として国庫補助金等特別積立金取崩額を含めるものとする。

2　前条第２号に掲げる部には，受取利息配当金収益，支払利息，有価証券売却益，有価証券売却損その他サービス活動以外の原因による収益及び費用であって経常的に発生するものを記載し，同号に掲げる部の収益から費用を控除した額をサービス活動外増減差額として記載するものとする。

3　事業活動計算書には，第１項のサービス活動増減差額に前項のサービス活動外増減差額を加算した額を経常増減差額として記載するものとする。

4　前条第３号に掲げる部には，第６条第１項の寄附金及び国庫補助金等の収益，基本金の組入額，国庫補助金等特別積立金の積立額，固定資産売却等に係る損益その他の臨時的な損益（金額が僅少なものを除く。）を記載し，同号に掲げる部の収益から費用を控除した額を特別増減差額として記載するものとする。この場合において，国庫補助金等特別積立金を含む固定資産の売却損又は処分損を記載する場合には，特別費用の控除項目として国庫補助金等特別積立金取崩額を含めるものとする。

5　事業活動計算書には，第３項の経常増減差額に前項の特別増減差額を加算した額を当期活動増減差額として記載するものとする。

6　前条第４号に掲げる部には，前期繰越活動増減差額，基本金取崩額，その他の積立金積立額及びその他の積立金取崩額を記載し，前項の当期活動増減差額にこれらの額を加減した額を次期繰越活動増減差額として記載するものとする。

（事業活動計算書の種類及び様式）
第23条　法人単位事業活動計算書は，法人全体について表示するものとする。
2　事業活動内訳表及び事業区分事業活動内訳表は，事業区分の情報を表示するものとする。
3　拠点区分事業活動計算書は，拠点区分別の情報を表示するものとする。
4　第１項から前項までの様式は，第２号第一様式から第四様式までのとおりとする。

（事業活動計算書の勘定科目）
第24条　事業活動計算書に記載する勘定科目は，別表第二のとおりとする。
第4節　貸借対照表
（貸借対照表の内容）
第25条　貸借対照表は，当該会計年度末現在における全ての資産，負債及び純資産の状態を明瞭に表示するものでなければならない。
（貸借対照表の区分）
第26条　貸借対照表は，資産の部，負債の部及び純資産の部に区分し，更に資産の部は流動資産及び固定資産に，負債の部は流動負債及び固定負債に区分しなければならない。
2　純資産の部は，基本金，国庫補助金等特別積立金，その他の積立金及び次期繰越活動増減差額に区分するものとする。
（貸借対照表の種類及び様式）
第27条　法人単位貸借対照表は，法人全体について表示するものとする。
2　貸借対照表内訳表及び事業区分貸借対照表内訳表は，事業区分の情報を表示するものとする。
3　拠点区分貸借対照表は，拠点区分別の情報を表示するものとする。
4　第1項から前項までの様式は，第3号第一様式から第四様式までのとおりとする。
（貸借対照表の勘定科目）
第28条　貸借対照表に記載する勘定科目は，別表第三のとおりとする。
第5節　計算書類の注記
第29条　計算書類には，法人全体について次に掲げる事項を注記しなければならない。
　一　会計年度の末日において，社会福祉法人が将来にわたって事業を継続するとの前提（以下この号において「継続事業の前提」という。）に重要な疑義を生じさせるような事象又は状況が存在する場合であって，当該事象又は状況を解消し，又は改善するための対応をしてもなお継続事業の前提に関する重要な不確実性が認められる場合には，継続事業の前提に関する事項
　二　資産の評価基準及び評価方法，固定資産の減価償却方法，引当金の計上基準等計算書類の作成に関する重要な会計方針
　三　重要な会計方針を変更した場合には，その旨，変更の理由及び当該変更による影響額
　四　法人で採用する退職給付制度
　五　法人が作成する計算書類並びに拠点区分及びサービス区分

六　基本財産の増減の内容及び金額
　七　基本金又は固定資産の売却若しくは処分に係る国庫補助金等特別積立金の取崩しを行った場合には，その旨，その理由及び金額
　八　担保に供している資産に関する事項
　九　固定資産について減価償却累計額を直接控除した残額のみを記載した場合には，当該資産の取得価額，減価償却累計額及び当期末残高
　十　債権について徴収不能引当金を直接控除した残額のみを記載した場合には，当該債権の金額，徴収不能引当金の当期末残高及び当該債権の当期末残高
　十一　満期保有目的の債券の内訳並びに帳簿価額，時価及び評価損益
　十二　関連当事者との取引の内容に関する事項
　十三　重要な偶発債務
　十四　重要な後発事象
　十五　その他社会福祉法人の資金収支及び純資産の増減の状況並びに資産，負債及び純資産の状態を明らかにするために必要な事項
2　前項第12号に規定する「関連当事者」とは，次に掲げる者をいう。
　一　当該社会福祉法人の常勤の役員又は評議員として報酬を受けている者
　二　前号に掲げる者の近親者
　三　前2号に掲げる者が議決権の過半数を有している法人
　四　支配法人（当該社会福祉法人の財務及び営業又は事業の方針の決定を支配している他の法人をいう。第6号において同じ。）
　五　被支配法人（当該社会福祉法人が財務及び営業又は事業の方針の決定を支配している他の法人をいう。）
　六　当該社会福祉法人と同一の支配法人をもつ法人
3　前項第4号及び第5号に規定する「財務及び営業又は事業の方針の決定を支配している」とは，評議員の総数に対する次に掲げる者の数の割合が100分の50を超えることをいう。
　一　一の法人の役員（理事，監事，取締役，会計参与，監査役，執行役その他これらに準ずる者をいう。）又は評議員
　二　一の法人の職員
4　計算書類には，拠点区分ごとに第1項第2号から第11号まで，第14号及び第15号に掲げる事項を注記しなければならない。ただし，拠点区分の数が1の社会福祉法人については，拠点区分ごとに記載する計算書類の注記を省略することができる。

第6節　附属明細書

(附属明細書)

第30条　法第45条の27第2項の規定により作成すべき各会計年度に係る計算書類の附属明細書は，当該会計年度に係る会計帳簿に基づき作成される次に掲げるものとする。この場合において，第1号から第7号までに掲げる附属明細書にあっては法人全体について，第8号から第19号までに掲げる附属明細書にあっては拠点区分ごとに作成するものとする。

一　借入金明細書
二　寄附金収益明細書
三　補助金事業等収益明細書
四　事業区分間及び拠点区分間繰入金明細書
五　事業区分間及び拠点区分間貸付金（借入金）残高明細書
六　基本金明細書
七　国庫補助金等特別積立金明細書
八　基本財産及びその他の固定資産（有形・無形固定資産）の明細書
九　引当金明細書
十　拠点区分資金収支明細書
十一　拠点区分事業活動明細書
十二　積立金・積立資産明細書
十三　サービス区分間繰入金明細書
十四　サービス区分間貸付金（借入金）残高明細書
十五　就労支援事業別事業活動明細書
十六　就労支援事業製造原価明細書
十七　就労支援事業販管費明細書
十八　就労支援事業明細書
十九　授産事業費用明細書

2　附属明細書は，当該会計年度における計算書類の内容を補足する重要な事項を表示しなければならない。

3　社会福祉法人は，前項の規定にかかわらず，厚生労働省社会・援護局長（次項及び第34条において「社会・援護局長」という。）が定めるところにより，同項各号に掲げる附属明細書の作成を省略することができる。

4　第2項各号に掲げる附属明細書の様式は，社会・援護局長が定める。

第4章　財産目録

(財産目録の内容)

第31条　法第45条の34第1項第1号の財産目録は，当該会計年度末現在（社会福祉法人の成立の日における財産目録は，当該社会福祉法人の成立の日）における全ての資産及び負債につき，その名称，数量，金額等を詳細に表示するものとする。

(財産目録の区分)

第32条　財産目録は，貸借対照表の区分に準じて資産の部と負債の部とに区分して純資産の額を表示するものとする。

(財産目録の金額)

第33条　財産目録の金額は，貸借対照表に記載した金額と同一とする。

(財産目録の種類及び様式)

第34条　財産目録は，法人全体について表示するものとし，その様式は，社会・援護局長が定める。

附　則

(施行期日)

1　この省令は，平成28年4月1日から施行する。

(経過措置)

2　この省令の規定は，平成28年4月1日以後に開始する会計年度に係る計算書類等の作成について適用し，平成27年度以前の会計年度に係るものについては，なお従前の例による。

附　則　（平成28年11月11日厚生労働省令第168号）　抄

(施行期日)

第1条　この省令は，平成29年4月1日から施行する。

(社会福祉法人会計基準の一部改正に伴う経過措置)

第2条　第4条の規定による改正後の社会福祉法人会計基準の規定は，平成29年4月1日以降に開始する会計年度に係る計算関係書類（同省令第2条に規定する計算関係書類をいう。）及び財産目録（同条に規定する財産目録をいう。）の作成について適用し，平成28年4月1日から平成29年3月31日までの間に開始する会計年度に係る計算書類等（第4条の規定による改正前の社会福祉法人会計基準第二条に規定する計算書類等をいう。）の作成については，第四条の規定による改正前の社会福祉法人会計基準の規定を適用する。

※別表第一から別表第三は第3章に掲載しています。

＜参考文献＞
井村圭壯，今井慶宗『社会福祉の基本体系』勁草書房，2017年
齋藤力夫，中川健藏『社会福祉法人の会計と税務の要点』税務経理協会，2012年
齋藤力夫『学校法人会計のすべて』税務経理協会，2016年
齋藤力夫，田中義幸『NPO法人のすべて』税務経理協会，2016年
齋藤力夫『非営利法人の消費税』中央経済社，2004年
杉山学，鈴木豊『非営利組織体の会計』中央経済社，2002年
田中義幸『NPO法人の税務』税務経理協会，2015年
田中義幸『公益法人等における収益事業の判定実務』新日本法規，2010年
中村厚『社会福祉法人会計基準のすべて』ぎょうせい，2017年
西村健一郎『社会保障法入門』有斐閣，2017年
長谷川哲嘉『非営利会計における収支計算書』，国元書房，2014年
宮内忍，宮内眞木子『社会福祉法人の減価償却Q＆A』第一法規，2014年
有限責任あずさ監査法人『社会福祉法人会計の実務ガイド』中央経済社，2016年
全国社会福祉法人会計研究会『実務に役立つ社会福祉法人の会計基準Q＆A』清文社，2015年

＜参考資料＞
厚生労働省ホームページ
財務省ホームページ
国税庁ホームページ
総務省ホームページ

【著者】

齋藤力夫

公認会計士，税理士

東京理科大学講師，東京経営短期大学学長，聖徳大学教授等

日本公認会計士協会常務理事，日本公認会計士協会公益法人委員会委員長および学校法人委員会委員長，文部科学省学校法人運営調査委員会委員，文部科学省独立行政法人評価委員，総務省公益法人会計基準検討会委員，厚生労働省社会福祉法人会計基準検討委員会研究班委員他を歴任。

天皇陛下旭日雙光章受章。文部大臣教育功労章受章。

現在，（公財）日本高等教育評価機構監事，（一財）短期大学基準協会監事，（公財）埼玉県私学振興財団理事，（一財）職業会計人OA協会会長，永和監査法人名誉会長，斎藤総合税理士法人会長。

(主な著書)

「社会福祉法人の会計と税務の要点」「税務会計の理論と実務」「学校法人会計のすべて」（税務経理協会，編著）

「NPO法人のすべて」（税務経理協会，共著）

「学校法人の会計」「学校法人の税務」（学陽書房，共著）

「最新学校法人会計詳解」（高文堂，編著）

「病医院の会計と経営」「病医院の税務」（医歯薬出版，単著）

「公益法人会計」「労働組合会計」（中央経済社，共著）

「非営利法人の消費税」「宗教法人会計の理論と実務」（中央経済社，単著）

「学校会計入門」（中央経済社，編著）

「学校法人財務諸規程ハンドブック」「私学運営実務のすべて」（学校経理研究会，編著）

「Q&A中間法人の設立・運営の実務」（新日本法規出版，共著）その他多数

佐藤弘章

永和監査法人，公認会計士

著者との契約により検印省略

平成30年6月15日 初版第1刷発行	社会福祉法人の会計と税務の入門

著 者	齋 藤 　 力 　 夫
	佐 藤 　 弘 　 章
発 行 者	大 　 坪 　 克 　 行
印 刷 所	美研プリンティング株式会社
製 本 所	牧製本印刷株式会社

発行所	〒161-0033 東京都新宿区 下落合2丁目5番13号	株式会社 税務経理協会
	振替 00190-2-187408	電話 (03)3953-3301(編集部)
	ＦＡＸ (03)3565-3391	(03)3953-3325(営業部)
	URL http://www.zeikei.co.jp/	
	乱丁・落丁の場合は，お取替えいたします。	

Ⓒ 齋藤 力夫・佐藤 弘章 2018　　　　　　　　　　Printed in Japan

本書の無断複写は著作権法上での例外を除き禁じられています。複写される場合は，そのつど事前に，(社)出版者著作権管理機構(電話03-3513-6969，FAX03-3513-6979，e-mail：info@jcopy.or.jp)の許諾を得てください。

JCOPY ＜(社)出版者著作権管理機構 委託出版物＞

ISBN978-4-419-06516-4　C3034